Comportamento do consumidor e pesquisa de marketing

MARKETING

Comportamento do consumidor e pesquisa de marketing

Guilherme Caldas de Castro
Helder Haddad
José Mauro Gonçalves Nunes
Roberto Meireles Pinheiro

Copyright © 2018 Guilherme Caldas de Castro, Helder Haddad, José Mauro Gonçalves Nunes, Roberto Meireles Pinheiro

Direitos desta edição reservados à
FGV EDITORA
Rua Jornalista Orlando Dantas, 37
22231-010 | Rio de Janeiro, RJ | Brasil
Tels.: 0800-021-7777 | 21-3799-4427
Fax: 21-3799-4430
editora@fgv.br | pedidoseditora@fgv.br
www.fgv.br/editora

Impresso no Brasil / *Printed in Brazil*

Todos os direitos reservados. A reprodução não autorizada desta publicação, no todo ou em parte, constitui violação do copyright (Lei nº 9.610/98).

Os conceitos emitidos neste livro são de inteira responsabilidade dos autores.

1ª edição – 2018

PREPARAÇÃO DE ORIGINAIS: Sandra Frank
EDITORAÇÃO ELETRÔNICA: Abreu's System
REVISÃO: Aleidis de Beltran
CAPA: aspecto:design

Ficha catalográfica elaborada pela Biblioteca Mario Henrique Simonsen/FGV

Castro, Guilherme Caldas de
  Comportamento do consumidor e pesquisa de marketing / Guilherme Caldas de Castro...[et al.]. – Rio de Janeiro : FGV Editora, 2018.
  300 p.

  Em colaboração com Helder Haddad, José Mauro Gonçalves Nunes, Roberto Meireles Pinheiro.
  Publicações FGV Management.
  Área: Marketing.
  Inclui bibliografia.
  ISBN: 978-85-225-2053-4

  1. Comportamento do consumidor. 2. Pesquisa de mercado. 3. Marketing. I. Haddad, Helder. II. Nunes, José Mauro Gonçalves. III. Pinheiro, Roberto Meireles. IV. FGV Management. V. Fundação Getulio Vargas. VI. Título.

                                                CDD – 658.8342

*Aos nossos alunos e aos nossos colegas docentes,
que nos levam a pensar e repensar nossas práticas.*

Sumário

Apresentação 11
Introdução 13

1 | Teorias sobre o comportamento do consumidor 17
    Interdisciplinaridade no estudo do comportamento
        do consumidor 18
    As principais abordagens teóricas 20

2 | Fatores de influência no processo de compra 39
    Fatores psicológicos 40
    Fatores culturais 48
    Fatores sociais 54
    Fatores pessoais 57
    Fatores situacionais 62

3 | Processo decisório de consumo 65
    Arquitetura e tecnologia a serviço do consumo 66
    O modelo de etapas do processo de consumo 68
    Ponto de venda e o processo decisório de compra 76

4 | O comportamento do consumidor organizacional 87
    Conceito e objetivos da compra organizacional 87
    Características da compra organizacional 90

Diferenças entre a compra do consumidor final e a compra
   do consumidor organizacional ... 94
Estágios da compra organizacional ... 96
Tipos de compras organizacionais ... 103
Determinantes do processo de compra organizacional ... 106

5 | Envolvimento, tipos de decisão e tendências em comportamento de consumo ... 111
Envolvimento e tipos de decisão ... 111
Envolvimento na decisão por novos produtos ... 114
Influências contextuais ... 119
Perspectivas do comportamento do consumidor no Brasil ... 121
Pesquisas etnográficas ... 123
Coolhunting ... 128
Neuromarketing ... 131

6 | Papéis sociais, personalidades e estilos de vida de consumidores na internet ... 137
Personalidade, autoconceito e *persona* digital ... 137
O digital e o marketing: algumas reflexões fundamentais ... 144
Geração digital e consumo: quem são os influenciadores digitais? ... 153

7 | Sistemas de informações de marketing (SIM) ... 157
Principais referências para o SIM ... 157
Dados, informações e conhecimento ... 165
Busca e gerenciamento de informações ... 166
Delimitando a pesquisa de marketing ... 167
Diferentes aplicações da pesquisa de marketing ... 170
Técnicas de previsão ... 176

8 | Aspectos gerais da pesquisa de mercado ... 179
Definição do problema e dos objetivos da pesquisa ... 179
Formas de aplicação ... 187
Tipos de pesquisa ... 189

Planejamento	193
Formas de execução	197
Avaliação da produtividade de marketing	201

9 | Pesquisa quantitativa: etapas iniciais — 207
- Características da pesquisa quantitativa — 207
- Amostragem — 210
- Procedimentos de amostragem probabilística — 218
- Procedimentos de amostragem não probabilística — 221
- Coleta de dados na pesquisa quantitativa — 223
- Abordagem disfarçada na pesquisa quantitativa — 229
- Elaboração de questionário: tipos de perguntas — 230
- Pré-teste do questionário — 233

10 | Pesquisa quantitativa: etapas finais e a pesquisa *online* — 237
- Recursos humanos para o trabalho de campo — 237
- Trabalho de campo — 243
- Processamento de dados — 245
- Cruzamento de questões — 250
- Análise dos resultados — 251
- Apresentação dos resultados — 252
- Pesquisa quantitativa *online* — 255

11 | Pesquisa qualitativa — 261
- O uso da metodologia qualitativa — 261
- Características e limitações da pesquisa qualitativa — 263
- Planejamento da pesquisa qualitativa — 264
- Recrutamento e seleção de entrevistados — 269
- Técnicas de coleta de dados em pesquisa qualitativa — 271
- Análise e apresentação de resultados — 285

Conclusão	287
Referências	293
Os autores	299

Apresentação

Este livro compõe as Publicações FGV Management, programa de educação continuada da Fundação Getulio Vargas (FGV).

A FGV é uma instituição de direito privado, com mais de meio século de existência, gerando conhecimento por meio da pesquisa, transmitindo informações e formando habilidades por meio da educação, prestando assistência técnica às organizações e contribuindo para um Brasil sustentável e competitivo no cenário internacional.

A estrutura acadêmica da FGV é composta por escolas e institutos, todos com a marca FGV, trabalhando com a mesma filosofia: gerar e disseminar o conhecimento pelo país. Dentro de suas áreas específicas de conhecimento, cada escola é responsável pela criação e elaboração dos cursos oferecidos pela FGV Educação Executiva, criada em 2003 com o objetivo de coordenar e gerenciar uma rede de distribuição única para os produtos e serviços educacionais da FGV.

Este livro representa mais um esforço da FGV em socializar seu aprendizado e suas conquistas. Foi escrito por professores da FGV, profissionais de reconhecida competência acadêmica e prática, o que torna possível atender às demandas do mercado, tendo como suporte sólida fundamentação teórica.

A FGV espera, com mais essa iniciativa, oferecer a estudantes, gestores, técnicos e a todos aqueles que têm internalizado o conceito de educação continuada, tão relevante na era do conhecimento na qual se vive, insumos que, agregados às suas práticas, possam contribuir para sua especialização, atualização e aperfeiçoamento.

Rubens Mario Alberto Wachholz
Diretor da FGV Educação Executiva

Sylvia Constant Vergara
Coordenadora das Publicações FGV Management

Introdução

Este livro representa o compromisso de longo prazo dos autores em oferecer uma perspectiva teórica e prática do estudo do comportamento do consumidor e da pesquisa de marketing como alicerces fundamentais para o desenvolvimento de estratégias e táticas de marketing eficazes, contribuindo para que a atividade de marketing esteja cada vez mais integrada ao processo de gestão e de tomada de decisão nas organizações.

A estrutura do livro concilia a discussão dos aspectos conceituais com uma abordagem pragmática e gerencial, permitindo uma leitura fácil, mas não menos profunda, dos temas selecionados, o que favorece o aprendizado de estudantes e de profissionais de marketing e maior facilidade em aplicar os conceitos no dia a dia dos negócios.

A seleção de conteúdos e a escolha de casos relatados têm por base a experiência acadêmica dos autores em diversos cursos de pós-graduação, a pesquisa científica e outras vivências profissionais. Assim, o leitor irá encontrar:

- um texto de fácil leitura e fluidez que provoca reflexões e *insights* para a aplicação imediata dos conceitos;
- ampla cobertura da teoria que versa sobre o comportamento do consumidor e a pesquisa de marketing, integrando conceitos tradicionais e contemporâneos, oriundos de obras

importantes já publicadas na área, e revisão da literatura, oferecendo ao leitor um panorama completo e atual sobre os temas tratados;
- a sistematização do conteúdo, de forma a capacitar o leitor a fazer uso da informação na prática.

O capítulo 1 explora as teorias que fundamentam os estudos sobre o comportamento do consumidor, oferecendo uma perspectiva histórica e multidisciplinar das teorias empregadas para entender o comportamento humano, entre elas a teoria da racionalidade econômica, a teoria comportamental, a teoria psicanalítica e a teoria cognitivista.

Com a compreensão das abordagens teóricas tratadas no primeiro capítulo, é possível abordar os fatores que influenciam os processos decisórios de compra. O capítulo 2 discute como fatores psicológicos, pessoais, culturais, sociais e situacionais interferem no consumo. A influência da personalidade do indivíduo, valores e crenças construídos pela cultura, estilo de vida, aspectos motivacionais e emocionais, estágio de vida, grupos de referência e posições sociais são alguns dos temas abordados.

O capítulo 3 detalha a visão cognitivista do consumo como consequência de um processo decisório. Assim, um modelo conceitual do processo decisório de compra (PDC) é apresentado em detalhes, desde o reconhecimento da necessidade de comprar e consumir até a avaliação pós-compra realizada pelo consumidor.

O capítulo 4 traz uma perspectiva importante a respeito do comportamento do consumidor organizacional, retratando o conceito e os objetivos da compra organizacional, características, fatores de influência, similaridades e diferenças em relação à compra realizada pelo consumidor final. Analisam-se os estágios da compra organizacional, tratando-se, ainda, dos tipos de compra organizacional e do processo decisório da compra organizacional.

O perfil do comportamento do consumidor brasileiro, os tipos de decisão de compra, envolvimento na compra e as novas tendências em comportamento de consumo são detalhados no capítulo 5.

Uma discussão atual sobre os papéis sociais, as personalidades e os estilos de vida dos consumidores na internet, oferecendo um contraste entre o consumidor *online* e *offline*, está presente no capítulo 6.

Os sistemas de informação de marketing – registros internos e bases de dados, inteligência de marketing, análise do macroambiente e previsão e mensuração da demanda – são objetos do capítulo 7.

Aspectos metodológicos gerais sobre o processo de planejamento das atividades de pesquisa, como definição de problemas e objetivos de pesquisa, elaboração de *briefings* e aplicações da pesquisa de marketing para análise do mercado, definição do marketing mix e medidas de desempenho, são apresentados no capítulo 8.

As definições, características, aplicações e diferenças técnicas de coleta de dados entre pesquisas qualitativas e quantitativas são discutidas nos capítulos 9, 10 e 11. Para a pesquisa quantitativa, os autores abordam temas sobre planos de amostragem, elaboração de questionários, procedimentos de campo para diferentes técnicas de coleta de dados e atividades de tabulação, processamento, análise e apresentação de resultados. Para a pesquisa qualitativa, destacam-se técnicas como discussões em grupo, entrevistas em profundidade, etnografia e netnografia.

A conclusão do livro traz reflexões adicionais sobre como trabalhar o conhecimento a respeito do comportamento do consumidor com a prática da pesquisa de marketing e os desafios em despertar o interesse dos profissionais de marketing para a necessidade cada vez maior de ter uma visão holística e integrada de ambas as disciplinas.

1
Teorias sobre o comportamento do consumidor

Segundo Hawkins, Mothersbaugh e Best (2007:4), o comportamento do consumidor é entendido como o

> estudo de indivíduos, grupos ou organizações e o processo que eles usam para selecionar, obter, usar e dispor de produtos, serviços, experiências ou ideias para satisfazer necessidades e desejos, e o impacto que esses processos têm sobre o consumidor e a sociedade.

Dessa maneira, seu âmbito gira em torno dos processos cognitivos, motivacionais e emocionais que antecedem e sucedem a obtenção, o consumo e a disposição de bens tangíveis e intangíveis, produtos, serviços ou ofertas que conjugam materialidade com imaterialidade em maior ou menor grau.

Nessa definição sobre comportamento do consumidor, é considerada, nos processos de compra, toda a gama de impactos sociais e ambientais dos fenômenos de consumo em seu sentido mais amplo, dada a relevância do tema da responsabilidade social e ambiental para as práticas de marketing e gestão empresarial como um todo.

Interdisciplinaridade no estudo do comportamento do consumidor

Dada a própria complexidade do tema, o comportamento do consumidor é, por excelência, uma área interdisciplinar, que envolve conceitos e ferramentas metodológicas de diferentes áreas do conhecimento, como a psicologia, a economia, a sociologia, a antropologia cultural, a semiótica, a demografia e a história. Ao longo do tempo e durante o período em que o marketing se firmava como disciplina organizada, esses aportes conceituais foram se aglutinando e criando uma espécie de "tapete conceitual" para a formulação das teorias que veremos a seguir.

Mais do que nunca, o estudo do comportamento do consumidor é de fundamental importância para os profissionais de marketing, por permitir que se compreenda a geração de valor para o consumidor, dado seu propósito central de satisfação das necessidades e desejos dos clientes – foco das atividades de marketing. Além do mais, compreender essas necessidades e desejos auxilia o profissional de marketing a pensar o mercado com os corações e as mentes dos consumidores, evitando, assim, um viés comumente descrito na literatura de marketing denominado "miopia de marketing" (Levitt, 1985:39). Miopia de marketing é o erro no planejamento de marketing que consiste numa análise tendenciosa do mercado, ao avaliá-lo pela perspectiva da empresa, não levando em consideração as características psicológicas, comportamentais, sociais e culturais dos consumidores aos quais o produto se destina. Deve-se desconfiar de um plano de marketing que não tenha um capítulo inicial descrevendo o comportamento do público-alvo a que a empresa pretende servir com o produto ou serviço em questão. Simplesmente não faz sentido definir uma série de características de produto, apreçamento, distribuição e promoção sem que se saiba muito bem com quem o relacionamento estará sendo construído. Seguindo lógica semelhante, os programas de graduação, especialização e mestrado em marketing costumam posicionar a disciplina "Comportamento do consumidor" logo no início de suas matrizes curriculares, justamente para que os participantes do curso reconheçam o consumidor como referência básica para as demais decisões mercadológicas que deverão tomar.

Schiffman e Kanuk (2000) descrevem dois tipos básicos de consumidores: o consumidor final, também chamado de consumidor pessoal ou usuário final, e o consumidor organizacional. O consumidor final é representado pelas pessoas físicas que adquirem bens e serviços para seu próprio uso, para o uso do lar ou para outras pessoas de seu círculo familiar ou de amizades. O consumidor final é cada um de nós, comprando a roupa que estamos vestindo, o MBA que estamos cursando ou o carro que dirigimos para levar nossos filhos à escola. Já o consumidor organizacional inclui organizações de todos os tipos, com ou sem fins lucrativos, os órgãos do governo municipal, estadual e federal e as instituições civis (organizações não governamentais) que necessitam comprar produtos, equipamentos e serviços, como insumos para suas operações, para servir de matéria-prima aos processos industriais que conduzem, ou mesmo para revender, como é o caso das operações de atacado e varejo. Dadas suas características diversas no que tange ao grau de formalidade das decisões, escala, estrutura de mercado e outros fatores importantes, esses dois tipos de consumidores serão avaliados separadamente nos próximos capítulos. Não é que o marketing seja diferente para o mercado final e para o mercado organizacional. A filosofia é a mesma, mas a abordagem gerencial tem uma série de especificidades.

As principais abordagens teóricas

As principais abordagens teóricas empregadas no estudo do comportamento do consumidor evoluíram desde a teoria da racionalidade econômica até a teoria cognitivista, conforme será abordado a seguir. Apesar de terem surgido em momentos diferentes, escalonados no tempo, conforme sua ordem de apresentação neste capítulo, não se pode afirmar que uma determinada teoria tenha substituído as anteriores. Em lugar disso, o que se observa – nesse e noutros casos – é uma convivência de teorias diferentes, cada uma delas dando conta de explicar determinados aspectos da relação entre os consumidores e os bens e serviços que eles compram. Com frequência, o que motiva a criação de uma teoria nova é exatamente o fato de as anteriores não darem conta de explicar determinado aspecto revelado em tempos recentes. As teorias se sucedem para completar a visão que temos dos processos em foco e para dar conta de novos fatores que surgem pela dinâmica do planeta, gerando nas pessoas que as estudam uma visão mais precisa e multidimensional. Neste capítulo, serão apresentadas as teorias da racionalidade econômica, comportamental, psicanalítica, sociais e antropológicas e cognitivista.

Teoria da racionalidade econômica

De uma perspectiva histórica, as pesquisas acerca do comportamento do consumidor foram primeiramente empreendidas pela microeconomia, em torno do início do século XX, mais precisamente pela chamada "teoria do consumidor", posto que sua área de interesse está circunscrita à avaliação das interações entre consumidores e produtores em um determinado mercado.

O eixo central dessa teoria baseia-se em uma visão do consumidor apoiada na racionalidade econômica, isto é, o comportamento do consumidor obedece a um padrão egoísta e maximizador, em que escolhas de consumo são pautadas por uma busca do maior benefício (prazer ou satisfação) ao menor custo possível (desconforto ou sofrimento). As curvas de demanda, tão recorrentes no estudo da microeconomia, refletem esse comportamento de consumo, confrontado com o comportamento dos vendedores, que, por sua vez, se expressa nas curvas de oferta. A figura 1 ilustra o comportamento relativo de ambas as curvas. Por ser uma abordagem teórica calcada no utilitarismo psicológico, o comportamento de consumo tem por horizonte a maximização da utilidade, isto é, os esforços de escolha de um consumidor sempre teriam como base a maximização dos graus de satisfação psicológica e prazer obtidos a partir do uso dos produtos e serviços adquiridos.

No entanto, o uso contínuo de um bem, seja ele um produto ou um serviço, leva a um decréscimo da percepção de utilidade por parte do consumidor, ou seja, o grau de satisfação psicológica decresce à medida que quantidades adicionais desse bem vão sendo consumidas. Tal decréscimo de prazer a partir do uso constante dos bens é denominado *taxa de utilidade marginal*, o que explica a sensação de retorno decrescente que o consumidor experimenta após o uso prolongado de quantidades significativas de um determinado produto.

Um exemplo clássico é o de uma pessoa perdida em um deserto, há dois dias sem beber água, quase morrendo desidratada. Se aparece alguém com um copo d'água por R$ 200, o pobre quase moribundo paga a soma cobrada sem piscar os olhos. Um segundo copo d'água por outros R$ 200 também seria bem-vindo. Afinal de contas, são dois dias no deserto. Mas o que você me diria de um quinto copo d'água aos mesmos R$ 200? Ou de um 13º? Podemos afirmar que a disposição de pagar por um produto que foi fartamente consumido é decrescente com o tempo, a não ser que estejamos tratando de situações de adição química.

Figura 1
Curvas de oferta e demanda

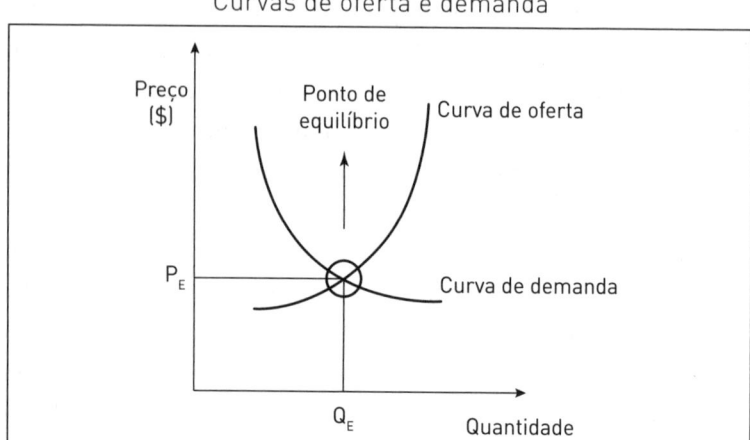

Por mais que suas contribuições tenham sido relevantes ao longo da história, a teoria da racionalidade econômica apresenta limitações. É uma abordagem centrada nos efeitos que o consumo de um bem causa no consumidor, mas que não permite uma compreensão mais aprofundada dos processos psicológicos que permeiam o comportamento de compra. Ela, simplesmente, não entra nesse mérito. Por pertencer à dimensão subjetiva, a percepção de utilidade do consumidor é de difícil quantificação. Como mensurar a felicidade humana? Como traduzir em números a experiência de satisfação e prazer que o consumidor obtém a partir da aquisição de um produto? Boa parte da mola que move consumidores é emocional, e a microeconomia simplesmente não dá conta de tratar esses conceitos, precisando de ajuda e aporte conceitual de outras ciências. Por fim, a teoria da racionalidade econômica não leva em consideração as diferenças individuais, sociais e culturais que permeiam o comportamento de consumo.

Apesar de suas limitações, a teoria da racionalidade econômica levanta uma série de questões importantes para a compreensão do fenômeno de compra, especialmente no que diz respeito ao uso de estímulos de marketing que objetivem influenciar o comportamento de compra dos consumidores.

Teoria comportamental

Como a teoria da racionalidade econômica não permite uma compreensão mais aprofundada do que acontece na mente do consumidor, a psicologia surge como uma alternativa para a compreensão dos fatores cognitivos, motivacionais e emocionais envolvidos nos processos de escolha e decisão de compra. Foi a partir da psicologia que, em torno da década de 1930, se originaram outras três perspectivas teóricas: a comportamental, a psicanalítica e a cognitivista. Mais à frente, ainda neste capítulo, veremos detalhes sobre a teoria psicanalítica e a cognitivista.

A teoria comportamental é baseada no chamado behaviorismo clássico (ou comportamentalismo, ou ainda comportamentismo), corrente da psicologia que propõe uma abordagem puramente objetiva e experimental das ciências naturais. A finalidade da psicologia seria, então, prever e controlar o comportamento de todo e qualquer indivíduo. A proposta de Watson (Weiten, 2011), um dos criadores do behaviorismo, era abandonar, ao menos provisoriamente, o estudo dos processos mentais, como pensamento ou sentimentos, mudando o foco da psicologia, até então mentalista, para o comportamento observável. Para Watson, a pesquisa dos processos mentais era considerada pouco produtiva, de modo que seria conveniente concentrar-se no que é observável: o comportamento. No caso, comportamento seria qualquer mudança observada, em um organismo, que fosse consequência de algum estímulo ambiental anterior, especialmente alterações nos sistemas glandular e motor.

O behaviorismo clássico partia do princípio de que o comportamento era modelado pelo paradigma pavloviano de estímulo e resposta, conhecido como condicionamento clássico (Weiten, 2011). Em outras palavras, para o behaviorista clássico, um comportamento é sempre uma resposta a um estímulo específico. É importante notar, porém, que Watson em momento algum nega a existência de processos mentais. Para ele, o problema no uso desses conceitos não é tanto o conceito em si, mas a inviabilidade de, à época, poder analisar os processos mentais de maneira objetiva. De fato, Watson não argumentou que os processos mentais não existem; apenas propôs que seu estudo fosse abandonado, mesmo que provisoriamente, em favor do estudo do comportamento observável. Uma vez que, segundo sua visão, os processos mentais devem ser ignorados por uma questão de método (e não porque não existissem), o comportamentismo clássico também ficou conhecido pela alcunha de *behaviorismo metodológico*.

Watson era um defensor da importância do meio na construção e desenvolvimento do indivíduo. Ele acreditava que todo comportamento era consequência da influência do meio, a ponto de afirmar que se colocássemos algumas crianças recém-nascidas, aleatoriamente selecionadas, em um ambiente totalmente controlado, seria possível determinar qual a profissão e o caráter de cada uma delas (Weiten, 2011).

Ancorada no trabalho de Watson, a teoria comportamental enfatiza o comportamento e suas relações com o meio ambiente do indivíduo. O consumo, um tipo de comportamento, é um conjunto de reações fisiológicas e comportamentais observáveis, geradas a partir de estímulos localizados no meio ambiente. Dessa forma, a influência no comportamento de compra dá-se a partir do estudo sistemático dos estímulos presentes no ambiente de consumo, que levam o consumidor a produzir reações positivas (aproximação, simpatia) ou negativas (afastamento, antipatia) em relação aos produtos disponíveis.

Portanto, a teoria comportamental enfatiza o papel da aprendizagem e a influência do ambiente no processo de compra, a partir do uso de estímulos de marketing que maximizem a intenção de compra. Além disso, a visão comportamental é uma importante fornecedora de métodos e técnicas na pesquisa do comportamento do consumidor.

Todavia, por enfatizar o papel dos fatores ambientais, esse enfoque teórico também não lança muita luz a respeito do que se passa na mente do consumidor, ou seja, do que acontece internamente no indivíduo, no intervalo que se dá entre a apresentação do estímulo de marketing e a consecução ou não do comportamento de compra. Essa supervalorização do papel do meio ambiente na compra levou ao uso de outras teorias psicológicas que considerassem o que se passa dentro da mente do consumidor.

Teoria psicanalítica

Outra teoria utilizada na compreensão da dinâmica psicológica do consumo é a psicanálise, criada pelo neurologista austríaco Sigmund Freud (1856-1939) no final do século XIX e início do século XX. Sua ampla difusão na cultura contemporânea fez com que ela fosse considerada uma abordagem importante para o estudo dos processos psicológicos inerentes ao consumo, cobrindo o que se diz acontecer "dentro" do consumidor no momento da compra. Para Freud, a mente humana é caracterizada pela divisão em uma esfera consciente e uma esfera inconsciente. Esta última exerce uma forte determinação sobre a primeira. A teoria psicanalítica afirma que os comportamentos expressos na consciência são uma expressão distorcida de desejos recalcados que se localizam no inconsciente. O significado de um comportamento ou de uma atitude não deve ser buscado no plano consciente, mas sim, nos motivos ocultos e situados no plano do inconsciente.

Nessa abordagem, o consumo é a expressão de desejos inconscientes, posto que o indivíduo projeta nos produtos seus desejos, expectativas, angústias e conflitos. O consumo é, então, uma tentativa de dar vazão a esses desejos, que encontram uma satisfação parcial ao se vincularem a produtos que com eles mantêm uma relação de similaridade. A teoria psicanalítica, dessa forma, chama a atenção não apenas para os motivos inconscientes da compra, mas também para seu caráter expressivo, posto que os consumidores projetam seus desejos nos produtos ofertados. A escolha dos produtos, então, dá-se a partir da sua capacidade de satisfazer, mesmo que parcial e temporariamente, os impulsos inconscientes. Com base nesse raciocínio, cabe aos profissionais de marketing criar estratégias que ressaltem características dos produtos que despertem o desejo inconsciente dos consumidores.

A técnica de atrelar conceitos e imagens aos produtos com o intuito de aumentar a intenção de compra deve muito à compreensão da mente humana dada pela psicanálise. A busca da felicidade, da beleza, do corpo ideal, do *status* e da aceitação social por parte dos outros, que está presente em muitas estratégias de marketing na atualidade, deve muito à psicanálise, fazendo com que esta seja utilizada quando o que se pretende é mergulhar na mente dos consumidores.

Outra contribuição de Freud para o estudo do comportamento do consumidor são os conceitos de id, ego e superego, fortemente associados à discussão das atividades cognitivas acionadas pelas necessidades. Segundo Bayton (1993), as discussões acerca dos conceitos de id, ego e superego estão, normalmente, no âmbito da motivação, como um aspecto da personalidade. Acha-se que a motivação e suas decorrências devam ser mantidas sistematicamente claras. Em seu sentido mais amplo, id, ego e superego são entidades mentais, pois envolvem memória, percepção, julgamento e pensamento.

Enquanto o id concentra todos os nossos impulsos mais animais e mais antissociais, o superego é o extremo oposto, o depósito de todas as censuras que vivemos ao longo da vida. O id representa um movimento de expansão e o superego um movimento de contração. O ego, por sua vez, é o "executivo" que determina como o indivíduo irá procurar a satisfação de suas necessidades. Por meio da percepção, da memória, do julgamento e do pensamento, o ego tenta integrar, de um lado, as necessidades e, de outro, as condições do mundo exterior, de tal modo que as necessidades possam ser satisfeitas sem perigo ou dano para o indivíduo. Frequentemente, isso significa que a gratificação deve ser protelada até que se crie ou se apresente uma situação que não envolva danos ou riscos. Por exemplo, está sob a influência do ego aquele que dirige em uma estrada com pedágio e que não ultrapassa a velocidade, porque as placas de sinalização lhe dizem que há radares controlando a velocidade. Da mesma forma está influenciado o motorista que passa por um trecho sem carros ou radares e aproveita a oportunidade para dirigir com excesso de velocidade.

O superego envolve o ideal de ego e a consciência. O ego ideal representa os padrões positivos de moral e ética que o indivíduo criou para si mesmo. A consciência é, em certo sentido, o "juiz" que avalia o caráter ético e moral do comportamento e, por meio dos sentimentos de culpa, pune a violação dos padrões. Se um motorista obedece ao limite de velocidade da estrada, porque se sentiria culpado se não o fizesse, está sob a influência do superego. O primeiro tipo de motorista citado no parágrafo anterior está sob a influência do ego, pois está evitando a multa e não os sentimentos de culpa. Vejamos agora alguns exemplos mais específicos.

O sistema de crediário é uma forma de comportamento econômico até certo ponto baseada nas considerações sobre ego e superego. A opinião geral é de que uma causa da expansão do crédito ao consumidor foi uma mudança no papel do superego nas atitudes para com o crédito. O ego ideal no passado era fazer poupança; as dívidas eram consideradas imorais, algo que suscitava culpa, algo para ser evitado, oculto. Essas duas influências do superego restringiam a utilização do crédito. Hoje em dia, por alguma razão de ordem cultural, o crédito e o débito afastam-se do domínio do superego, passando ao controle do ego – a principal preocupação parece estar no quanto se pode utilizar do crédito sem correr riscos financeiros.

A compra de determinados produtos de consumo pode ser considerada a partir dessas duas influências. A aquisição de certos produtos ou serviços (talvez gêneros de primeira necessidade ou atendimento médico) recebe muito pouca influência do superego, sendo o indivíduo psicologicamente livre para tentar aumentar a chance de satisfação de suas necessidades, enquanto diminui a probabilidade de danos ao agir assim. Há outros produtos, porém, que requerem a influência do superego. Quando um produto representa um aspecto do ego ideal, existe uma grande força positiva para a posse do mesmo. Por outro lado, quando um produto envolve a violação da consciência, uma grande força negativa é gerada contra sua aquisição. O mesmo vale para serviços. Despesas com salão de beleza ou com ingressos de ópera podem fazer surgir conflitos internos, devido à ação e presença das forças do superego.

Suponhamos que, ao surgir uma necessidade, o indivíduo tome consciência de certo número de objetos como possíveis fontes de gratificação. No caso do comportamento do consumidor, esses objetos desejados podem ser diferentes marcas de produto ou modalidades de serviço. O fato de se ficar cônscio de determinado conjunto de objetos indica o caráter abrangente desse estágio do processo cognitivo – uma classe de bens é vista como algo que possivelmente satisfará necessidades. O que a classe de objetos específicos "promete" em termos de gratificação é conhecido como expectativa.

Existem, então, dois tipos de expectativas: as genéricas e as específicas. Suponhamos que um indivíduo tivesse necessidades que o levassem a pensar em marcas de suco de laranja congelado. Algumas das expectativas genéricas para esse tipo de suco são: sabor específico, qualidade, fonte de vitamina C e fácil preparo. Cada marca apresenta expectativas especificamente associadas a ela, em comparação com as demais. Por exemplo, a expectativa pode ser de que a marca A tenha um sabor mais refrescante que a marca B.

Em muitos casos, a concorrência cognitiva ocorre primeiro entre duas ou mais categorias genéricas, para depois ocorrer entre dois objetos dentro de uma categoria genérica. Grande parte da pesquisa de comportamento do consumidor está direcionada para a investigação de categorias genéricas, tais como pneus, automóveis, aparelhos elétricos etc. Contudo, é possível que não se tenha dispensado atenção suficiente à análise psicológica da concorrência cognitiva entre categorias genéricas. Um exemplo disso é o estudo da concorrência entre a audiência de TV, a frequência a cinemas e a leitura de revistas. Para um determinado fabricante, a concorrência cognitiva dentro de uma categoria genérica é, normalmente, objeto de preocupação maior que a concorrência cognitiva entre a categoria de seu produto e outras categorias. Aqueles que produzem, na maioria das vezes, desejam apenas uma análise intensiva dos aspectos psicológicos do consumo no que tange à categoria genérica na qual estão incluídos seus próprios produtos.

Segundo Bayton (1993) suponhamos que, ao surgir uma necessidade, se tenha tomado consciência de quatro objetos alternativos (marcas A, B, C e D). Por que essas marcas em particular e não outras? Por que as marcas E e F não foram incluídas? Uma razão óbvia para a ausência da marca E pode estar no fato de o indivíduo nunca ter sido exposto a ela. Entretanto, vamos supor que ele soubesse da existência da marca F. Por que esta última foi excluída, então?

Pode-se tratar aqui de um caso de memória – um importante processo cognitivo. Os fabricantes das marcas E e F deparam-se, evidentemente, com problemas diferentes. Há dois tipos de situação apresentando as variáveis independentes que determinam se um dado item será ou não lembrado. O primeiro refere-se à natureza da experiência que resulta do consumo real do objeto ou da utilização do serviço, o que será discutido mais adiante, quando for abordada a teoria do reforço na aprendizagem. O segundo tipo de circunstância é o que se poderia chamar de exposições indiretas ao objeto – indiretas porque, à ocasião da exposição, o consumo real ou utilização de fato não ocorre. O melhor exemplo disso seria um anúncio do objeto ou do evento. Naturalmente, a principal finalidade de um anúncio é a de expor o indivíduo ao que está acontecendo, ao objeto, de modo que, subsequentemente, o objeto seja lembrado de imediato. Um esforço contínuo na pesquisa sobre o comportamento do consumidor é a busca de métodos mais eficazes de memorização, por meio da manipulação dos aspectos físicos do anúncio e dos apelos nele empregados. Por fim, para muitos consumidores, esses dois tipos de circunstâncias funcionarão em conjunto, podendo as experiências com o objeto e as subsequentes exposições indiretas contribuir para aumentar o potencial de memória desses consumidores.

Teorias sociais e antropológicas

Segundo Winick (1999), a lentidão dos antropólogos, sociólogos e profissionais de marketing em associar seus trabalhos é surpreendente. Os antropólogos têm atuado como gestores em situações que requerem uma sensibilidade especial para culturas estrangeiras. Alguns profissionais dessas áreas também desenvolveram procedimentos para treinamento em vendas que envolvem a análise do grau de contatos de vendedores com clientes potenciais, índice esse obtido por meio da mensuração da interação dos interlocutores durante uma conversação. Outra situação industrial específica na qual os antropólogos têm participação é quando aplicam seus conhecimentos de antropometria (mensuração do corpo) no projeto de produtos como cadeiras e puxadores.

A antropologia é normalmente definida como o estudo do homem. Essa definição é de tal modo abrangente que o campo da antropologia em geral divide-se em quatro subcampos: arqueologia, antropologia cultural, linguística e antropologia física.

Quando se aplica a antropologia ao marketing, normalmente é a antropologia cultural que tem relevância. Ela tem como tarefa examinar todos os comportamentos adquiridos do homem, incluindo os sociais, linguísticos, técnicos e familiares. Sua abordagem inicial é o estudo das culturas primitivas, e suas análises comparativas documentam as diferentes maneiras como as culturas solucionaram e ainda solucionam seus problemas de vida. A antropologia cultural tem muito em comum com a psicologia e a sociologia. Todas as três ocupam-se do estudo do homem inserido em seu meio cultural, mas diferem ao darem ênfase a diferentes elementos do relacionamento entre uma pessoa e seu ambiente. Pode-se dizer que todo o comportamento é, essencialmente, uma função das inter-relações de personalidade, sistema social e cultura. Simplificando ao máximo, pode-se dizer que a psicologia ocupa-se da personalidade, a sociologia volta-se para o sistema social e a antropologia explora a cultura. O campo interdisciplinar da psicologia social pode influenciar todos esses três campos, e existem textos de psicologia social integrada que já o fazem.

Um enfoque mais preciso das diferenças entre essas três ciências sociais pode ser obtido com um levantamento do ponto de vista de cada uma delas em relação à família, por exemplo. O psicólogo estaria interessado no ajustamento pessoal e na saúde emocional de cada membro da família. Ele analisaria as atitudes de cada um, percepções mútuas e sistemas motivacionais. O contentamento ou não dos membros da família também seria de seu interesse. O sociólogo estaria basicamente preocupado com as dimensões de papel e *status* dentro da família e com o número de diferentes tipos de família. Estudaria como a estrutura social gerou diversos arranjos internos que possibilitaram a existência da família. Estaria interessado nas normas de comportamento, assim como nos esforços e tensões ocasionais pelos desvios da norma, resultantes do conflito de papéis. O sociólogo estudaria a integração à classe social e a ocorrência dos diversos tipos de comportamento, como a taxa de natalidade, por exemplo. O antropólogo cultural, por sua vez, examinaria o nível tecnológico que atingiu a cultura e as inter-relações da tecnologia com a cultura. Esse estudioso analisaria como se transmitiria a herança de propriedade, como o parentesco foi reconhecido e descrito e como os cônjuges vieram a se conhecer. Ele estudaria também os aspectos relativos à alimentação e habitação da família. Estaria interessado no nível de língua e nos dialetos, como também procuraria saber quem fala com quem. Ele se preocuparia com a maneira pela qual a idade dos diferentes membros da família influenciaria seu comportamento, com as tendências à doença. Estudaria como a cultura "desgastou" a unidade familiar. O antropólogo, portanto, não possui informações que não poderiam ser obtidas pelo sociólogo ou pelo psicólogo; o que o diferencia desses dois outros profissionais é uma sensibilidade especial para certas facetas da vida social.

    O antropólogo é especialmente treinado para ter empatia com grupos diferentes do seu próprio e sintonizar com seus padrões culturais. Uma vez que seu treinamento o pôs em contato com uma grande variedade de culturas, o antropólogo pode ter uma visão global da situação e considerá-la dentro de um contexto mais abrangente. O treinamento que o antropólogo recebe torna-o sensível às diferenças culturais conflitantes e divergentes, pois está voltado para a conscientização dessas diferenças, que podem ser de extrema importância em muitas situações de várias naturezas.

Já os sociólogos ocupam-se do fato de uma sociedade ser uma coletividade organizada na qual as pessoas interagem dentro de um sistema de posições e papéis. Isso quer dizer que as sociedades são estratificadas, ocorrendo, de acordo com a complexidade da sociedade, uma diversificação mais ou menos complexa das posições e papéis de cada indivíduo. Tal diversificação é a classe social, fortemente correlacionada com os padrões de consumo (Gade, 1980).

A classe social é uma divisão da sociedade e se caracteriza por ser composta de indivíduos relativamente homogêneos que têm características sociais comuns, o que permite relações entre si e restringe as relações com outros pertencentes a diferentes classes sociais. A estratificação pode ser vista em termos de família e de grupo, pois nos dois casos os membros detêm diferentes *status*, prestígio e desempenho de papéis. As classes sociais podem ser vistas como divisões relativamente permanentes e homogêneas da sociedade que permitem uma comparação de indivíduos e grupos com outros indivíduos e grupos dentro dessa sociedade. Na teoria, as classes sociais são colocadas como divisões discretas da sociedade; na prática, apresentam uma variável contínua, principalmente nas sociedades em que a mobilidade, isto é, a possibilidade de o indivíduo ascender ou descender existe, como ocorre em quase todas as sociedades atuais.

Os indivíduos pertencentes a determinada classe social tendem a apresentar comportamento semelhante em relação às classes percebidas como inferiores ou superiores e estas, por sua vez, também agirão assim. Além disso, apresentam similaridade quanto a traços de personalidade, valores e atitudes, linguagem e pensamento, bem como atividades com as quais se ocupam. Isso é fundamental para o analista do consumidor, pois fará com que o indivíduo pertencente a determinada classe social tenda a comprar os mesmos produtos, comprar nas mesmas lojas. Seu raciocínio em termos de processo decisório e seu comportamento ao comprar as coisas das quais necessita para sobreviver, e mesmo as supérfluas, serão semelhantes. Comerá, vestirá, habitará de forma semelhante.

Seria tentador ver essa variável contínua e, baseado nisso, poder estratificar as classes sociais em função de um único fator, por exemplo, força física no caso de uma sociedade primitiva, ou dinheiro na atual. Sabemos, no entanto, que existe um sem-número de variáveis que fundamentam a estratificação social e que formam uma constelação particular para aquele momento histórico, para aquela sociedade, para aquele grupo, enfim, para aquela classe social aqui e agora sujeita a total modificação dentro de certo intervalo de tempo, o que nos faz dizer que as classes sociais são multidimensionais.

O *status*, a posição que o indivíduo ocupa dentro do seu grupo ou subgrupo, pode ser visto por meio de determinantes, como a *ocupação*, que, por exemplo, na maior parte das sociedades, indica o mágico como pessoa de muito prestígio; o desempenho pessoal, que pode ser avaliado tanto em relação a ganhos quanto em relação à confiança na qualidade de trabalho executado; a interação, que permite ao sociólogo classificar o indivíduo com base em "diz-me com quem andas". Os valores ou crenças manifestadas são também determinantes de classe social e, finalmente, as posses, que são, cada vez mais, símbolos de classe e *status*. O que o indivíduo escolhe e como usa as coisas que possui refletem sua classe social e são elementos do maior interesse para o analista de consumo. Pelo mesmo preço, um indivíduo pode escolher e colocar um assoalho inteiramente plastificado em toda casa, acarpetar tudo ou ainda escolher um tapete persa antigo. A propriedade mais determinante em termos dessa análise é o tipo de residência e sua localização, sua decoração e uso dos ambientes.

Outros itens de consumo a serem analisados são o tipo de educação que o indivíduo escolhe, o tipo de lazer, o tipo de poupança, ou o que se convencionou chamar de estilo de vida. O estilo de vida de uma família dá-se em função da sua renda e da forma pela qual essa renda é gasta. Não somente a baixa renda é sinônimo de pobreza, como essa classe compra produtos diferentes em locais diferentes a um preço diferente, com a consequente acentuação de um estilo pobre de vida. Quanto mais baixa for a classe social e sua renda, mais as compras se farão a crédito, menos os consumidores compararão preços e qualidade, e, caso o façam, geralmente lhes faltam habilidade e conhecimento para julgar e diferenciar, terão pouco ou nenhum conhecimento dos seus direitos legais. Além disso, os padrões de consumo maior obedecem a motivações como procura de *status* e escapismo. Se lembrarmos que uma alta renda reduz a proporção gasta com alimentação, uma baixa renda aumenta a proporção gasta com supérfluos. O pobre, frequentemente, numa procura escapista de realidade, sacrifica necessidades básicas.

Esse comportamento escapista, na verdade encontrado em várias camadas sociais, representa um consumo de artigos simbólicos de ascensão e sucesso compensatório da não realização em outras áreas. Posso não ser um executivo bem-sucedido, porém posso comprar uma pasta igual à que ele usa, beber o *whisky* que ele bebe, comprar o carro que ele possui. Se não idêntico, parecido; se não à vista, a crédito; mas posso, por meio do consumo, aplacar a sensação de fracasso, de não poder consumir. Aqui a crítica que se faz é a utilização do consumo de artigos para escapar de uma realidade desagradável ou intolerável. É a redução da ansiedade por meio da compra, da aquisição material e que, invariavelmente, resulta na alienação daquelas coisas que não se pode comprar.

As teorias sociais e antropológicas defendem um ângulo que enfoca o consumo como um processo social, isto é, sua dinâmica deve ser pensada a partir de uma avaliação crítica que ressalte seus condicionantes históricos, sociais e culturais, sendo posta em uma perspectiva histórica, apontando para as variações dos padrões de consumo. Basicamente, essas teorias dividem-se em duas grandes vertentes: uma de inspiração marxista e outra de inspiração nas pesquisas sobre os hábitos de consumo nas sociedades contemporâneas.

As abordagens sociais e antropológicas oferecem ao profissional de marketing uma compreensão mais aprofundada sobre a dinâmica social e cultural que rege os processos de consumo. O consumidor contemporâneo, cada vez mais exigente e consciente de seus direitos, seria o resultado de um longo processo histórico de convergência entre os valores, outrora antagônicos, utilitários e hedonistas (Campbell, 2001). Dessa forma, o consumo é um processo cuja significação social está em proporcionar uma referência para a construção da identidade social dos indivíduos, posto que a posse dos produtos define a posição social do consumidor, tanto em relação aos seus pares quanto em relação à sociedade como um todo (Bourdieu, 1984; Campbell, 2001; Featherstone, 1995). Ao profissional de marketing, é fundamental perceber que o consumo não é um ato meramente individual e racional, mas também um processo essencialmente social, possibilitando o posicionamento do indivíduo em relação ao seu contexto social e cultural.

Teoria cognitivista

Atualmente, é a teoria mais utilizada pelos pesquisadores do comportamento do consumidor por integrar produto, consumidor e ambiente a partir de uma visão do consumo como um processo de tomada de decisão (Engel, Blackwell e Miniard, 2000; Karsakilian, 2000; Schiffman e Kanuk, 2000; Solomon, 2002). Sua inspiração encontra-se nas pesquisas da psicologia cognitiva norte-americana dos anos 1950 e 1960, levando a entender o consumo como resultante de um processamento de informações oriundas do sujeito, da cultura e do meio ambiente.

Pensar o comportamento de consumo como um processo de tomada de decisão implica ver o consumidor como optando por diferentes produtos, tendo por pano de fundo diferentes fatores, tais como: a influência de processos cognitivos, como a percepção, a motivação, a aprendizagem, a memória, as atitudes, os valores e a personalidade; fatores socioculturais, como a influência dos grupos sociais, da família, da cultura e de classes sociais; por fim, o impacto dos fatores situacionais, entendidos como o conjunto de influências localizadas no meio ambiente quando das decisões de compra por parte do indivíduo.

Para os cognitivistas, as decisões de compra são variadas, mas podem ser classificadas a partir de variáveis como o tipo de produto, a motivação do consumidor, a frequência da compra, a busca e o processamento da informação, a percepção de valor do bem, a comparação entre as diferentes alternativas decisórias por parte do consumidor, além, é claro, das influências situacionais.

Por proporcionar uma compreensão mais abrangente tanto dos diferentes tipos de decisões de compra quanto da natureza da própria dinâmica do processo decisório, a teoria cognitivista é, atualmente, a mais adotada tanto pela literatura da área quanto pelos profissionais de marketing. Por sua característica integradora, ela procura levar em consideração diferentes aspectos levantados pelas abordagens anteriores, promovendo uma compreensão mais equilibrada dos diferentes fatores envolvidos nos processos de decisão de compra por parte dos consumidores.

Feita a panorâmica sobre as principais teorias que explicam o comportamento do consumidor, revelando cada uma delas ângulos diferentes desse nosso objeto de estudo, passamos ao capítulo 2, em que analisaremos os principais fatores que influenciam esse comportamento.

2
Fatores de influência no processo de compra

Qualquer estratégia eficaz de marketing leva em consideração as características individuais, socioculturais, situacionais e demográficas do consumidor. É necessário saber quem é o consumidor, o que ele pensa, em que ele acredita, quais são seus julgamentos acerca de si mesmo e dos outros, qual sua posição na escala social, sua idade, renda e estilo de vida.

A compreensão dos fatores que influenciam o comportamento de compra possibilita não só uma visão mais profunda da dinâmica da compra, mas também abre um leque de intervenções possíveis a partir do uso de estímulos de marketing.

Os fatores que influenciam o comportamento de compra estão presentes na figura 2 e podem ser agrupados em cinco níveis: fatores psicológicos, culturais, sociais, pessoais e situacionais. Cada um deles será discutido em detalhes neste capítulo.

Figura 2
Fatores de influência no comportamento de compra

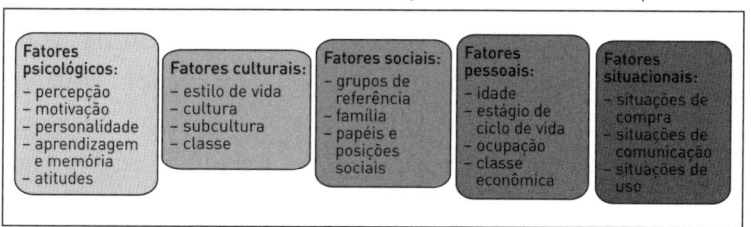

Fatores psicológicos:	Fatores culturais:	Fatores sociais:	Fatores pessoais:	Fatores situacionais:
– percepção – motivação – personalidade – aprendizagem e memória – atitudes	– estilo de vida – cultura – subcultura – classe	– grupos de referência – família – papéis e posições sociais	– idade – estágio de ciclo de vida – ocupação – classe econômica	– situações de compra – situações de comunicação – situações de uso

Fatores psicológicos

Os fatores psicológicos dizem respeito ao conjunto das funções cognitivas (pensamentos), conativas (comportamento) e afetivas (sentimentos) no processo da compra, envolvendo o estudo da percepção, da aprendizagem, da memória, das atitudes, dos valores, das crenças, da motivação, da personalidade e dos estilos de vida dos consumidores. Nesse primeiro nível, o consumidor é visto de maneira isolada, tomando decisões que têm sempre por base suas características psicológicas.

Percepção

Em psicologia, neurociência e ciências sociais, *percepção* é a função cerebral que atribui significado a estímulos sensoriais, a partir de um histórico de vivências passadas. Por meio da percepção, um indivíduo organiza e interpreta suas impressões sensoriais para atribuir significado ao seu meio. Consiste na aquisição, interpretação, seleção e organização das informações obtidas pelos sentidos. A percepção pode ser estudada do ponto de vista estritamente biológico ou fisiológico, envolvendo estímulos elétricos evocados pelos estímulos nos órgãos dos sentidos. Do ponto de vista psicológico ou cognitivo, a percepção envolve também os processos mentais, a memória e outros aspectos que podem influenciar na interpretação dos dados percebidos.

A percepção e seu efeito no conhecimento e aquisição de informações do mundo é objeto de estudo da filosofia do conhecimento ou epistemologia. Em geral, a percepção visual foi a base para diversas teorias científicas ou filosóficas. Newton e Goethe estudaram a percepção de cores, e algumas escolas, como a Gestalt, surgida no século XIX, e escolas mais recentes como a fenomenologia e o existencialismo baseiam toda a sua teoria na percepção do mundo.

Sternberg (2000:110) define a percepção como

> o conjunto de processos psicológicos pelos quais as pessoas reconhecem, organizam, sintetizam e conferem significação às sensações recebidas a partir dos estímulos ambientais captados pelos órgãos dos sentidos (visão, audição, gustação, tato e olfato).

Longe de ser um processo de recepção passiva de estímulos, a percepção é um processo que conta com o ativo envolvimento do indivíduo, uma vez que seu resultado final é um significado. Dessa maneira, a percepção pode ser entendida como um processo psicológico de atribuição de significação aos estímulos sensoriais, direcionado tanto pelo sistema de crenças e valores do indivíduo quanto por sua codificação, dada pela cultura e pelo contexto situacional.

Sendo a percepção a interface privilegiada na qual os seres humanos entram em contato com o mundo, o profissional de marketing deve conhecer de maneira detalhada quais os estímulos presentes no ambiente que interferem no comportamento de compra, com o objetivo de influenciar o processo de tomada de decisão dos consumidores. A habilidade de mapear os estímulos sensoriais é de fundamental importância no processo de despertar a necessidade e a motivação da compra.

Chamar a atenção para seu produto é crucial na disputa pela mente do consumidor. Todos os dias, nós somos bombardeados por um sem-número de estímulos de marketing pelos mais variados canais sensoriais (visual, auditivo, gustativo, olfativo e tátil). Isso posto, a percepção humana possui alguns dispositivos que permitem uma seleção das informações baseada em critérios de relevância e de interesse, chamados *filtros perceptivos*. Alguns dos filtros mais importantes são atenção seletiva, distorção seletiva e retenção seletiva.

Atenção seletiva diz respeito à capacidade que os seres humanos têm de selecionar as informações que lhes são submetidas. Os estímulos de marketing devem ser capazes de mobilizar a atenção do consumidor, reduzindo a chance de serem descartados do foco da consciência. Uma das técnicas mais utilizadas visa despertar o contraste com os concorrentes ao explorar características como formato, tamanho, cor e posição dos produtos, criando embalagens e concebendo a atmosfera do ponto de venda para tirar partido da intenção de compra.

Distorção seletiva é a tendência que os consumidores possuem de interpretar as informações dando-lhes um significado pessoal, a partir do seu sistema de crenças e valores. Os indivíduos acomodam os estímulos sensoriais em percepções que façam sentido em sua visão de mundo, facilitando a classificação e a organização dos produtos disponíveis. A ingerência desse filtro deve ser levada em consideração por ocasião dos esforços de construção da marca, posto que os estímulos de marketing devem orientar-se no sentido da harmonização com as atitudes e as disposições mentais presentes na mente do consumidor.

Retenção seletiva significa que seres humanos são predispostos a armazenar estímulos sensoriais que reforcem seu sistema de crenças e valores. Tal fator deve ser levado em consideração por ocasião da introdução de um produto em países com diferentes características sociais e culturais. O profissional deve sempre lembrar que, sem o cuidado prévio, muitos dos esforços de marketing tornam-se ineficazes por se apoiarem em estímulos que colocam em risco as crenças dos consumidores. Um dos efeitos da apresentação de estímulos antagônicos é denominado *dissonância cognitiva*, um estado mental de desconforto e ansiedade produzido pela presença de opções de decisões excludentes e até contrastantes.

O uso dos estímulos sensoriais como forma de despertar a atenção do consumidor e levá-lo a construir uma percepção do produto é uma das áreas que atualmente mais chama a atenção dos profissionais de marketing. O recurso a técnicas que levem em consideração os mais variados estímulos sensoriais redimensiona a experiência da compra a dimensões nunca antes imaginadas, possibilitando adicionar características experienciais e interativas que permitem o envolvimento cada vez mais ativo e participativo do consumidor. Devemos estar abertos à exploração dessas novas técnicas de interferência na compra, dada a crescente complexidade das relações de consumo na sociedade atual, dos gostos e das preferências dos consumidores.

Motivação

A motivação é definida como um estado de tensão psicológica que antecede e prepara o indivíduo para a ação. A motivação ocorre, geralmente, quando uma necessidade é despertada, seja por um impulso interno ou por uma estimulação externa. Dada a presença dessa necessidade, o indivíduo empreende uma ação (comportamento) a fim de reduzir a tensão, orientando-a para um objetivo vinculado à necessidade inicial.

Fica claro o papel dos estímulos do marketing no despertar das necessidades dos consumidores, bem como na sua orientação para satisfazê-las por intermédio do consumo dos produtos. No entanto, uma distinção se faz necessária: a dos conceitos de necessidade e desejo. As necessidades são entendidas como carências, vazios, motivos básicos que podem ser de ordem fisiológica, psicológica, anímica ou até mesmo espiritual. Enquanto isso, os desejos são as formas moldadas pela sociedade para atender a tais necessidades. Dessa maneira, contrariamente ao que pensam os críticos, o marketing cria desejos, mas não necessidades, já que estas últimas são o fundamento no qual são construídos os primeiros.

As necessidades podem ser classificadas de várias formas. Uma delas divide as necessidades em *biogênicas* (inatas), *psicogênicas* (fruto da aprendizagem), *utilitárias* (enfatizam os atributos tangíveis e concretos dos objetos) e *hedônicas* (subjetivas e experienciais).

Na década de 1960, o psicólogo humanista norte-americano Abraham Maslow criou um modelo de hierarquia de necessidades, objetivando classificá-las em níveis crescentes de complexidade, que vão desde as necessidades mais básicas (instintivas) até as de cunho social (aprendidas).

Para Maslow, o ser humano sempre busca o crescimento psicológico e, conforme os níveis inferiores da hierarquia vão sendo razoavelmente atendidos, a tendência é de que as necessidades localizadas nos patamares mais elevados sejam disparadas. Caso haja um não atendimento de necessidades inferiores, automaticamente os esforços motivacionais de um indivíduo se concentram na redução da tensão localizada no patamar inferior.

A pesquisa motivacional é importante para que o profissional de marketing possa criar produtos que atendam a necessidades que não estejam sendo supridas, tornando-se uma ferramenta estratégica de fundamental importância no diagnóstico de janelas de oportunidade para a oferta de novos bens e serviços. Cabe fazer um diagnóstico constante das necessidades e motivações dos consumidores, a fim de que se possa acompanhar seu grau de satisfação para com o produto em referência, além de vislumbrar novas possibilidades de negócios.

Personalidade

A personalidade pode ser entendida como um padrão característico de pensamentos, sentimentos e ações de um determinado indivíduo. Por estar ligado diretamente à questão da identidade, esse conceito diz respeito à singularidade de uma pessoa, bem como ao seu padrão sistemático de reação às situações presentes no meio ambiente que a cerca.

O consumo de produtos e serviços não só permite a satisfação de necessidades de cunho utilitário e hedônico, mas também possibilita a construção do autoconceito do consumidor, isto é, a definição de sua imagem social para si mesmo e para seus pares. Na sociedade contemporânea, o consumo vem delimitando a identidade, bem como a construção de novas experiências do eu, que vão sendo utilizadas em função das diferentes situações sociais. Valores reforçados em nossa sociedade, como a beleza, o sucesso e a saúde não só levam a uma reorientação da personalidade do consumidor como permitem um posicionamento competitivo na busca de *status* e sucesso social. Os profissionais de marketing devem estar atentos às características de personalidade de seus consumidores, bem como lançar mão de estímulos de marketing que reforcem o autoconceito por meio da compra dos produtos. Sem sombra de dúvida, a escolha da compra é influenciada pelos traços de personalidade do consumidor.

Aprendizagem e memória

A aprendizagem é vista como uma mudança relativamente permanente no comportamento decorrente da experiência (Myers, 2002), por intermédio da reorganização de conceitos e representações mentais. O estudo da aprendizagem é fundamental para o profissional de marketing, considerando que o comportamento de compra é fruto da aprendizagem social, devendo-se destacar as teorias comportamentais e cognitivas.

As teorias comportamentais da aprendizagem enfatizam o papel que os estímulos do meio ambiente assumem na construção das condutas aprendidas. Uma das estratégias de aprendizagem é o uso da técnica de *condicionamento respondente*, que consiste em fortalecer as ligações entre um estímulo apresentado e uma resposta esperada, via repetição. Outra técnica mais utilizada em marketing é o *condicionamento operante*, descrita pelo cientista do comportamento B. F. Skinner nas décadas de 1950 e 1960. Basicamente, o comportamento aprendido é consolidado por meio do uso de *reforçadores*, estímulos localizados no meio ambiente que têm a capacidade de interferir na frequência de aparecimento de um comportamento. Um *reforçador positivo* é um estímulo que aumenta a frequência de aparecimento de um comportamento. Um produto que satisfaz as necessidades de um consumidor torna-se um reforçador positivo, levando a um aumento da sua intenção de compra. Já o *reforço negativo* ocorre quando uma resposta aprendida é gradualmente extinta a partir da eliminação de um estímulo. Um produto que porventura venha a desaparecer das prateleiras das lojas, ou então cuja comunicação com o consumidor sofra uma diminuição, tende a ser esquecido e substituído por um produto similar. Já a *punição* é um estímulo dado após a ocorrência do comportamento, que tem um efeito aversivo sobre o indivíduo. A insatisfação do consumidor para com um determinado produto após a compra gera um efeito de esquiva (fuga), levando-o a buscar substitutos que compensem o prejuízo auferido.

As teorias cognitivas da aprendizagem enfatizam o papel dos processos mentais na produção de condutas adquiridas com o correr da experiência. A interferência da memória, definida como sendo o armazenamento das informações aprendidas pelo indivíduo, é de grande importância na consolidação dos conteúdos aprendidos.

A atuação conjunta da aprendizagem e da memória leva à consolidação de hábitos de consumo, sendo fundamentais na compreensão dos processos de lealdade e de envolvimento dos consumidores com os produtos. O profissional de marketing deve estar preparado para tirar partido desses conceitos no sentido de aumentar a intenção de compra dos consumidores, fortalecer o relacionamento com os clientes, levar à fidelidade à marca, bem como incentivar o hábito de compra a partir do uso de reforçadores. Os programas de fidelização das companhias aéreas são um exemplo de uso dos recursos da aprendizagem e da memória como ferramentas estratégicas no aumento da intenção de compra por parte dos consumidores.

Atitudes

As atitudes são predisposições, sentimentos e tendências relativamente consistentes de um indivíduo em relação a uma determinada situação ou a um objeto. Por ser uma predisposição para a ação, a atitude serve como referência para um consumidor avaliar um produto de maneira positiva ou negativa, proporcionando a proximidade ou o afastamento do consumidor em relação a este.

Para os psicólogos cognitivos, as atitudes são compostas por três elementos: crenças (pensamentos), afetos (sentimentos) e intenções de comportamento (ações prováveis). Por serem mecanismos eficientes de avaliação das situações, as atitudes têm o poder de orientar e guiar o nosso comportamento. Após instalada uma dada atitude, sua mudança requer uma reestruturação ampla do sistema de crenças e valores do indivíduo, podendo ser um processo árduo, dependendo da atitude em questão.

As atitudes são importantes na construção da identidade das pessoas, bem como na organização e no senso de coerência da experiência cotidiana. Uma mudança de atitude é iniciada por ocasião de situações que apontem para a incoerência entre os nossos pensamentos e julgamentos, tipicamente ilustrada pelo estado de *dissonância cognitiva*. Como já citado, a dissonância cognitiva é um estado de tensão psicológica vivenciado por uma pessoa em face de duas crenças antagônicas ou excludentes, levando a um ajuste de pensamento a fim de garantir a integridade e a coerência do sistema de crenças e valores. Profissionais de marketing podem iniciar uma mudança de atitude ao construírem estratégias que levem o consumidor a essa situação, ao promoverem comparações entre dois produtos concorrentes a partir de seus diferentes atributos (por exemplo, preço baixo *versus* qualidade e durabilidade).

Por terem pensamentos, sentimentos e intenções de compra, os consumidores constroem parte das suas intenções de compra tendo por base avaliações dos produtos pautadas por suas atitudes. Para os profissionais de marketing, é fundamental identificar clara e sistematicamente as atitudes do consumidor, bem como sua evolução no correr do tempo. Atualmente, a população dos grandes centros urbanos brasileiros vem desenvolvendo uma atitude positiva em relação a produtos da linha *light*, com baixas calorias e de apelo a uma vida saudável. Por ser um mercado em franca expansão em nosso país, isso é um indicador da preocupação dos consumidores com uma vida mais saudável, uma alimentação mais regrada e um cuidado maior com o corpo e a saúde.

O cuidado no atendimento ao consumidor, a qualidade do produto, a facilidade de entrega e um serviço de atendimento pós-venda são elementos fundamentais para a construção de atitudes positivas do consumidor em relação aos produtos. Qualquer deslize nessas etapas pode levar o consumidor a desenvolver crenças e valores negativos, anulando os esforços de geração de valor no sentido da construção de um relacionamento forte e significativo entre o consumidor e o produto.

Fatores culturais

Envolvem influência da cultura e subculturas, da classe social e do estilo de vida no comportamento de compra. Nesse segundo nível, o consumidor não é mais visto como um indivíduo isolado, mas um ser social que reage e é transformado pelo contexto no qual está inserido.

Influência da cultura

A cultura é um dos fatores mais importantes a ser levado em consideração no planejamento de produtos e na definição de estratégias de marketing. Pelo fato de ser um elemento fundamental na vida do indivíduo em sociedade, muitos dos fracassos em marketing são explicados pela falta de sensibilidade na consideração da realidade cultural em que se encontram inseridos os consumidores.

A cultura tem sido o objeto central dos estudos da antropologia. Cultura pode ser entendida como o conjunto de crenças, normas, valores e atitudes que regulam e normatizam as condutas dos integrantes de uma determinada sociedade. Por ter um componente atitudinal, a cultura possui duas funções na vida de um indivíduo e de uma comunidade: uma função *normativa* e uma função *avaliativa*. A cultura serve de padrão de orientação e de horizonte de comparação dos comportamentos de seus integrantes, sendo que qualquer conduta desviante é punida com uma sanção social que pode ser agravada pela interdição, suspensão dos direitos e até o banimento pela comunidade.

Por ser organizadora da atividade social, a cultura é uma grande instância de constituição da identidade dos indivíduos. Seus membros buscam referências, padrões, normas e mapas que delimitem seus espaços de atuação. Além do mais, sua natureza é simbólica, isto é, é promotora da homogeneidade e da integração entre seus diversos componentes, dando-lhes um senso de comunidade e de compartilhamento das experiências. Por isso, não existem comunidades humanas sem qualquer tipo de manifestação cultural.

A globalização não substituiu as culturas locais; estas foram agregadas pelos símbolos da cultura global das grandes corporações transnacionais, tornando o processo de diagnóstico de padrões culturais muito mais complexo (Nunes, 2000).

É comum a divisão da cultura nacional em segmentos denominados *subculturas*, que são especificidades culturais definidas a partir de critérios étnicos, religiosos, geográficos, de estágios e estilos de vida. Em países como o Brasil, onde as características aqui descritas se aplicam, é preciso levar em consideração as variações regionais de valores, crenças e hábitos de consumo. Diferenças climáticas, composição racial e hábitos locais são importantes quando se avalia a introdução de novos produtos nesses mercados.

Influência da classe social

A classe social é um dos fatores mais utilizados na segmentação de mercado, justamente por ser um indicador da posição social de um indivíduo perante seus pares e diante da sociedade como um todo. A classe social pode ser definida como um critério de ordenação da sociedade, utilizando indicadores como poder aquisitivo, escolaridade, ocupação, hábitos e costumes.

Por serem divisões relativamente homogêneas da sociedade, as classes sociais permitem uma classificação dos consumidores e de suas famílias a partir do compartilhamento de determinados valores, crenças, interesses e estilos de vida que repercutem nas intenções de compra. Além disso, funcionam como indicadores de posicionamento e comparação social, posto que determinam certa hierarquização da estrutura social a partir de grupos relativamente homogêneos.

O comportamento de consumo pode ser influenciado por desejos compartilhados por uma determinada classe social, especialmente se os consumidores almejam ascender na escala social (mesmo que simbolicamente), distinguir-se de seus pares e buscar níveis mais elevados de *status* social. Em sociologia, esse fenômeno de orientação dos padrões de compra com base nas classes sociais mais elevadas é denominado "consumo conspícuo", ou seja, um consumo ostentatório, cujo objetivo é demonstrar riqueza. Entretanto, o conceito de classe social deve ser usado com muita cautela em países onde a mobilidade social é intensa, como no caso brasileiro. Essa flexibilidade de acesso e retrocesso na escala social faz com que, atualmente, muitos profissionais de marketing prefiram utilizar o conceito de *classe econômica*, que privilegia muito mais o poder de compra dos consumidores do que suas características sociais e culturais. No Brasil, atualmente, é utilizado o critério de classificação econômica Brasil (CCEB), que será discutido em detalhes ainda neste capítulo.

Estilo de vida

O estilo de vida também é um conceito bastante utilizado pelos profissionais de marketing, incluindo o que se refere à formulação de estratégias de segmentação dos mercados consumidores. Segundo Solomon (2002), o estilo de vida diz respeito às formas como os consumidores escolhem gastar seus recursos disponíveis (tempo e dinheiro), assim como a seus valores, gostos e preferências refletidos em suas escolhas de consumo.

Os valores e os estilos de vida podem ser compreendidos por técnicas psicográficas que subsidiam os esforços de segmentação das empresas. As técnicas intituladas *atividades, interesses e opiniões* (AIO) procuram agrupar os consumidores por critérios envolvendo atividades, interesses e opiniões. A segmentação por AIOs pode ser descrita conforme mostrado no quadro 1.

Quadro 1
Escala AIO

Atividades	Interesses	Opiniões	Dados demográficos
Trabalho	Família	Eles próprios	Idade
Hobbies	Lar	Questões sociais	Instrução
Eventos sociais	Emprego	Política	Renda
Férias	Comunidade	Negócios	Ocupação
Diversão	Recreação	Economia	Tamanho da família
Afiliação a um clube	Moda	Educação	Habitação
Comunidade	Alimentação	Produtos	Geografia
Fazer compras	Mídia	Futuro	Tamanho da cidade
Esportes	Realizações	Cultura	Estágios no ciclo de vida

Fonte: Engel, Blackwell e Miniard, 2000.

Outra classificação utilizada nos Estados Unidos, mas não validada no Brasil, é baseada no sistema de valores e estilos de vida, denominada *escala VALS2*, que classifica os consumidores em diferentes estilos de vida de acordo com a forma como gastam seu tempo e dinheiro disponíveis. A partir de uma exaustiva pesquisa, os estilos de vida são agrupados em oito tipos, assim descritos:

1. *modernizadores (ou efetivadores)*: consumidores localizados no topo da pirâmide social, com ganhos tão elevados e recursos tão amplos que acabam por orientar a si próprios. São consumidores que ditam as regras da moda, não as seguem. A imagem é importante para eles, não como evidência de *status* e poder, mas como extensão de seu gosto, independência e caráter. Possuem uma ampla faixa de interesses, sendo abertos a mudanças;
2. *realizadores*: consumidores bem-sucedidos, com muitos recursos, orientados para o trabalho, politicamente conservadores e que se satisfazem basicamente com o trabalho e a família. Preocupam-se com questões sociais e são abertos a

mudanças. Respeitam a autoridade e o *status quo*, preferindo produtos e serviços tradicionais que possibilitem exibir seu sucesso;
3. *satisfeitos*: profissionais maduros, com bom nível de instrução, reflexivos e que se sentem realizados e à vontade. Passam suas horas vagas em casa, mas são bem informados e abertos a novas ideias. Tendem a ser práticos e valorizam a funcionalidade;
4. *experimentadores*: são consumidores ávidos, impulsivos, jovens que apreciam experiências excêntricas e arriscadas e extravasam sua grande energia em atividades sociais e exercícios físicos. É o grupo mais jovem, que gasta muito com roupas, restaurantes *fast-food*, música e outros artigos favoritos dos jovens;
5. *crédulos*: consumidores mais conservadores e previsíveis, com rendas mais modestas. Dão preferência a produtos fabricados em seu próprio país e a marcas tradicionais. Seus valores básicos estão ligados à família, à comunidade religiosa e social e à nação;
6. *batalhadores (ou esforçados)*: semelhantes aos realizadores, mas com menos recursos. O estilo é extremamente importante para esses consumidores, pois buscam imitar padrões de consumo de outros grupos com maiores recursos. Por isso, preocupam-se muito com a aprovação dos outros e fazem constantes comparações sociais;
7. *criadores (ou "fazedores")*: consumidores orientados basicamente para a ação, não sendo impressionados por posses materiais. São pessoas que gostam de afetar seu ambiente por meios práticos, valorizando a autossuficiência e concentrando-se em atividades ligadas à família, ao trabalho e às atividades físicas. São consumidores orientados por finalidades práticas e funcionalidade;

8. *lutadores*: estão na base da pirâmide social. São pessoas de renda muito baixa e com pouquíssimos recursos, preocupando-se em atender a suas necessidades básicas. Por conta dos poucos recursos, tendem a ser consumidores mais leais a marcas.

Fatores sociais

Envolvem influência de grupos de referência, família e papéis sociais no comportamento de compra.

Influência de grupos

Por ser um processo social, o comportamento de consumo sofre a influência da ação de grupos humanos sobre os indivíduos. Pelo fato de pertencerem a diversos grupos e, também, por almejarem participar de outros grupos, a influência das situações de interação social é de extrema importância na aquisição e estabilização das ações de compra dos indivíduos. Dessa maneira, o profissional de marketing não pode deixar de compreender que os consumidores agem, em grande parte, a partir de regras compartilhadas por grupos na busca de sua inserção social.

A influência de grupo sobre as pessoas é um dos exemplos mais característicos do que os psicólogos sociais denominam *poder social*, isto é, o efeito de persuasão que indivíduos isolados ou grupos de pessoas exercem sobre seus pares na normatização e regulação dos comportamentos. Além do mais, os grupos funcionam como uma proteção aos seus integrantes, posto que os mesmos, em situações de interação social, podem assumir comportamentos que não seriam empreendidos de forma isolada ou autônoma. Dessa forma, os grupos humanos são poderosos fomentadores de condutas sociais, além de servirem de escoadouro das tensões e angústias dos indivíduos em suas vidas pessoais. Adicionalmente, os grupos são fontes de comparação social, isto é, servem de norma ou modelo para a regulação da conduta de seus integrantes, bem como de pessoas externas a eles que, por algum motivo, desejam participar das interações frequentes entre seus membros.

Um dos mais significativos fatores sobre a intenção de compra dos consumidores é dado pelos *grupos de referência*, que servem de parâmetro de comparação ou de referência direta ou indireta na formação de atitudes e de comportamentos de compra. Na busca por *status* social e um posicionamento mais privilegiado na escala social, os consumidores procuram utilizar como horizonte de comparação o comportamento de compra de grupos sociais mais elevados, com mais recursos disponíveis e conhecimento. Os grupos de referência, por serem objeto de comparação no que toca à aquisição de produtos mais luxuosos e de serviços, que indicam um grau elevado de sofisticação e refinamento, são poderosos elementos de influência na dinâmica de compra de indivíduos ou grupos que estão num patamar mais abaixo da estrutura social. As colunas sociais, as revistas que contam a vida das estrelas e das pessoas de sucesso, os programas televisivos que abordam as últimas novidades da vida das celebridades exercem um significativo efeito na conformação e regulação do comportamento de compra de seus telespectadores, especialmente os de classe social menos favorecida.

Dentro dos grupos de referência, algumas pessoas podem se sobressair devido às suas habilidades pessoais, conhecimento ou características individuais, exercendo também um efeito sobre o comportamento de outros indivíduos. Estas pessoas são chamadas *líderes de opinião*, cujo destaque obtido por seu sucesso individual acaba por ser uma fonte explorada pelos profissionais de marketing para influenciar o comportamento dos consumidores. O uso de líderes de opinião é ilustrado pelo recurso às propagandas testemunhais, que lançam mão de artistas de televisão, cantores e atletas na promoção de produtos como cosméticos, eletrodomésticos, empreendimentos imobiliários, *shopping centers*, apetrechos para o lar e produtos para a saúde e a beleza. A relação entre o motivo do sucesso do protagonista da propaganda e as características do produto pode ser mais ou menos direta. Por exemplo, a *top model* Gisele Bündchen, a apresentadora Fernanda Lima e o jogador de futebol Neymar são protagonistas de diversas propagandas, de diferentes marcas. De modo mais ou menos imediato, temos um empréstimo de prestígio e competência da celebridade ao produto anunciado.

Influência da família

Um tipo específico de grupo social é um dos mais importantes influenciadores no processo de tomada de decisão da compra: a família. Muitos desses comportamentos têm origem na família, uma vez que ela é a base do processo de socialização de consumo, repercutindo posteriormente na construção da identidade dos integrantes, bem como em suas opções de vida e escolhas de consumo posteriores. Em um país como o Brasil, onde a família é um importante elemento de nossa realidade social, seu papel precisa ser constantemente avaliado pelos profissionais de marketing.

A relevância da família na decisão de compra faz com que a tomada de decisão, por parte dos consumidores finais, seja em grande parte um processo coletivo, fruto do resultado dos diferentes interesses dos participantes envolvidos, a saber, entre os dos cônjuges e os dos filhos. Os cônjuges participam da decisão ao negociarem seus diversos interesses, preferências e gostos, considerando sua influência no que tange aos recursos envolvidos e ao tempo despendido na compra. As crianças, atualmente, também são fortes influenciadores na decisão de consumo, sendo comum estratégias do tipo "a criança pega, o pai compra", muito utilizadas para produtos alimentícios como biscoitos, balas, bolos e lanches voltados para o público infantil. O uso de marcas licenciadas de personagens de desenhos animados também é um forte indicador da importância que os profissionais de marketing dedicam aos consumidores infantis. O fato de as crianças serem mais suscetíveis aos estímulos de marketing faz com que estes miniconsumidores sejam, atualmente, o foco de vários estudos e pesquisas sobre os processos de influência social na decisão de compra.

Os papéis assumidos pelos membros de uma família durante o processo de compra não são excludentes, isto é, podem ser desempenhados por seus diferentes integrantes ou também podem ser acumulados por um ou mais membros. Os profissionais de marketing devem estar atentos a essa repartição de funções, buscando otimizar o resultado da intenção de compra. Os papéis são: (a) *iniciador*: dispara o processo de compra, ao reconhecer uma necessidade não atendida; (b) *influenciador*: busca nas fontes e disponibiliza a informação necessária para levar à satisfação da necessidade despertada; (c) *decisor*: dá a palavra final sobre a alternativa escolhida; (d) *comprador*: interage com o vendedor e adquire o produto; (e) *consumidor*: é o usuário final do produto; e (f) *avaliador*: promove a avaliação do produto, especialmente no que tange à satisfação da necessidade.

Fatores pessoais

Envolvem influência da idade, do estágio de ciclo de vida, ocupação e classe econômica no comportamento de compra.

Influência da idade e do estágio de ciclo de vida

A idade e o estágio de vida da família também influenciam o padrão de compra. Uma família de pais jovens com um filho recém-nascido tem um padrão de consumo diferente de uma família com filhos adolescentes ou, então, formada por casais maduros, com filhos morando fora de casa. É importante também perceber o chamado ciclo de vida familiar e suas implicações no processo de compra.

Além disso, em função da modificação dos padrões econômicos, sociais, culturais e educacionais, novos hábitos, divisões de papéis e configurações marcam as famílias contemporâneas. Por exemplo, um dos segmentos que mais cresce no Brasil é o chamado mercado *single*, voltado para homens e mulheres adultos que moram sozinhos, ou descasados que retornam à casa dos pais, impactando na oferta de diversos produtos e serviços. O profissional de marketing deve estar atento à dinâmica da família, bem como às transformações observadas nas formas de relacionamento e de convivência que tornam cada vez mais complexa a análise do papel das famílias no comportamento de compra.

A classificação econômica da população brasileira está pautada por aspectos demográficos. A demografia estuda as características das populações humanas e exprime-se geralmente por meio de valores estatísticos, levantados a partir de um grande número de entrevistas. As características da população estudadas pela demografia são inúmeras e incluem sua distribuição por gênero, religião, etnia, renda, poder de compra, faixas etárias, ocupação, estado civil, mobilidade, entre muitas outras. O critério de classificação econômica Brasil (CCEB), endossado pela Associação Brasileira de Anunciantes (ABA) e desenvolvido pela Associação Brasileira de Empresas de Pesquisa (Abep), tem como função estimar o poder de compra/capacidade de consumo das pessoas e famílias urbanas, discriminando grandes grupos de acordo com a posse de alguns bens materiais, o grau de instrução do chefe da família e acesso a determinados serviços públicos. Cada item representa uma pontuação que, somada com outros pontos, dividem os consumidores nas classes A, B1, B2, C1, C2, D e E. Segundo a versão mais recente do CCEB (2018), há no Brasil 3% de classe A, 5% de classe B1, 17% de classe B2, 22% de classe C1, 26% de classe C2 e 28% de classe D e E. A tabela 1 conjuga três quadros sempre presentes, um seguido ao outro, nos questionários empregados na aplicação do CCEB, e ilustra os bens materiais, o grau de instrução do chefe de família e os serviços públicos considerados, com suas respectivas pontuações, de forma a estabelecer os cortes de definição das classes econômicas.

O critério Brasil sofre várias críticas. As mais comuns estão relacionadas à ausência de itens como *smartphones*, micro-ondas, *home theater*, com a afirmação de que "qualquer um pode ser classe A", que pessoas de rendas diferentes pertencem à mesma classe ("uma família da periferia de São Paulo pode ser classificada como classe A"), que famílias pequenas ou indivíduos que moram sozinhos não podem atingir a pontuação máxima ("um alto executivo que more num *flat*, com apenas um banheiro, uma televisão e um carro pode ser considerado como classe B"). O grande equívoco em toda essa discussão está em enxergar o critério Brasil como uma ferramenta de segmentação por classe social. A ideia de construção do critério foi atender às necessidades de segmentação por poder aquisitivo em pesquisas de mercado da grande maioria das empresas de bens de consumo duráveis e não duráveis, com a pretensão de ser amplo o suficiente para discriminar o consumo da maior parte dos produtos de massa. O critério Brasil não visa segmentar classes sociais nem estilo de vida; apenas o poder de consumo.

Tabela 1
Sistema de pontos do critério de classificação econômica Brasil

	Quantidade				
	0	1	2	3	4 ou +
Banheiros	0	3	7	10	14
Empregados domésticos	0	3	7	10	13
Automóveis	0	3	5	8	11
Microcomputador	0	3	6	8	11
Lava-louça	0	3	6	6	6
Geladeira	0	2	3	5	5
Freezer	0	2	4	6	6
Lava-roupa	0	2	4	6	6
DVD	0	1	3	4	6
Micro-ondas	0	2	4	4	4
Motocicleta	0	1	3	3	3
Secadora roupa	0	2	2	2	2

Grau de instrução do chefe de família e acesso a serviços públicos

Escolaridade da pessoa de referência	
Analfabeto / Fundamental I incompleto	0
Fundamental I completo / Fundamental II incompleto	1
Fundamental II completo / Médio incompleto	2
Médio completo / Superior incompleto	4
Superior completo	7

Serviços públicos		
	Não	Sim
Água encanada	0	4
Rua pavimentada	0	2

Fonte: <www.abep.org/criterio-brasil>. Acesso em: 30 maio 2018.

O conceito de classe econômica difere, e muito, do conceito de classe social. Isso explica o porquê de alguns bens materiais não serem incluídos na lista existente. Alguns bens simplesmente não acrescentam poder de discriminação. Muitos dos bens excluídos do CCEB são bens relativamente recentes e que ainda estão em fase de crescimento no mercado brasileiro.

As estimativas do CCEB são baseadas em estudos probabilísticos de institutos de pesquisa renomados, como Datafolha, Ibope Inteligência, GfK, Ipsos e Kantar Ibope Media (LSE), e refletem os resultados encontrados nas macrorregiões do Brasil e das nove principais regiões metropolitanas do país.

O CCEB foi concebido para funcionar estatisticamente, trabalhando com coletivos. Para isso, o CCEB cumpre bem seu papel. Afinal, o Brasil ainda é um país com péssima distribuição de renda. Segundo estatística do Instituto Brasileiro de Geografia e Estatística (IBGE), os mais de 150 milhões de brasileiros pertencentes às classes C, D e E vivem atualmente com rendas mensais brutas de até R$ 2.900,00. Para medir o poder de compra da população é preciso analisar a evolução do padrão de vida. Ainda está muito longe no horizonte conseguir maior homogeneidade no poder aquisitivo das pessoas, daí a eficácia do CCEB em mapear a totalidade da capacidade de consumo da sociedade. Uma comprovação adicional da conveniência do CCEB é sua discriminação efetiva do poder de compra entre as diversas regiões brasileiras, revelando importantes diferenças entre elas (tabela 2).

Para demandas específicas de classificação do consumidor em estilo de vida, valores, hábitos e costumes, outros critérios de seleção devem ser procurados em detrimento do CCEB. Se o interesse for pesquisar o universo das consumidoras do Shopping Cidade Jardim (São Paulo), onde se encontram as mais sofisticadas grifes da moda internacional, compradas por clientes que são capazes de gastar R$ 30 mil em roupas para eles mesmos ao longo de uma única tarde, certamente o CCEB não terá grande utilidade discriminatória.

Tabela 2
Distribuição da população por região metropolitana
(CCEB 2018 – Base PNADC 2017)

Classe	9RM's	POA	CWB	SP	RJ	BH	BSB	SSA	REC	FOR
A	4,3%	3,7%	5,4%	4,8%	3,5%	3,5%	9,9%	4,1%	2,0%	3,4%
B1	6,6%	6,5%	8,2%	7,5%	5,9%	5,7%	9,6%	5,2%	4,4%	4,3%
B2	19,5%	20,7%	24,3%	23,1%	17,5%	18,4%	22,0%	13,8%	13,2%	12,8%
C1	24,3%	27,0%	27,6%	28,4%	23,2%	24,0%	22,0%	18,1%	16,7%	15,0%
C2	25,9%	27,0%	22,8%	25,0%	26,6%	27,5%	21,7%	28,5%	28,5%	26,1%
D-E	19,4%	15,1%	11,7%	11,2%	23,3%	20,9%	14,8%	30,3%	35,2%	38,4%
TOTAL	100%	100%	100%	100%	100%	100%	100%	100%	100%	100%

Fonte: <www.abep.org/criterio-brasil>. Acesso em: 25 ago. 2017.

É importante enfatizar que o CCEB ou qualquer outro critério econômico não é suficiente para uma adequada classificação em pesquisas exploratórias de caráter qualitativo. Quando necessário, deve-se procurar levantar, além do CCEB, o máximo de informações em profundidade sobre os entrevistados, por exemplo, comportamentos e razões de compra, preferências, interesses, motivações e características de personalidade, a fim de segmentar os mercados além dos critérios sociodemográficos, mas levando-se em conta também aspectos psicográficos e comportamentais.

Fatores situacionais

Dizem respeito a uma gama de influências momentâneas e circunstanciais por ocasião da compra, tais como ambientação da loja, *displays* nos pontos de venda, disposição dos corredores de prateleiras, posição dos produtos nas gôndolas, entre outros. Essa é uma das áreas na qual mais cresce a pesquisa atual a respeito das ações de compra, destacando-se os estudos da antropologia dos ambientes varejistas desenvolvida por Underhill (2009).

Segundo Engel, Blackweel e Miniard (2000), as influências situacionais no comportamento de compra podem ser divididas da seguinte forma: nas situações de compra, de comunicação e de uso.

O segmento varejista é uma das áreas que mais vem se beneficiando do uso de técnicas que focalizam a situação de compra, especialmente pelo fato de que a aquisição dos produtos é, na grande maioria das vezes, decidida nas prateleiras e nas gôndolas das lojas. Os investimentos em promoção, embalagem, *displays* nos pontos de venda (PDVs), disposição arquitetônica e ambientação da loja, como sistema de sonorização, qualidade e quantidade da informação, aromatização do ambiente abrem inúmeras possibilidades na busca de estratégias que levem à otimização da intenção de compra. Atualmente, as lojas de varejo deixaram de ser meros depósitos de produtos, investindo em *designs* arquitetônicos que aliam o conforto à funcionalidade, tornando a experiência de compra cada vez mais interativa e instigante.

A comunicação com o consumidor também leva em consideração aspectos situacionais. O uso de diferentes mídias por parte das empresas a partir de estratégias segmentadas, direcionadas e interativas leva a efeitos significativos no comportamento de compra. No momento em que este livro está sendo escrito, as possibilidades de uso de novas mídias, além da internet, são ainda pouco exploradas, e seus efeitos sobre o consumidor, ainda pouco conhecidos.

As situações de uso dos produtos também devem ser levadas em consideração pelos profissionais de marketing. Os produtos podem ter diversos usos em diferentes circunstâncias. Por exemplo, o consumo de produtos como cigarros e bebidas alcoólicas é sensível às situações sociais em que estes são consumidos. Em função das pressões antitabagistas voltadas para a promoção da saúde, o uso desses produtos é reorientado para situações de consumo privado, e não mais em ambientes públicos.

A compreensão clara dos fatores psicológicos, culturais, sociais, pessoais e situacionais que influenciam no comportamento de consumo, tal como abordados neste capítulo, possibilita o avanço para o capítulo 3, que explora o processo decisório de compra a partir de modelos muito úteis como referências na montagem de planos de marketing.

3
Processo decisório de consumo

Os fatores determinantes da compra dependem de inúmeras variáveis, como gênero, idade, personalidade ou classe social, por exemplo. Pais de família gastam mais em supérfluos do que suas esposas quando entram em supermercados? Casais *gays* de fato são os que mais gastam em lazer em geral? Homens são mais objetivos do que mulheres quando compram roupas para si? Mulheres gastam mais tempo em compras quando estão com amigas? Maridos e namorados presentes, durante momentos em que suas respectivas compram, de fato aceleram o processo? Algumas lojas de varejo voltadas ao público feminino oferecem poltronas e sofás confortáveis para que os maridos possam esperar sentados, exercendo menos pressão sobre filhas e esposas compradoras (Underhill, 2009).

Neste capítulo, discutimos o quanto pode variar a mobilização dos sentidos numa compra, permitindo que se compreenda o processo decisório de consumo e que se tenha mais instrumentos para estimular a conversão de *prospects* e para um relacionamento de longo prazo com os clientes.

Arquitetura e tecnologia a serviço do consumo

Um exemplo interessante dos extremos a que uma marca pode chegar para seduzir consumidores e angariar clientela a partir de um profundo conhecimento do processo decisório de compra são os chamados "epicentros da Prada", *flagships* encharcadas de muita pirotecnia tecnológica que começaram com a loja do Soho, em Nova York. A um custo de montagem estimado extraoficialmente em US$ 40 milhões, essa unidade específica mantém há anos o *status* de loja-espetáculo. Foi inaugurada no início dos anos 2000 e é quase um parque temático da marca, vendendo até mesmo peças de coleções passadas. É, certamente, um marco na arquitetura do consumo. Tem-se a impressão de que Oscar Niemeyer e Jean-Paul Gaultier se inspiraram em caixas-fortes para abrir uma butique cujas linhas e cuja tecnologia celebram duas ideias algo paradoxais: de um lado estão conexão/interatividade; do outro, movimento, que funde entretenimento e moda.

A novidade introduzida pela empresa foi abrir mão da uniformização, criando ambientes únicos e incomuns, com cores e materiais diversos harmonizando-se: mármore preto e branco, madeira zebrada, papel de parede creme, tijolos, alumínio e muito vidro. Luzes cambiantes fazem um jogo de claridade, sombra e transparência, fruto do trabalho de profissionais de iluminotécnica que assinam espetáculos da Broadway, a algumas dezenas de quarteirões dali.

No andar térreo, há um elevador cilíndrico transparente, que antecede o vão em cujo teto estão suspensas jaulas móveis. O elevador e as jaulas são *displays* de roupas e de acessórios e também de elementos cenográficos para festas, mostras e *shows*. As jaulas encimam o vão que domina cerca de um quarto do volume da loja. Nele, há, de um lado, uma arquibancada de madeira (cabem 200 pessoas), onde ficam os sapatos e, do outro, uma onda, na mesma madeira, de função decorativa. Escadas ao lado da arquibancada e da onda, assim como o elevador, levam ao subsolo, onde fica o *bunker* metálico das compras.

O provador da loja – o coração de qualquer butique, pois dentro dele se decide a compra –, é capítulo à parte. Um sensor registra a entrada da peça no provador e reproduz a imagem dela num terminal, que então fornece informações sobre cores, tamanhos, acessórios e outras peças que se coordenam bem com o que está sendo provado. Em lugar de espelhos, há monitores digitais. O cliente se vê de frente e de costas, ao mesmo tempo, na tela. E o provador dá opções de iluminação para o devido exame do efeito do ambiente nas cores da roupa.

Suas araras e prateleiras são montadas em estantes deslizantes, à semelhança de arquivos de grande porte, dando a impressão de que o consumidor está comprando nos bastidores, num ambiente que é parte depósito, parte loja. Atendentes agem como guias de turismo ou de museu. O ato de consumir é precedido por uma educação do consumo, em louvor da arquitetura e da tecnologia de compra. A equipe de vendas trabalha com aparelhos portáteis, usados pelos vendedores, que os mantêm informados sobre o estoque e sobre o cliente portador do cartão da loja. Os clientes cadastrados vão pegar a roupa ou o acessório e simplesmente sair da loja, dispensando a passagem pelo caixa: um sinal eletrônico dará baixa no estoque e debitará o valor da compra na conta do cliente. O efeito é irresistível, tanto que a loja recebe visitantes curiosos e clientes efetivos em igual proporção. A loja, na Broadway Street número 575 vende, simbolicamente, um processo de construção de imagem que já não é mais a do *status* e a do sexo, os indicadores habituais de desejo na moda. Vende uma deslumbrante ideia experimental de futuro do consumo de luxo.

O modelo de etapas do processo de consumo

Por trás do ato de comprar encontra-se um importante processo decisório que merece investigação, tal como já realizado por diversos autores compilados por Karsaklian (2000). Aqui vamos designar os estágios percorridos por um consumidor ao fazer escolhas sobre produtos e serviços como *processo decisório de consumo*. Embora haja na literatura diversos modelos que visam facilitar a compreensão do referido processo (Engel, Blackwell e Miniard, 2000), cada um defendendo a existência de uma quantidade diferente de estágios, neste livro adotaremos uma configuração de cinco estágios pelos quais o consumidor passa quando está engajado em uma operação de compra, a saber: (1) reconhecimento do problema; (2) busca de informações; (3) avaliação das alternativas; (4) decisão de compra; e (5) comportamento pós-compra. Eles estão discriminados a seguir.

Reconhecimento do problema: percebendo uma necessidade

O *reconhecimento do problema* é a percepção de que existe uma distância significativa entre as situações em que a pessoa se sente confortável e as situações que ela enfrenta de fato. Para disparar uma ação de consumo, a distância referida deve ser grande o bastante para gerar uma sensação de desconforto, mesmo que sutil, iniciando um movimento e um processo decisório que têm por objetivo trazer o indivíduo de volta ao estado de equilíbrio, ainda que transitoriamente. Isso pode ser tão simples quanto você perceber que seu estoque de iogurte na geladeira acaba de terminar; ou uma adolescente notar que suas roupas destoam das usadas pelas outras adolescentes em uma festa; ou ainda quando um motorista repara que seu carro anda fazendo um barulho incomum na partida elétrica.

No campo do marketing, a propaganda, a publicidade ou os vendedores podem ativar o processo decisório do consumidor ao evidenciar os problemas e limitações dos produtos concorrentes (ou das soluções que o cliente já possui). Por exemplo, um anúncio de um *smartphone* poderia estimular o reconhecimento do problema ao enfatizar como a usabilidade dos *smartphones* permite que você ganhe flexibilidade e produtividade em seus horários e locais de trabalho ou estudo, produtividade esta que seria muito superior àquela oferecida pelo *notebook* que circula com você hoje em sua mochila e que não pode ser aberto enquanto você anda de elevador.

Busca de informações: procurando valor

Depois de reconhecer um problema, você começa a buscar informações para preencher a lacuna percebida, o que configura o segundo estágio do processo decisório de consumo. De início, você pode ativar sua memória e procurar lembrar-se de experiências anteriores com produtos ou marcas da categoria em questão. Essa fase é chamada de busca interna, que pode ser suficiente para produtos comprados com frequência, como café ou barbeadores descartáveis. Alternativamente, um consumidor pode empreender uma busca externa de informações. Isso acaba sendo necessário quando a experiência prévia e o conhecimento das alternativas são insuficientes, quando o risco de tomar uma decisão de compra errada é alto ou quando o custo de reunir informações é baixo. As fontes primárias de informações externas são: (a) *fontes pessoais* – parentes, amigos ou especialistas conhecidos em quem você confia; (b) *fontes públicas* – instituições como a Associação Brasileira de Defesa do Consumidor (Associação Proteste), publicações especializadas ou *sites* de comparação; (c) *fontes instituídas pelo pessoal de marketing* – interação com vendedores, *test drives* de automóveis, demonstrações de aparelhagens de som ou ainda degustações de vinho nos pontos de venda. Quanto mais intangível for o produto em questão, isto é, quanto mais difícil for experimentá-lo previamente ao consumo, mais tempo o consumidor tende a aplicar nessa tapa do processo decisório.

Suponha que você esteja considerando a possibilidade de comprar um *smartphone*. Você provavelmente irá recorrer a várias dessas fontes de informações: amigos e parentes que usem este tipo de equipamento, anúncios de *smartphones* e *sites* de venda direta, ou ainda lojas que dispõem desse produto, estas últimas com a vantagem de permitir demonstrações. Você poder ler atentamente a avaliação comparativa dos *smartphones* que segue disponível e permanentemente atualizada em fóruns *online* de usuários.

Avaliação de alternativas: definindo o valor

O estágio de busca de informações esclarece o problema para o consumidor porque: (a) sugere critérios para orientar a compra; (b) cria um conjunto de nomes de marcas que poderiam atender aos critérios; (c) desenvolve as percepções de valor do consumidor.

Que critérios de seleção você usaria para comprar um *smartphone*? Você enfatizaria o preço, o *design* exterior, o tempo de garantia, a presença física do fabricante no Brasil ou alguma combinação desses e outros critérios?

É provável que parte das informações reunidas seja inadequada por não conter todos os fatores que você levaria em conta ao avaliar *smartphones*. Tais fatores são chamados de critérios de avaliação do consumidor, que representam tanto os atributos objetivos (como presença física do fabricante no Brasil) quanto os subjetivos (como prestígio da marca) que você usa para comparar as diferentes alternativas. As empresas voltadas para marketing procuram identificar os dois tipos de critérios mencionados, de modo a capitalizar valor para você da melhor forma possível. Com frequência, esses critérios são o centro das mensagens de propaganda.

Os critérios para avaliar as marcas mudam o tempo todo. Sabendo disso, as empresas realizam pesquisas para identificar os conjuntos de critérios de avaliação mais importantes usados pelos consumidores quando comparam as marcas. Por exemplo, entre os diversos critérios possíveis para avaliar *smartphones*, suponha que você use três quando está de frente para as marcas disponíveis: (a) preço entre R$ 3 mil e R$ 3.500; (b) câmera de pelo menos 12,0 *megapixels*; e (c) garantia total de pelo menos dois anos incluindo seguro contra mau uso.

Tais critérios estabelecem as marcas no seu conjunto evocado – o grupo de marcas considerado aceitável entre todas as marcas na classe do produto por você conhecidas. Usando os três critérios de avaliação e considerando todo o conjunto de informações que você conseguiu obter, resultam, por exemplo, seis modelos de *smartphones* em seu conjunto evocado. Se esse grupo de configurações for insatisfatório por algum motivo não considerado quando conduzia o processo de seleção, você pode ajustar os critérios de avaliação para criar outro conjunto evocado de modelos.

Decisão de compra: adquirindo valor

Depois de examinar as alternativas do conjunto evocado, você já está praticamente pronto para tomar uma decisão de compra (Schiffman e Kanuk, 2000). Entretanto, três escolhas ainda devem ser feitas: (a) de quem comprar; (b) quando comprar; e (c) como pagar.

Para um produto relativamente importante para a maioria das pessoas como um *smartphone*, o processo de busca de informações provavelmente envolverá certo dispêndio de tempo e energia, visitando-se lojas, examinando-se *sites* de diferentes marcas, conversando com pessoas que conhecem o assunto. A seleção do fornecedor dependerá de aspectos como as condições da venda, sua eventual experiência passada em comprar daquela empresa, bem como localização de seus pontos de venda e sua política de troca. Com frequência, uma decisão de compra implica a avaliação simultânea tanto dos atributos do produto quanto das características da empresa vendedora. Por exemplo, levando em conta a intensa movimentação física com o *smartphone* que você possui hoje, e consequente maior risco de avaria, você poderia escolher o segundo modelo mais caro em um fabricante multinacional que ofereça garantia de três anos em território nacional por meio de *joint ventures* com empresas brasileiras, em vez de optar por outra marca que tem produtos montados no Brasil, mas implementa políticas de garantia mais conservadoras.

A decisão de quando comprar é frequentemente determinada por vários fatores. Por exemplo, você poderia comprar logo se sua marca/modelo preferido estivesse em promoção ou se o vendedor lhe oferecesse um desconto. Outros fatores como a atmosfera da loja, o prazer da experiência de compra, a capacidade de persuasão dos vendedores, a premência de tempo e as circunstâncias financeiras também afetam a rapidez da tomada de decisão de compra. Alguns fatores ambientais, exógenos, podem postergar sua decisão, como uma alta do dólar, por exemplo, que contribui para elevar as taxas de juros e aumenta o preço de lista de produtos que usam insumos importados, como é o caso da maioria dos *smartphones*.

Com relação às formas de pagamento, hoje a oferta de crédito para aquisição de produtos de consumo duráveis e não duráveis é crescente no Brasil, tanto por meio de financiamento direto concedido pelos varejistas quanto por meio do serviço de bancos e financeiras ligadas às empresas vendedoras. A possibilidade de parcelar uma compra, em especial quando se trata de um valor relativamente alto, pode fazer toda a diferença entre comprar e não comprar. Portanto, no processo de viabilizar o consumo, você procurará avaliar as taxas de juros estabelecidas pela empresa vendedora, implícitas ou explícitas, decidindo se vale a pena pagar um valor adicional em troca da antecipação da compra.

A tecnologia de informação tem realizado uma verdadeira revolução no processo decisório de consumo. A compra *online* promove mudanças sobretudo nas etapas de busca de informações, de avaliação de alternativas e de tomada de decisão de compra. Essa tecnologia também facilita a personalização das ofertas de acordo com as necessidades específicas dos indivíduos, aumentando o valor e a satisfação da clientela, sem contar que joga por terra barreiras de tempo e espaço para acessar, comparar e comprar produtos.

Comportamento pós-compra: valor no consumo ou no uso

Após comprar um produto, você compara o desempenho dele com as expectativas anteriormente nutridas e fica satisfeito ou insatisfeito. Se você fica insatisfeito, os profissionais de marketing precisam descobrir se o produto era de fato deficiente ou se suas expectativas eram elevadas demais. A deficiência do produto pode exigir uma mudança no projeto. Se suas expectativas tiverem sido muito altas, talvez a propaganda da empresa ou o vendedor tenham exagerado na descrição das características e na exaltação das vantagens do produto.

O grau de envolvimento com que se consome ou a experiência de uso do cliente são extremamente importantes na sua percepção de valor. Por exemplo, a Transeuropa, uma agência de turismo carioca, que também desenvolve atividades de operadora, posicionou-se fortemente na direção de atender ao público de terceira idade. Tal decisão de posicionamento foi tomada na década de 1970, já antevendo a tendência de envelhecimento da população, que é tão clara em qualquer análise demográfica realizada hoje em dia. Cobrando preços de medianos a elevados, tal agência dispõe de um portfólio variadíssimo de roteiros ao redor do mundo, de modo a ter sempre um novo destino atraente para seus clientes fiéis. Desde que se posicionou na direção de atender à terceira idade, a Transeuropa treina suas equipes de atendimento e guias de turismo para dar atenção especialíssima aos passageiros idosos e aposentados (ou pensionistas), frequentemente carentes da atenção dos filhos de 30, 40 ou 50 anos que se encontram no auge da idade ativa. O resultado dessa combinação é uma incrível recorrência de 90% nos grupos que viajam por essa agência. Ou seja, um determinado ônibus fretado pela empresa para fazer um roteiro de quatro semanas pela Escandinávia e Europa oriental tem 35 de seus 40 passageiros viajando pelo menos pela segunda vez com a Transeuropa. Melhor ainda, cerca de 40% dos passageiros desse mesmo ônibus já viajou com a empresa pelo menos cinco vezes. É gente que se planeja disciplinadamente para viajar com regularidade e confia suas férias aos profissionais experientes que lhes atendem de modo especial, clientes que passam a dar importância decrescente à variável preço, justamente porque percebem valor inequívoco nos serviços que estão comprando.

Ainda na mesma direção, um estudo sobre os serviços de TV paga indica que a satisfação ou a insatisfação afeta as percepções de valor, influenciando a interpretação das comunicações de marketing e o comportamento de compra repetida pelo consumidor. Compradores satisfeitos contam sua experiência para certo número de pessoas. Compradores insatisfeitos reclamam para um número três vezes maior. Os compradores satisfeitos também tendem a voltar ao mesmo vendedor cada vez que surgir uma ocasião de compra. Considerando os resultados financeiros das empresas vendedoras, o impacto positivo do comportamento de compra repetida é relevante. Como consequência, grandes e pequenas empresas concentram atenção no comportamento de pós-compra de seus clientes, visando maximizar sua retenção, oferecendo-lhes um ótimo pacote de satisfações. Observa-se uma verdadeira profusão de linhas de chamada gratuita, bem como tem sido cada dia mais frequente a instituição de políticas de troca e reembolso facilitados. As equipes de atendimento e venda jamais foram tão treinadas para lidar com as reclamações, responder a perguntas e registrar sugestões. Tais esforços subsidiam comunicações positivas pós-compra entre os consumidores e contribuem para a construção de um relacionamento entre vendedores e seus clientes.

Cada vez mais um consumidor dispõe de um número maior de opções muito atraentes. Se escolher um *notebook* Apple, você poderá pensar: "Eu deveria ter comprado um Dell?" Esse sentimento de tensão ou ansiedade psicológica pós-compra é um exemplo de *dissonância cognitiva*, tal como visto no capítulo 2 deste livro e aprofundado por Rocha e Christensen (1999). Para aliviá-lo, os consumidores frequentemente tentam congratular-se por ter feito a escolha correta. Assim, após a compra, você pode buscar informações para confirmar sua escolha perguntando a seus amigos coisas como "Você não gostou do meu *notebook*?" ou lendo anúncios da marca que você escolheu. Você poderia, até mesmo, procurar informações negativas sobre a marca que você não comprou e decidir que o sofisticado sistema de garantia da Dell, que teria sido classificado como excelente, era, de fato, motivado por uma fragilidade crônica de seus produtos. Empresas como a Fiat ou Volkswagen, entre outras, têm usado veicular anúncios com o propósito de assegurar a seus clientes que sua escolha foi correta, ou ainda efetuam ligações telefônicas de *follow-up* nesse estágio de pós-compra para tentar convencer os compradores de que eles não poderiam ter tomado uma decisão melhor.

Ponto de venda e o processo decisório de compra

O *layout* do ponto de venda, aliado à exposição de produtos e à atmosfera geral que se produz no ambiente do varejo, são fatores que condicionam fortemente o comportamento de compra. Dessa forma, dedicaremos a segunda metade deste capítulo a investigar esses dois conjuntos de fatores bastante relacionados no projeto consciente de lojas em diversos segmentos.

Influência do *layout*

A influência do *layout* sobre as vendas no varejo pode ser tão forte quanto a influência de fatores externos, tais como intensidade da concorrência ou instabilidade econômica. A falta de atrativos na aparência de uma loja ou mesmo um arranjo inadequado, que dificulte a compreensão mais ampla do que se pode obter naquele ponto de venda, pode ser a grande explicação para a resistência do consumidor. Seções mal localizadas, falta de informação sobre preços e disposição de produtos e mobiliário malfeita podem repelir um cliente em potencial, comprometendo os resultados finais do negócio. Para resolver a questão, surgem profissionais especializados em identificar o melhor *layout*, caso a caso, devidamente atrelado a métricas periódicas a serem atingidas. Essa análise vai variar de acordo com o tipo de negócio e com o público-alvo. No entanto, algumas orientações são básicas quando a questão é fazer o consumidor certo entrar na loja, tópico tratado em profundidade por Underhill (2009).

A lógica do *layout* pode ser aplicada a *shopping centers*, da mesma forma que o é para lojas isoladas. Em ambos os casos, no coletivo ou no individual, um dos principais desafios é revelar claramente ao cliente o que cada loja tem a oferecer, tanto em sua dimensão objetiva quanto na subjetiva. No caso dos *shoppings*, aglomerados de varejos em geral decorrentes de muito planejamento, é preciso mais do que fazer o cliente ultrapassar a linha divisória do corredor. Considerando que a taxa média de conversão de *prospects* em clientes é inferior a 20%, há que se debruçar sobre a importância do ponto de venda para melhorar esta estatística. Um recurso muito usado é avançar o revestimento do piso do corredor do shopping para a chamada "faixa de aterrissagem" do consumidor na loja (primeiros passos além da linha divisória que separa a loja do corredor). Isso leva o consumidor a entrar na loja, muitas vezes sem se dar conta, abrindo campo para que outras ações do varejista possam ser iniciadas.

Já o número de peças expostas e a intensidade da iluminação vão depender do público-alvo. Em geral, vitrines com muitos produtos e iluminação forte oferecem produtos mais populares, com menor preço. Produtos selecionados e iluminação sutil direcionam suas vendas para consumidores mais refinados e exigentes. Entretanto, não existe fórmula única que solucione todos os problemas, e cada caso deve ser analisado separadamente, já que os produtos, os consumidores e os contextos de concorrência variam muito.

Em lojas de vestuário, o posicionamento dos provadores é crucial. As áreas usadas para experimentar roupas ficam muito movimentadas, principalmente em épocas de liquidação. Portanto, é importante que elas estejam distantes do balcão do caixa, lugar em que as pessoas circulam muito. Essa estratégia oferece maior conforto ao cliente e mais segurança ao lojista. No ramo de alimentação, por sua vez, a palavra de ordem do *layout* é conforto. Há anos, acreditava-se que quanto menos tempo o cliente passasse no local, melhor, pois isso aumentaria a rotatividade de clientes e, consequentemente, o faturamento da empresa. Hoje, aposta-se mais nos assentos confortáveis e nas mesas espaçosas para que as pessoas se sintam à vontade, aumentem o consumo a cada vez que vão àquele varejo e, se satisfeitas, voltem sempre.

Diversas pesquisas já publicadas revelam que os clientes tendem a se encaminhar para o lado direito quando entram em uma loja, gerando um macrofluxo no sentido anti-horário, o que deve ser levado em conta na localização das seções (Parente, 2000). Produtos de compra planejada, tais como carne para churrasco ou mobília infantil, podem estar posicionados em regiões da loja de acesso mais difícil (fundo da loja, pisos superiores ou até no subsolo), pois seus compradores estarão dispostos a um deslocamento maior para encontrá-los. O contrário vale para os produtos de compra por impulso, tais como lâminas de barbear, revistas e bombons, que devem estar dispostos em áreas de fácil acesso e visualização imediata, pois serão tanto mais comprados quanto mais facilmente forem vistos. O caminho dos *checkouts* dos supermercados ou das lojas de variedades são recheados desse tipo de produto, tirando partido do tempo de permanência dos consumidores nas filas para pagar. Já as mercadorias de compra comparada, tais como vinhos ou queijos, devem ocupar corredores mais largos, de forma que as pessoas possam postar-se em frente às gôndolas ou *displays* sem que interrompam o fluxo dos demais compradores que se dirigem a outras seções.

As Apple *stores* são outro bom exemplo de *layout* inteiramente afinado com o posicionamento dos produtos nelas vendidos: os *I-pods*, *I-phones*, *notebooks* e *desktops* Apple e acessórios diversos. Partindo do conceito da Mac *experience* (experiência Mac), as amplas lojas da marca são projetadas para deixar o *prospect* inteiramente à vontade para passar tanto tempo quanto possa querer experimentando (ou experienciando) o produto, 24 horas por dia. Algumas das Apple *stores* simplesmente não fecham. São grandes bancadas cheias de todos os modelos de *notebooks* e *desktops*, ligados e conectados à internet, com dezenas ou centenas de pessoas testando funcionalidades, aprendendo as vantagens e se apaixonando pelo produto. Boa parte das Apple *stores* ainda é provida com um auditório em que especialistas no *hardware* e no *software* dão cursos e palestras inteiramente gratuitos a quem tiver interesse em aprender mais sobre as melhores funcionalidades do seu Mac. A equipe de atendimento é um capítulo à parte, pois é constituída por jovens experientes no produto que, com muita simpatia, orientam os *prospects* e clientes sobre as soluções mais adequadas e as melhores relações custo/benefício da linha oferecida pela empresa. No ponto de venda, é tudo muito fácil e simples, exatamente como deve ser a Mac *experience*.

Por fim, quando se elabora o *layout* de instalações de varejo, é importante lidar com alguns *trade-offs* relevantes, como as áreas destinadas à recreação de crianças, filhos ou netos dos compradores. Com base no conhecimento que têm sobre o processo de compra de seus clientes, as Disney *stores*, por exemplo, destinam uma área bastante razoável de suas lojas a charmosos *ciber* cafés voltados para crianças, com jogos e outras brincadeiras eletrônicas. A redução da área destinada a expor produtos nessas lojas, o que diminuiria seu faturamento, é mais do que compensada pela tranquilidade que gera nos pais ou avós compradores, que podem se deslocar pela área de vendas e abastecer seus carrinhos ou cestas de compras sem se preocupar em vigiar crianças inquietas e impacientes, cuja movimentação foi devidamente neutralizada pelos jogos eletrônicos. Crianças não se interessam por casacos de moletom, mas adoram jogos eletrônicos. Por sua vez, pais e avós mais tranquilos compram mais – este é o princípio básico que norteia a decisão pelos *ciber* cafés. Para não comprometer a atmosfera geral de encantamento típica das Disney *stores*, toma-se o devido cuidado com os detalhes, e os banquinhos em que as crianças se sentam em frente aos terminais de jogos reproduzem os fundilhos das calças do Mickey.

Influência da atmosfera de loja

Em tempos de crescimento do comércio eletrônico, uma chave para atrair consumidores às lojas é investir em experiências sensoriais que transformem o ato da compra em um momento o mais agradável e prazeroso possível. A sintonia fina com o comprador pressupõe conhecê-lo profundamente – não só sua faixa etária ou classe social, mas a "tribo" a que ele pertence, seu estilo de vida, preferências e gostos. A partir desse conhecimento, constrói-se a identidade da loja, que passa a expressar-se em tudo – da fachada à sacola, da vitrine ao som ambiente.

Os projetos de ponto de venda têm cada vez mais procurado exalar emoção, sedução, produzidos que são por arquitetos especializados e coordenados por consultores igualmente especialistas nesse campo. Na criação desse clima de emoção e envolvimento, valem todos os recursos, o que inclui o chamado *branding* musical, que consiste em produzir trilhas sonoras cuidadosamente selecionadas ou até mesmo compostas sob medida, de acordo com o perfil e preferência do público-alvo atendido pela marca. Da mesma forma, empresas de varejo e serviços vêm investindo em *branding* floral, em que o trabalho paisagístico, tanto de interiores quanto de áreas externas, ganha o refinamento de inspirar os valores principais da marca, seu posicionamento, confirmando todo o conjunto de imagens que se forma na cabeça do consumidor quando entra em contato com aquele determinado produto.

Já que mencionamos as flores, outro recurso para envolver emocionalmente o consumidor são os aromas. Algumas marcas colocam essências exclusivas no sistema de ar condicionado de suas lojas para difundir um perfume próprio do estabelecimento. No segmento específico de vestuário, outras empresas borrifam lavandas suaves enquanto passam as roupas que vão para os estoques das lojas, de modo a impressionar o olfato de seus clientes no momento da prova.

Tomando cuidado para fugir dos perigosos extremos, essas e outras práticas inserem-se no objetivo de criar situações atraentes para o consumidor viver experiências agradáveis dentro da loja, atraindo, revelando, divertindo e, importantíssimo, vendendo.

A loja Nike Town, de Chicago, tem um enorme aquário atrás das prateleiras, contribuindo para transformar o ato de consumir em entretenimento. Ao comprar um tênis ou qualquer outro item da extensa linha de produtos da marca, está se tendo uma nova experiência de consumo, que inclui apreciar o movimento da bela coleção de exóticos espécimes marinhos. O conceito da Nike implica colocar uma história inspirada nas necessidades de um atleta atrás de cada calçado, roupa ou equipamento. A empresa investe na transformação do ato de compra em uma experiência educativa. Suas lojas têm fotos de pessoas fazendo esportes, em situações de prazer, além de trazerem informações sobre o esporte. O cliente sai da loja com seu repertório de informações enriquecido, quase algo assim como visitar um museu. Em painéis com textos e fotos, é possível comunicar didaticamente a qualidade dos produtos oferecidos aos clientes.

Alguns pontos de venda estão cada vez mais criando um tipo de ambientação familiar, o mais semelhante possível às casas de seu público-alvo, ou pelo menos às casas que eles desejam ter. Assim, enquanto poltronas e sofás oferecem um ambiente de sala de estar, o espaço para o café faz as vezes de uma copa doméstica. Isto é, um local de encontros rápidos que em algumas lojas ganham apelos extras, como receitas exclusivas de bolos ou canapés. Com o objetivo de oferecer o máximo de conforto durante a permanência na loja, vale até distribuir, estrategicamente, cabides para as pessoas pendurarem seus casacos e bolsas, garantindo-lhes a segurança.

No tocante às equipes de atendimento, peças fundamentais – e vivas – de qualquer ambientação de consumo, é essencial que se tome o cuidado para manter a sintonia com o público, o que significa não se posicionar nem acima nem abaixo dele. Desempenhando cada vez mais o papel de especialista no produto vendido, o atendente deve ter um perfil o mais próximo possível ao de sua clientela. Nem menos, para não ficar em desvantagem, nem mais, para não passar arrogância. É importante que haja um repertório razoavelmente comum de experiências entre quem compra e quem vende, justamente para preencher uma eventual abertura de espaço para conversa na interação de venda. Marcas de luxo, como a Louis Vuitton, chegam a investir somas apreciáveis no treinamento de seus vendedores, levando-os para jantar em restaurantes caríssimos e a se hospedar em hotéis de alto padrão, para que eles ganhem referências sobre sofisticação que lhes permitam interagir com sua clientela com mais naturalidade. Cabelo, maquiagem, roupa e maneiras, tudo deve ser harmoniosamente composto para gerar sintonia e identificação do público. A ambientação física deve situar-se dentro do mesmo equilíbrio, para não intimidar nem frustrar expectativas.

Se a plena ciência dos processos que se passam no íntimo do público-alvo é premissa para tocar qualquer negócio, precisamos reconhecer que esse conhecimento deve ser atualizado e recalibrado o tempo todo. Vivemos em uma época de mudanças constantes, em que o perfil do consumidor modifica-se muito depressa. Além disso, o dinheiro tem mudado de mãos, gerando novos padrões tanto nos segmentos ascendentes quanto nos descendentes. A partir de uma definição clara e atualizada do seu público-alvo, é possível definir o conceito de um empreendimento indo além dos substantivos e passando aos adjetivos, que balizam diversas escolhas do projeto, como a fachada, vitrine, *layout* interno, móveis, iluminação, sinalização etc. Esses elementos devem ser pensados de forma global, para que o consumidor identifique facilmente seu estilo de vida com o ponto de venda. E quanto maior a ligação entre os elementos, mais forte será a identidade da loja.

Vale garantir que trabalhar dentro de um conceito muito preciso não significa necessariamente gastar mais. Podemos ter à nossa frente uma loja de tênis, de 22 metros quadrados, com piso de cimento queimado, prateleiras de aço hiperbanais e baratas, e o conjunto ficar ótimo, pois atende aos objetivos. Projetos bons não são necessariamente caros, letreiros bons nem sempre são grandes, assim como lojas bonitas nem sempre são boas e rentáveis. Há lojas maravilhosas que não se pagam. Nelas, vê-se de tudo, menos o produto, o que pode não sustentar a proposta. Se encararmos a loja como um palco com cenário, não podemos nos esquecer de que os produtos são os atores que contracenam no cenário e ninguém paga um ingresso de teatro apenas para ver um belo cenário, por melhor e mais sofisticado, interessante e pirotécnico que ele possa ser.

O destaque aos produtos começa desde a vitrine, que tem assumido formatos alternativos, como as chamadas "vitrines totais", em que de fora o consumidor vê até as prateleiras do fundo da loja. O conceito foi empregado no Empório Chiappetta, em São Paulo, ou ainda nas lojas da Build a Bear, rede norte-americana instalada no Brasil e posicionada como cadeia de oficinas de produção de ursos de pelúcia personalizados. As vitrines totais têm a vantagem de revelar explicitamente ao exterior todo o processo que se dá no interior da loja, inspirando à compra, embora haja também os defensores das vitrines que não revelem tudo, mas que suscitem curiosidade para entrar no ponto de venda, abrindo espaço para atuação da equipe de atendimento.

É crescente a utilização de quadros e outros elementos planos, com fotos, gravuras ou telas, que ajudem a compor atmosfera a partir de subjetividade, capturando a emoção, comunicando-se com o inconsciente do consumidor e criando uma aura de encantamento sobre o produto. Outra maneira de criar atmosfera é uma iluminação idealizada e executada por profissionais nesse campo, frequentemente com experiência nas artes cênicas, fugindo da iluminação uniforme em favor do destaque seletivo das mercadorias, o que cria nichos dramáticos de atenção.

As embalagens e sacolas também têm um papel importante na composição da experiência de compra, encimando o processo decisório de consumo como a cereja de um bolo. Sacolas funcionam como pequenos *outdoors* que saem por aí informando ao mundo passante um pouco sobre quem as carrega, o que vale tanto para grifes de alto luxo, como Prada e Chanel, quanto para marcas descoladas como a Osklen ou ainda para as jovens, como Abercrombie & Fitch. Há muito já se passou o tempo em que o papel da embalagem restringia-se a proteger o produto durante o transporte ou armazenagem. Hoje, as embalagens – tão segmentadas quanto uma linha de produtos – constituem ferramentas importantes de comunicação, fortemente atreladas à mercadoria que se está comprando e redutoras de dissonância cognitiva, o que deve ser trabalhado com muita atenção.

Por fim, reforçando a premissa do projeto de arquitetura e *design* de lojas como uma ferramenta de vendas, observamos que as organizações varejistas tiram partido da sinergia entre os produtos. Há anos, comprava-se a picanha em um lugar, o carvão em outro e o sal grosso em um terceiro. Hoje, cada vez mais empresas lançam mão do chamado gerenciamento de categoria, em que o mix de produtos da loja e, consequentemente, sua exposição seguem a lógica e as conexões mentais que os consumidores realizam quando estão buscando satisfazer determinada necessidade. As empresas que adotam esse princípio ajustaram sua lógica de compras e exposição de produtos, passando para o outro lado do balcão e exercitando a lógica e a ótica de seus clientes.

É consenso entre os arquitetos e especialistas em varejo que o setor vive um momento de transição. As compras por TV paga, por catálogo e, em especial, por internet crescem a um ritmo muito acelerado. Hoje já incluem até mesmo os produtos que o consumidor precisa experimentar, estimulando o cliente *online* a medir dimensões corporais, como cintura e comprimento das pernas, que são confrontadas com medidas informadas ao lado dos produtos. No entanto, parece haver consenso de que o advento das compras virtuais não vai acabar com as lojas "de cimento e tijolo", pois só elas permitem o prazer do verdadeiro encontro, do convívio e das sensações.

Agora, que já traçamos um quadro do processo decisório de consumo final, pessoas comprando para si ou para suas famílias, vamos acrescentar alguns níveis de complexidade ao modelo, abordando influências ambientais, organizacionais e interpessoais, todas muito relevantes para compreender o comportamento do consumidor organizacional. Esse é o tema do capítulo 4, a seguir.

4
O comportamento do consumidor organizacional

O estudo do comportamento do consumidor também abrange os processos de compra empreendidos por clientes institucionais e organizacionais na busca e aquisição de bens, serviços, matérias-primas ou insumos integrantes da cadeia de produção de determinados bens ou serviços. Apesar da diferença, há uma estreita relação de muitos conceitos e ferramentas utilizadas na análise da compra dos consumidores finais com a compra organizacional, uma vez que ambas as situações podem ser entendidas como processos em que pessoas tomam decisões.

Este capítulo trata do comportamento do consumidor organizacional, discutindo o conceito e objetivos da compra organizacional, suas características e diferenças em relação à compra realizada pelo consumidor final. Analisam-se os estágios da compra organizacional, tratando ainda dos tipos de compras organizacionais. Detalham-se os determinantes do processo de compra organizacional.

Conceito e objetivos da compra organizacional

Limeira (2008:354) define o *cliente organizacional* ou *empresarial* como sendo representado pelo conjunto de empresas comerciais e industriais, organizações governamentais e não governamentais, com ou sem fins lucrativos, que demandam produtos e serviços para atender necessidades operacionais e estratégicas.

A necessidade imperiosa de cortar custos aliada à busca de patamares elevados de qualidade de seus produtos e serviços, além da diferenciação e sua oferta de valor diante da concorrência, tornam a compra organizacional um elemento crucial no processo estratégico das empresas.

A *compra organizacional* pode ser entendida como um processo de tomada de decisão, por parte da organização, que envolve a identificação, a avaliação e a escolha de marcas e fornecedores disponíveis, objetivando atender às suas necessidades operacionais de bens e serviços (Samara e Morsch, 2005). Ocorre em um cenário de negócios denominado *mercado organizacional*, composto por todos os atores (compradores e vendedores) envolvidos no processo de oferta e aquisição de bens e serviços organizacionais. Segundo Samara e Morsch (2005), os clientes organizacionais podem ser classificados em quatro grandes categorias assim descritas:

- *produtores* – organizações que adquirem produtos a serem usados na produção de outros bens (por exemplo, empresas de cosméticos que adquirem insumos para a produção de batons e cremes para a pele) ou para utilizá-los em suas operações regulares (por exemplo, empresas do setor de alimentação que adquirem embalagens cartonadas para acondicionar seus produtos);
- *revendedores* – também conhecidos como intermediários, que adquirem produtos de outras empresas e os repassam para os demais consumidores, obtendo lucro (por exemplo, supermercados, redes de varejo de eletroeletrônicos, além de *sites* de comércio eletrônico);

- *governos* – órgãos da administração pública federal, estadual e municipal, autarquias federais e empresas de economia mista que adquirem produtos e serviços a fim de atender não apenas a suas necessidades internas, como também visando proporcionar uma oferta de serviços públicos aos seus cidadãos contribuintes (por exemplo, sistema público de saúde, redes estaduais e municipais de educação, previdência social, e assim por diante);
- *instituições em geral* – organizações sem fins lucrativos, tais como instituições educacionais, comunitárias, confessionais ou organizações não governamentais, que adquirem produtos e serviços a fim de atender a suas próprias necessidades diárias de consumo.

Os objetivos do processo de compra organizacional são assim entendidos: proporcionar a continuidade nos suprimentos necessários ao processo produtivo; evitar desperdícios, obsolescência e duplicação de materiais; garantir um nível mínimo de estoque que proporcione a segurança do processo produtivo; manter os padrões de qualidade; permitir que a empresa possa obter um posicionamento competitivo; e adquirir produtos e serviços ao menor custo possível, sem perder de vista a qualidade e a finalidade que são necessárias ao processo de compra (Siqueira, 2005).

Os tipos de produtos e serviços envolvidos na compra organizacional abrangem um amplo espectro, tanto de natureza quanto de complexidade dos bens a serem adquiridos. Segundo Limeira (2008), os bens adquiridos em uma compra organizacional podem assim ser elencados: insumos e matérias-primas; peças e componentes; equipamentos e bens de capital; instalações físicas; serviços operacionais ou de apoio à tomada de decisão; além de recursos financeiros ou humanos.

Características da compra organizacional

Por sua complexidade e número de atores envolvidos no processo decisório, a compra organizacional possui algumas características que a tornam bastante peculiar em comparação ao processo de compra realizado pelo consumidor final, que foi objeto de discussão nos capítulos anteriores.

Em primeiro lugar, as compras organizacionais são de maior valor, apesar da quantidade menor de consumidores, quando comparada ao número de consumidores finais. Se por um lado isso torna a concorrência mais acirrada, já que o número de clientes a serem atendidos é menor, por outro permite uma compreensão maior das necessidades específicas que constituem a demanda organizacional. Autores como Peppers e Rogers (2001) entendem que as ferramentas do marketing de relacionamento podem ser aplicadas de maneira mais eficaz no âmbito da compra organizacional, dada a possibilidade de estabelecer um relacionamento estreito, profundo e customizado entre o fornecedor e o comprador. Sem sombra de dúvida, isso facilita sobremaneira o trabalho dos profissionais de marketing e de vendas.

Em segundo lugar, as decisões organizacionais são mais racionais, mais formais e mais complexas do que as decisões tomadas pelo consumidor final. São racionais uma vez que a atitude dos compradores é guiada por elementos que envolvem uma análise de custo e benefício, geralmente, englobando o trinômio *qualidade – preço – prazo* (Siqueira, 2005). A complexidade da compra organizacional justifica-se pelo fato de que, na grande maioria das vezes, a aquisição de bens, serviços, insumos e equipamento exige estudos de viabilidade econômica e técnica, além de uma avaliação dos atributos funcionais dos produtos a serem adquiridos. Por fim, são mais complexas porque envolvem um conjunto maior de indivíduos que tomam parte do processo decisório da compra. Em geral, esses diferentes atores assumem diferentes papéis em diferentes situações, sendo os mais frequentes os de decisores, influenciadores, aprovadores e consultores internos. Invariavelmente, o número maior de atores envolvidos acaba transformando a compra organizacional em um processo meticuloso, demorado, cuja responsabilidade de compra é difusa e diluída entre os participantes e, em casos específicos, marcada pela presença de especificidades burocráticas e legais, como no caso dos processos licitatórios frequentes nas compras governamentais.

Apesar disso, é preciso compreender que outros fatores interferem no processo decisório da compra organizacional, especialmente os de natureza intangível, tais como a cultura organizacional e a interferência dos diferentes atores corporativos que influenciam nas decisões organizacionais de compra. Tudo isso aponta para o fato de que as decisões de compra organizacional também sofrem a influência de elementos subjetivos, presentes na mente dos diferentes influenciadores corporativos (Hawkins, Mothersbaugh e Best, 2007).

No âmbito das compras corporativas, Romeo (2008) identifica a presença de três tipos de influenciadores: o *influenciador econômico*, o *influenciador técnico* e o *influenciador usuário*.

Os *influenciadores econômicos* são aqueles atores corporativos que possuem o poder efetivo de veto e aprovação das compras organizacionais. Seu foco é sempre no retorno dos investimentos, uma vez que estão preocupados com o resultado final da compra e os impactos dela no desempenho da organização.

Os *influenciadores técnicos* ocupam o papel de análise das soluções disponíveis no mercado e se estas atendem aos padrões e especificações a serem atendidos na compra corporativa. Normalmente, são profissionais da empresa compradora que possuem algum tipo de *expertise* técnica relacionada com a necessidade de compra, tais como engenheiros, profissionais de tecnologia da informação e outros tipos de especialistas. Apesar de seu peso no processo decisório, diferentemente dos influenciadores econômicos, os influenciadores técnicos não possuem o poder de veto ao final da compra, apesar de exercerem uma influência significativa em diferentes aspectos da negociação com os fornecedores, tais como preço, prazo de entrega, análise da qualidade, condições de fornecimento, entre outros.

Os *influenciadores usuários* são entendidos como todos os membros da empresa compradora que usam ou supervisionam os produtos e serviços a serem adquiridos. Normalmente, os usuários entram em ação após a compra ter sido efetuada, tendo um papel irrelevante durante o processo decisório da compra organizacional. No entanto, dada sua atuação no dia a dia da empresa compradora, suas opiniões e avaliações dos produtos e serviços adquiridos influenciam as decisões de compras futuras.

Em terceiro lugar, o papel da força de vendas é de fundamental importância na compra organizacional. Tal visão cresceu em importância nos últimos anos, dada a ascensão da abordagem de *relacionamento* no marketing em detrimento da abordagem tradicional de *transação*. A última visão, predominante durante as décadas do marketing industrial após a II Grande Guerra, privilegiava fatores como baixo preço, qualidade e tempo certo como centrais nas decisões de compras corporativas. Por outro lado, a visão de relacionamento emerge como um paradigma alternativo que privilegia a construção de relacionamentos de *longo prazo* entre compradores e fornecedores, a partir de um olhar fundamentado nas necessidades do cliente organizacional. É lugar-comum que os profissionais de vendas organizacionais "arregacem as mangas" e trabalhem de maneira muito próxima com os clientes corporativos, definindo problemas, gerando soluções de negócios, customizando suas ofertas de valor e oferecendo serviços de pós-venda. Dessa forma, o marketing de relacionamento busca o estabelecimento de relações de longo prazo entre compradores e fornecedores, diferentemente de uma perspectiva de curto prazo e ocasional que permeia a perspectiva do marketing de transação.

Dada sua complexidade, a grande maioria das compras organizacionais tem impacto operacional e financeiro sobre seus clientes, exigindo dos vendedores conhecimentos que vão além das especificações técnicas dos produtos, chegando às ferramentas de análise de viabilidade econômica e financeira de diferentes projetos corporativos. Sendo assim, os fornecedores acabam proporcionando aos seus clientes vendas consultivas, em que os vendedores exercem diferentes funções tais como a

> apresentação do produto ou serviço, aconselhamento do cliente sobre as melhores alternativas, elaboração de propostas técnicas e econômicas, negociação, fechamento da venda e elaboração de contratos de fornecimento, suporte ao cliente após a venda, etc. [Limeira, 2008:355].

Por fim, a demanda organizacional deriva da demanda por bens e serviços por parte dos consumidores finais. Por exemplo, empresas que comercializam embalagens cartonadas para outras empresas têm sua demanda influenciada pelo comportamento de compra dos consumidores finais que adquirem produtos embalados. Crises econômicas levam a uma retração do poder de compra dos consumidores finais, implicando a diminuição da compra de embalagens por parte das empresas. Essa derivação da demanda também pode estar atrelada a outra indústria. Por exemplo, fabricantes de pneus têm a demanda pelos seus produtos parcialmente derivada da demanda por automóveis, que são entregues pelas montadoras com pelo menos cinco pneus cada. Se, por uma questão ambiental ou outra, a venda de automóveis novos cai, a indústria de pneus sente este efeito na própria pele.

Diferenças entre a compra do consumidor final e a compra do consumidor organizacional

Há uma série de diferenças entre a compra do consumidor final e as compras organizacionais. A principal delas, já mencionada, é que as compras organizacionais são mais complexas e têm mais componentes racionais e técnicos, haja vista o número de atores que influenciam o processo decisório. Além disso, as organizações pautam suas decisões de compra por uma análise das especificações técnicas da oferta, a partir de suas necessidades, e por uma avaliação objetiva da relação custo/benefício entre os diferentes fornecedores. Os principais critérios que são levados em consideração nas decisões de compra organizacionais, além do preço, são qualidade do produto, reputação da marca, características técnicas, condições de entrega e fornecimento, além do suporte técnico no pós-venda.

Samara e Morsch (2005) sistematizam as diferenças entre as compras do mercado *business-to-business* (consumidores organizacionais) e *business-to-consumer* (consumidores finais) da seguinte maneira, conforme ilustra o quadro 2.

Quadro 2
Diferenças entre os consumidores organizacionais e os finais

Consumidores organizacionais (B2B)	Consumidores finais (B2C)
Demanda organizacional	Demanda individual
Maiores volumes	Menores volumes
Poucos clientes	Muitos clientes
Localização geográfica concentrada	Geograficamente dispersos
Estrutura de distribuição mais direta	Estrutura de distribuição mais indireta
Compras mais profissionais, múltiplas e especializadas	Compras mais pessoais, únicas e pouco especializadas
Mais racional	Mais emocional
Negociações mais complexas e formais	Negociações mais simples e informais
Há reciprocidade	Não há reciprocidade
Método principal de promoção: venda pessoal	Método principal de promoção: publicidade e propaganda

Fonte: Samara e Morsch (2005:183).

Como dito, a demanda organizacional deriva da demanda do consumidor final, sendo a ausência desse fator um ponto bastante comum nos estudos do comportamento do consumidor organizacional. Um dos principais motivos da miopia de marketing na análise da demanda organizacional é desconsiderar tendências e alterações no comportamento dos consumidores finais que, por estarem no extremo final do canal de marketing, "puxam" a cadeia.

Além disso, o número de clientes do mercado organizacional é notadamente bem menor do que no caso dos mercados consumidores finais, o que facilita sobremaneira o estreitamento dos relacionamentos e parcerias entre compradores e fornecedores. O volume de compras, no entanto, é bem maior no âmbito das compras organizacionais, por conta da complexidade e do tamanho das empresas envolvidas.

Tome-se, por exemplo, o mercado de fabricantes de aviões comerciais. No mundo inteiro, até há pouco tempo, o mercado era praticamente dominado por duas grandes empresas: a norte-americana Boeing, oferecendo os jatos de passageiros 737, 747, 757, 767 e 777, e o consórcio europeu Airbus, fabricante dos modelos A319, A320, A330 e o gigantesco A380. O mercado de aeronaves civis poderia ser considerado quase um duopólio se não fosse a entrada, nas últimas décadas, da fabricante brasileira Embraer (dona das famílias E-135/145 e E-170/190) e da canadense Bombardier. A quase totalidade dos negócios de venda de aeronaves para transporte de passageiros civis está nas mãos dessas quatro grandes empresas, ilustrando o caráter concentrado e o volume elevado de negócios no âmbito do mercado organizacional.

Os compradores organizacionais são profissionais bastante capacitados e treinados no âmbito dos segmentos específicos de compra. Normalmente, são indivíduos com elevada formação profissional, muitas vezes em nível de pós-graduação e mestrado, com conhecimentos técnicos específicos que lhes permitem discutir de maneira detalhada e minuciosa sobre os diversos aspectos e características dos produtos e serviços a serem adquiridos, tornando a relação entre compradores e fornecedores mais rica, densa, profunda e complexa. Ao contrário dos consumidores finais, que na grande maioria das vezes possuem pouca informação sobre os bens ofertados, compradores organizacionais dedicam-se a conseguir um elevado grau de informação técnica, frequentemente atualizada em feiras setoriais, contatos com clientes e fornecedores, além de treinamentos específicos.

Outro aspecto diferenciador é que, pelo fato de serem negociações mais técnicas e demoradas, que envolvem um maior número de pessoas, as decisões organizacionais tendem a ser de natureza racional, enquanto os consumidores finais tomam mais decisões movidos por fatores afetivos e emocionais. Um dos maiores exemplos dessa diferença é que a compra por impulso, algo comum por parte das nossas decisões corriqueiras de compra, praticamente inexiste nos mercados organizacionais.

As compras organizacionais não são exclusivamente racionais. Fatores como a cultura e o clima organizacionais interferem nos estilos de compra e de negociação por parte do cliente, e os vendedores organizacionais devem ter conhecimento de seus impactos nas decisões de compra organizacionais. Além disso, fatores interpessoais e psicológicos, como estereótipos, crenças e valores dos compradores, assim como fatores inerentes ao vendedor (idade, tempo de empresa, experiência), também influenciam sobremaneira na dinâmica da compra organizacional.

Estágios da compra organizacional

Entendida como um processo mais complexo, demorado e racional que as compras de consumidores finais, a compra organizacional envolve um conjunto de etapas sequenciais que, de maneira mais ampla, assemelha-se à primeira. Seus estágios podem ser descritos da seguinte maneira: identificação do problema, descrição geral da necessidade, especificação do produto, busca de fornecedores, solicitação de propostas, seleção dos fornecedores, especificação da rotina de pedido e análise de desempenho. Vamos detalhar cada uma dessas etapas.

Identificação do problema

A grande maioria das compras nasce de uma necessidade, de uma carência, geralmente na forma do reconhecimento de uma necessidade não atendida. Como vimos, o início de uma compra organizacional, via de regra, ocorre a partir de um problema que pode ser solucionado a partir da aquisição de um bem ou um serviço específico. A decisão de lançar um novo produto pode, notadamente, requerer a compra de novos insumos ou novos equipamentos necessários para sua produção. Crises econômicas conjunturais levam a uma necessidade de cortar gastos e otimizar os custos, podendo, nesse caso, implicar a aquisição de um novo *software* de gestão empresarial. A necessidade de compreender os clientes e de segmentar o mercado para melhor atendê-los leva à necessidade de aquisição e implementação de ferramentas de CRM (*customer relationship management*). Vale lembrar que as necessidades de compra organizacional podem ser originadas tanto internamente (por um processo de reestruturação inerente à própria organização) quanto externamente (por exemplo, em alterações observadas no macroambiente de negócios).

Descrição geral da necessidade

Nem sempre as compras organizacionais são realizadas pelos setores em que a necessidade é identificada. Por ser um processo técnico, as organizações muitas vezes contratam profissionais especializados em compras, que são responsáveis pela condução das mesmas, com vistas a atender a aspectos como a racionalização do processo, maior agilidade, transparência e atendimento aos aspectos técnicos do produto, além da busca de preços mais em conta, sem perder de vista a garantia de qualidade requerida. Para isso, é necessário que seja realizada uma descrição geral na necessidade de compra, normalmente composta pelas características, especificações e quantidades do bem ou serviço a ser adquirido. Na grande maioria das vezes, profissionais de marketing organizacional agem em conjunto com a equipe de compras no sentido de definir uma especificação adequada do que vai ser adquirido ou contratado, bem como fornecer informações sobre as variações existentes no mercado.

Especificação do produto

Constituindo uma das etapas mais técnicas da compra corporativa, a especificação do produto a ser adquirido geralmente é desenvolvida em conjunto por compradores e profissionais da área técnica, que podem empreender estudos de viabilidade econômica e financeira para a aquisição do bem em pauta. Questões como as características do produto, suas especificações técnicas, padrões de qualidade, além do custo, são levadas em consideração na análise de valor do produto, que irá nortear as posteriores etapas da decisão de compra. Também é comum nessa fase que o comprador corporativo defina variáveis como as condições de entrega, tais como o prazo, a forma de transporte, a periodicidade e a quantidade (Samara e Morsch, 2005).

Busca de fornecedores

Em decorrência do estágio anterior, a organização entra em contato com os fornecedores que comercializam o produto em tela, normalmente utilizando RFPs (*requests for proposals*) ou cartas-convites, documentos emitidos pelo comprador detalhando as especificações técnicas do produto, quantidades a serem adquiridas, prazo de entrega, padrões de qualidade, preço e outras variáveis, definindo a intenção de compra por parte da organização. As consultas aos fornecedores podem ser feitas de maneira formal – via catálogos ou diretórios comerciais – ou informal – visita a feiras setoriais, conversa com representantes de vendas ou leitura de publicações especializadas –, sendo de fundamental importância, nessa fase, o histórico de relacionamentos entre a empresa compradora e seus potenciais fornecedores. Vendedores corporativos devem sempre estar atentos a esse processo, e visitas de prospecção geralmente são boas oportunidades para detectar processos de busca de fornecedores.

Solicitação de propostas

Em seguida, a organização espera que os fornecedores apresentem propostas técnicas e comerciais detalhadas, ou apresentações formais segundo as especificações determinadas pelos documentos de intenção de compra. Os profissionais de marketing organizacional das empresas vendedoras devem saber elaborar tais documentos, posto que os mesmos não devem apenas ser uma coleção de detalhes ou especificações técnicas, mas sim propostas de aquisição que levem em consideração toda a estratégia de marketing da organização.

Seleção dos fornecedores

Segundo Hawkins, Mothersbaugh e Best (2007), essa fase é dividida em duas etapas. A primeira consiste na elaboração de uma lista de fornecedores aprovados que atendem às especificações técnicas conforme a proposta que foi elaborada pela organização compradora. Após essa primeira seleção, tem início um processo mais demorado e detalhado de avaliação e comparação das propostas técnicas e comerciais dos fornecedores selecionados.

À medida que aumenta o grau de formalidade da empresa compradora, independentemente do segmento de atuação, as compras corporativas são conduzidas pelos departamentos de compras, cujo principal objetivo é encontrar os melhores produtos a custos mais baixos, sem deixar de levar em conta os padrões mínimos de qualidade. Entretanto, por mais que seja um setor específico dentro da empresa, a área de compras sofre a influência de outros setores da própria organização, tendo de trabalhar sua interface com esses diferentes atores corporativos.

O setor de compras de uma empresa é o espelho da política de compras da organização, que invariavelmente expressa sua filosofia e estratégia de negócios. Por exemplo, uma empresa comprometida com a responsabilidade social e ambiental deve buscar fornecedores também comprometidos com tais premissas, afastando de seu universo empresas que utilizem práticas danosas ao meio ambiente ou que utilizem mão de obra infantil ou escrava na produção. Profissionais de vendas devem estar atentos a essas variáveis, uma vez que a estratégia de negócios do fornecedor deve estar em direta consonância com a filosofia, visão, missão e valores da empresa compradora.

Nesse sentido, a demora é justificada pelo fato de que os diferentes atores da empresa compradora possuem diferentes critérios de avaliação das propostas, o que pode dificultar e gerar atrasos no processo de decisão de compra. Enquanto os profissionais de compra estão mais preocupados com o preço, os profissionais da área técnica, por outro lado, se preocupam com outros requisitos, como qualidade, marca e condições de fornecimento e entrega. São diversas visões de mundo e de negócio, o que gera diversos ritmos no processo. É nesse ponto que fatores diferentes de apreciações a respeito de custo/benefício entram em cena, tais como busca de prestígio dentro da empresa, segurança, jogos de poder, cultura organizacional e até mesmo fatores psicológicos dos decisores, fazendo com que seja difícil afirmar categoricamente que as compras organizacionais sejam exclusivamente de natureza racional. É imprescindível que, nessa fase, haja uma coordenação bastante eficaz entre os diferentes atores envolvidos na compra, para que o processo de tomada de decisão ocorra sem maiores percalços, evitando conflitos por disputa de poder ou influência durante a compra.

Para dar mais dinamismo e rapidez ao processo, as empresas compradoras podem estabelecer comitês de compra que envolvam técnicos, profissionais de compra, gestores e membros da diretoria para análise e aprovação das propostas e fornecimentos. Geralmente, empresas que optam por essa solução buscam um alinhamento entre o processo de compras e as decisões estratégicas por parte da empresa.

Em geral, os critérios para seleção dos fornecedores são os seguintes: produtos e serviços de qualidade, entrega dentro do prazo, comportamento corporativo ético, comunicação honesta, preços competitivos, assistência técnica e serviços de pós-venda, localização geográfica, histórico de desempenho e reputação (Kotler e Armstrong, 1999).

Especificação da rotina de pedido

Tendo sido escolhido o fornecedor, inicia-se a etapa de negociação envolvendo este e o comprador, quando o último procura obter melhores condições de negócio e fornecimento, tais como preço, condições de pagamento e prazos de entrega, com vistas ao fechamento do negócio (Limeira, 2008).

Visando ao estabelecimento de relacionamentos de longo prazo, compradores estabelecem contratos de fornecimento por intermédio dos quais os fornecedores se comprometem a reabastecer periodicamente o estoque dos compradores, evitando, assim, entraves burocráticos inerentes a qualquer processo de renegociação com os fornecedores. Geralmente, os pedidos são enviados por meio eletrônico, permitindo ao fornecedor tanto se programar para as entregas quanto manter níveis baixos de estoque.

Análise de desempenho

Como em qualquer compra, a análise de valor do produto é estabelecida entre a expectativa do comprador quanto ao produto adquirido e seu efetivo desempenho. A análise de desempenho equivale, na compra organizacional, ao estágio da avaliação pós--venda no âmbito das compras do consumidor final. A análise de desempenho poderá continuar, aprofundar, modificar ou encerrar o relacionamento entre fornecedor e comprador. É de fundamental importância que os vendedores monitorem tal processo, verificando os níveis de satisfação do cliente corporativo.

No caso da compra organizacional, ferramentas como matrizes de avaliação de parâmetros podem ser utilizadas para permitir a comparação entre os atuais fornecedores e os outros existentes no mercado. Vale lembrar que tais matrizes devem ser construídas a partir de critérios econômicos e técnicos, evitando-se ao máximo a interveniência de outros fatores, como os de natureza psicológica e emocional.

Samara e Morsch (2005) identificam os critérios a seguir como os mais frequentes na análise de desempenho dos fornecedores: eficiência, economia, qualidade, velocidade, força, durabilidade, resistência, garantia, confiabilidade, precisão, uniformidade, estabilidade, facilidade de instalação, baixo custo de manutenção e simplicidade.

Vale lembrar que um dos principais elementos a serem levados em conta no processo de análise de desempenho é o grau de relacionamento entre o comprador e o fornecedor. Sendo a venda organizacional técnica e consultiva, a qualidade de relacionamento entre o cliente e o vendedor é um critério poderoso na definição tanto da manutenção do contrato de fornecimento quanto na busca de novos fornecedores. E, invariavelmente, o relacionamento entre ambas as partes baseia-se na confiança, na capacidade de entender e solucionar as necessidades do cliente, além de oferecer suporte e assistência pós-venda todas as vezes em que isso seja necessário.

Um relacionamento bem-sucedido poderá ampliar a gama de negócios entre compradores e fornecedores, inclusive estimulando o desenvolvimento de parcerias mais aprofundadas que busquem soluções em conjunto para novos desafios, produtos e serviços a serem elaborados, tendo em vista as necessidades do mercado organizacional.

Tipos de compras organizacionais

Dado o grau de complexidade das compras organizacionais, é importante ressaltar o elevado comprometimento racional por parte dos compradores corporativos. Conforme dito, as compras organizacionais são muito guiadas por critérios de análise de valor, que levam em consideração questões do tipo custo/benefício.

Em linhas gerais, as compras organizacionais podem ser classificadas em três tipos: a *recompra direta*, a *recompra modificada* e a *compra nova* (Kotler e Armstrong, 1999; Samara e Morsch, 2005). A diferença entre elas passa pelo grau de complexidade do processo de compra, além das características do produto a ser adquirido. A seguir, trazemos uma breve caracterização de cada uma delas.

Recompra direta

É o tipo mais simples de compra organizacional, sendo em geral uma compra de rotina. Nela, o comprador repete o pedido sem qualquer modificação (Kotler e Armstrong, 1999). Além disso, na recompra direta, o comprador toma o menor número de decisões. O principal exemplo são as compras que as organizações empreendem para repor estoques de matérias-primas, insumos ou componentes necessários para sua atividade produtiva. Uma organização, ao reportar a seu setor de compras a necessidade de reposição de material de escritório (resmas de papel, canetas, etiquetas adesivas etc.) está engajada em um processo de compra dessa natureza, no qual o pedido não necessita de grandes alterações (apenas em termos de quantidade do material a ser adquirido) e, portanto, encontra-se em um processo de recompra direta.

Recompra modificada

É uma variação da compra anterior, na qual o comprador introduz no pedido alguma(s) especificação(ões) do produto, tais como preço, funcionalidades, garantias de pós-venda ou novas condições para os fornecedores. Diferentemente da recompra direta, nesse tipo de compra há a participação de um maior número de atores no processo, por haver uma necessidade maior de uma pesquisa com outros fornecedores. Se na recompra direta o fornecedor geralmente é o mesmo, na recompra modificada abre-se um espaço para que novos fornecedores possam vender para a empresa compradora, o que torna a decisão de compra um pouco mais complexa e demorada. Por exemplo, recentemente o Ministério da Educação do Brasil alterou algumas especificações técnicas no processo de licitação para a aquisição de computadores portáteis, a serem disponibilizados para crianças do ensino fundamental e médio de alguns municípios do nosso país. Além de aspectos técnicos, como configuração das máquinas, preço e assistência técnica, outros elementos, como garantia de fornecimento, prazo de entrega e condições de pagamento tiveram sua importância ressaltada no processo de compra. Como consequência, o fornecedor que inicialmente foi o vencedor do primeiro lote de equipamentos entregues ao governo federal não foi selecionado na segunda rodada de compras, dando a possibilidade da entrada de novas empresas que proporcionaram ofertas de valor mais vantajosas e menos dispendiosas para o Tesouro Público.

Compra nova

De todos os tipos de compra organizacional, certamente é a mais complexa e demorada, por envolver um maior número de participantes do lado do comprador. Geralmente, essa situação ocorre quando uma organização decide comprar um determinado produto ou serviço pela primeira vez. Certamente, é a situação mais desafiadora para qualquer profissional de marketing organizacional, dado o nível de complexidade e envolvimento de ambos os lados durante o processo de tomada de decisão. Contrariamente ao primeiro tipo de compra organizacional, nas compras novas os compradores analisam muitas variáveis, e diversos aspectos dos fornecedores concorrentes são meticulosamente avaliados (preço, qualidade, prazo de entrega, garantias de fornecimento, serviços pós-venda e assistência técnica), dado o grau de ineditismo e importância da compra, além dos riscos inerentes ao processo.

Determinantes do processo de compra organizacional

Kotler e Armstrong (1999) identificam que a compra organizacional não é influenciada apenas por fatores econômicos. Contrariamente à opinião da grande maioria das pessoas, as compras organizacionais sofrem a influência de uma vasta gama de fatores que atuam de maneira integrada. Cabe ao profissional de vendas corporativas entender a dinâmica de atuação desses fatores a fim de obter o melhor posicionamento competitivo possível no processo decisório da compra organizacional.

Uma das principais razões desse argumento repousa no fato de que, apesar do caráter eminentemente racional desse tipo de compra, é preciso lembrar que pessoas representam as organizações nos processos de compra e venda. Daí, a compra organizacional não pode ser definida como puramente racional, em função da intervenção de fatores interpessoais, psicológicos e emocionais na dinâmica da compra corporativa.

A literatura atual de marketing identifica os seguintes fatores como determinantes da compra organizacional: *ambientais, organizacionais, interpessoais* e *individuais* (Kotler e Armstrong, 1999; Samara e Morsch, 2005). Veja a seguir.

Fatores ambientais

Nesse primeiro grupo, estão incluídas todas as variáveis que integram o macroambiente de marketing de qualquer organização. Leia-se: os fatores econômicos, políticos, sociais, culturais e legais, além dos avanços tecnológicos que interferem na dinâmica de funcionamento de um determinado cenário de negócios.

Entre estes, os mais frequentes, que têm um impacto significativo no comportamento de compra organizacional, são o nível da demanda primária, a conjuntura econômica, as taxas de juros, a evolução tecnológica, as políticas governamentais de regulação dos mercados, as alterações observadas na concorrência, além de, nos últimos anos, o surgimento de políticas relacionadas com as questões de responsabilidade social e ambiental (Samara e Morsch, 2005).

Há que se destacar nesse contexto as flutuações da economia mundial observadas desde o último trimestre de 2008, que interferiram sobremaneira na demanda dos consumidores finais por produtos e serviços, além do surgimento do *e-commerce* e o impacto da internet e das tecnologias da informação e da comunicação (TICs) nos mercados organizacionais. Além disso, cada vez mais compradores buscam comprar de fornecedores que sigam os preceitos de uma política responsável e eficaz acerca dos impactos ambientais e sociais de suas matérias-primas, insumos e demais componentes. Os movimentos contrários ao uso da mão de obra infantil ou escrava, a preocupação com o controle de emissões de carbono e o uso de métodos de produção "verdes" são cada vez mais levados em consideração no processo de compra por parte dos decisores organizacionais.

Fatores organizacionais

Nesse segundo conjunto de fatores estão situadas as variáveis relativas às características da organização compradora de bens, insumos, matérias-primas, componentes e serviços. Como ocorre com o consumidor final, é fundamental que vendedores corporativos conheçam em detalhes as características e a dinâmica de compra da empresa compradora. Cada empresa compradora possui diferenças significativas em termos de estrutura, procedimentos e sistemas de compra. Não levá-las em consideração durante o processo decisório é, sem dúvida, incidir em grave erro. A diferença entre uma venda bem e malsucedida reside, em certo sentido, na compreensão dessas diferenças e variabilidades por parte do fornecedor.

Dessa forma, algumas questões devem ser colocadas visando a uma compreensão mais aprofundada desse processo. São perguntas adequadas as que englobam tópicos como: quem são os agentes envolvidos na compra, quantos são, qual o grau de influência de cada um na decisão de compra, quais os critérios de avaliação que estão sendo utilizados, entre outras. Além disso, compreender de maneira detalhada a estratégia de negócios do comprador, suas políticas de compra e os desafios provenientes das empresas concorrentes são também relevantes para que os vendedores possam influenciar de maneira significativa o comportamento dos compradores.

Fatores interpessoais

A interveniência desses fatores é o principal indicador de que as compras corporativas não ocorrem em um plano estritamente econômico-racional. Por envolver um grande número de pessoas por parte de ambos os lados, é natural que compradores e vendedores estabeleçam interações mais ou menos frequentes, que servirão de substrato para futuras decisões de compra. É nesse ponto que é de fundamental importância compreender as forças de grupo, as interferências interpessoais e o grau de relacionamento e de parceria entre ambos os polos da compra organizacional. A compreensão dos diferentes *influenciadores* no processo decisório da compra é uma ferramenta importante na elaboração de estratégias de marketing organizacional (Romeo, 2008). Além disso, é preciso ter em mente que uma empresa compradora não é um simples e único cliente, mas um conjunto deles, dotados de diferentes necessidades, percepções, expectativas e interesses, cuja atuação em conjunto determina a diretriz do comportamento de compra organizacional.

Fatores individuais

Por fim, em um nível macrossocial, encontram-se os fatores individuais, isto é, as variáveis que englobam as características cognitivas, emocionais, motivacionais e personalógicas de todos os envolvidos no processo da compra organizacional. Cada ator envolvido nesse processo possui seus motivos, interesses, necessidades, gostos, preferências, crenças e valores que agem durante a compra. Fatores como a idade do comprador, sua renda, seu nível de instrução, formação profissional e atitudes perante situações de risco são as mais importantes a serem levadas em consideração durante a compra organizacional.

Outro fator a ser levado em consideração diz respeito ao que a literatura denomina *estilo do comprador* (Samara e Morsch, 2005). Alguns compradores são mais técnicos, isto é, tomam decisões de compra baseados em aspectos técnicos do produto, tais como qualidade, durabilidade, preço e prazo de entrega, privilegiando uma análise de valor baseada em uma relação de custo e benefício. Em contrapartida, outros decisores, mais intuitivos, possuem um *feeling* para questões interpessoais, envolvendo fornecedor e comprador, além de privilegiar outras características qualitativas, como a confiança, a imagem de marca e o histórico de relacionamento anterior.

Ressalte-se que – por mais informatizadas que sejam – as organizações compram por intermédio de pessoas, e estas acabam influenciando as decisões de compra corporativa. Afinal, suas decisões são guiadas pelo conjunto de expectativas e percepções dos compradores envolvidos.

Neste capítulo buscou-se destacar a complexidade existente e as peculiaridades do comportamento do consumidor organizacional. O capítulo 5, a seguir, volta a tratar do consumidor final, mas com um olhar dirigido para o comportamento do consumidor brasileiro, o envolvimento cognitivo como condicionante dos tipos de decisão e a compreensão de novas tendências em comportamento de consumo.

5
Envolvimento, tipos de decisão e tendências em comportamento de consumo

A área de estudos sobre o comportamento do consumidor talvez seja um dos mais dinâmicos campos de pesquisa dos profissionais de marketing dos últimos anos. Um conjunto de novas técnicas de investigação de como as pessoas se comportam em situações de compra tem levado os pesquisadores não apenas a integrar cada vez mais conceitos de diferentes áreas do conhecimento – tais como a psicologia, a antropologia, a sociologia e a demografia – como também tem impulsionado o desenvolvimento de novas e revolucionárias técnicas de pesquisa.

Neste capítulo, abordaremos o conceito de envolvimento, condicionando os tipos de decisão tomada pelo consumidor. Também trataremos as duas das principais abordagens que vêm alterando drasticamente a compreensão dos profissionais de marketing acerca das decisões de compra por parte dos consumidores. São elas: as *pesquisas etnográficas* e o *neuromarketing*.

Envolvimento e tipos de decisão

Nem sempre os consumidores se engajam no processo de cinco passos de tomada de decisão de compra. Dependendo do nível de envolvimento e da importância pessoal, social e econômica da compra para o consumidor, ele pode pular algumas etapas em direção à compra, como é facilmente observável nas compras de balas ou lâminas de barbear, totalmente motivadas por impulso, que acontecem bem ao lado dos *checkouts* de supermercados. Ocasiões de compra com um alto envolvimento geralmente têm, no mínimo, uma das três características: (a) o item a ser comprado é relativamente caro; (b) a opção de compra pode ter consequências pessoais sérias; e (c) o produto ou serviço poderia refletir na sua imagem social.

Para tais ocasiões, os consumidores empenham-se em uma ampla busca de informações, consideram muitos atributos do produto e marcas, formam opiniões e estabelecem uma comunicação boca a boca. As compras de produtos como pasta de dentes e esponja para lavar louça raramente envolvem a maioria de nós, ao passo que aparelhagens de som, produtos de vestuário e automóveis costumam ser muito mais envolventes. Considerando-se a existência de uma escala contínua de complexidade na decisão de compra, é possível identificar três categorias principais do processo de compra do consumidor com base no envolvimento deste e no conhecimento do produto. São elas: a decisão de rotina, a decisão limitada e a decisão estendida (ou ampliada).

Decisão de rotina

Para produtos como fio dental e adoçante dietético, os consumidores reconhecem um problema, tomam uma decisão e despendem muito pouco esforço buscando informações externas e avaliando alternativas. O processo de compra para tais itens é um hábito e tipifica uma tomada de decisão de baixo envolvimento. A decisão de rotina acontece nas compras frequentes de produtos de baixo preço. Estudos realizados nos Estados Unidos estimam que, aproximadamente, a metade de todas as ocasiões de compra seja desse tipo (Berkowitz et al., 2003).

Decisão limitada

Na decisão limitada, os consumidores geralmente buscam alguma informação ou confiam na opinião de alguém conhecido para ajudá-los a avaliar alternativas. De modo geral, várias marcas poderiam ser avaliadas usando-se um número moderado de diferentes atributos. Você poderia usar a decisão limitada na escolha de uma torradeira, um jantar num restaurante e outras situações de compra em que tem pouco tempo ou esforços para empregar. A decisão limitada é responsável por cerca de um terço das ocasiões de compra.

Decisão estendida (ou ampliada)

Na decisão estendida, cada um dos estágios do processo decisório de consumo é percorrido na compra, incluindo tempo e esforços consideráveis na busca de informações externas e na identificação e avaliação das alternativas. Geralmente, várias marcas estão no conjunto evocado, e elas são avaliadas em relação a muitos atributos. Na decisão estendida existem situações de compra com alto envolvimento para itens como automóveis e investimentos em ações e títulos. As empresas que comercializam esses produtos envidam esforços significativos informando e educando os consumidores. Pouco mais de um décimo das ocasiões de compra encontram-se nessa categoria.

Envolvimento na decisão por novos produtos

Kotler (2000) faz uma análise cuidadosa do impacto do grau de inovação do produto sobre o volume de envolvimento cognitivo e emocional do consumidor na decisão de compra. No capítulo 3, examinamos os estágios pelos quais os compradores passam enquanto tentam satisfazer uma necessidade. Compradores podem passar por esses estágios lentamente ou rapidamente e alguns desses estágios podem até mesmo trocar de ordem com outros. Nesse processo, a natureza do comprador, do produto e da situação de compra impacta fortemente a tomada de decisão.

Um produto novo é uma mercadoria, serviço ou ideia que alguns clientes potenciais percebem como diferente do que eles já conhecem, com algum grau de ineditismo. O tal produto até já pode ter sido lançado há algum tempo, mas nosso interesse aqui é analisar como os consumidores aprendem sobre os produtos quando entram em contato com eles pela primeira vez. Também é nosso interesse analisar como os consumidores tomam decisões sobre adotar ou não um produto que para eles é novo. Pode-se definir o processo de adoção como o processo mental por meio do qual passa um indivíduo desde o primeiro momento de aprendizagem sobre uma inovação até a adoção final. Adoção também pode ser compreendida como a decisão de um indivíduo na direção de tornar-se um usuário regular do produto. Veja a seguir.

Estágios no processo de adoção

Geralmente, consumidores podem passar por cinco estágios no processo de adoção de um produto:

- *conscientização* – o consumidor torna-se consciente do produto novo, mas falta-lhe informação sobre ele;

- *interesse* – o consumidor procura por informação sobre o produto novo;
- *avaliação* – o consumidor considera que experimentar o produto novo é algo que faz sentido;
- *experimentação* – o consumidor experimenta o produto novo em pequena escala para melhorar sua estimativa acerca de seu valor;
- *adoção* – o consumidor decide fazer uso integral e regular do produto novo.

Tal sequência sugere que o profissional de marketing envolvido com um produto novo deve pensar em como ajudar os consumidores a se mover nesses estágios. Um fabricante de televisores de tela LCD de 70 polegadas pode descobrir que muitos consumidores no estágio de interesse não se movem para o estágio de experimentação devido à incerteza e ao investimento relativamente elevado que esses produtos ainda representam. Se os mesmos consumidores estivessem querendo usar um televisor desse tipo em um esquema de teste, pagando uma pequena taxa, o fabricante poderia considerar a hipótese de oferecer um plano de experimentação com a opção de comprar o aparelho. Na verdade, a experimentação é um dispositivo relativamente comum em produtos de preço elevado, tais como tapetes orientais ou antiguidades, sob o argumento de que "o tapete precisa harmonizar-se com a casa que o abrigará". Não que tapetes persas sejam um produto novo em termos absolutos, mas frequentemente o são para consumidores específicos. Geralmente, na grande maioria dos casos, apesar do seu peso logístico, o procedimento da experimentação acaba resultando em venda, pois aciona mecanismos de autoindulgência na clientela que se vale dessa comodidade.

Diferenças individuais quanto à inovação

As pessoas diferem fortemente em sua disposição para experimentar produtos novos. Em cada área de produto, há os pioneiros do consumo e os adotantes iniciais. Outras pessoas adotam produtos novos bem mais tarde. Pode-se classificar consumidores de acordo com a figura 3, proposta por Rogers (1993), um dos criadores da teoria da adoção de inovações. Depois de um início lento, um número crescente de pessoas adota um produto novo. O número de adotantes atinge um pico e então cai à medida que menos não adotantes permanecem. Inovadores são definidos como os primeiros 2,5% dos compradores que adotam uma ideia nova (aqueles que estão a mais de dois desvios-padrão aquém do tempo médio de adoção), os adotantes iniciais são os 13,5% seguintes (entre um e dois desvios-padrão) e assim por diante.

Figura 3
Distribuição de frequência dos adotantes no tempo

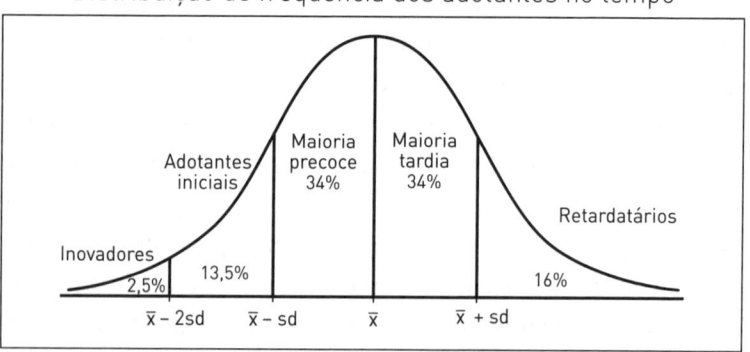

Fonte: Rogers (1993).

Os cinco grupos de adotantes têm valores que os caracterizam e diferenciam. Inovadores são afeitos à aventura – eles experimentam novas ideias com certo risco. Adotantes iniciais são guiados pelo respeito; eles são líderes de opinião em suas comunidades e adotam novas ideias cedo, porém cuidadosamente. A maioria precoce é resoluta, embora raramente sejam líderes; os elementos desse grupo adotam novas ideias antes da pessoa média. A maioria tardia é cética; eles adotam uma inovação apenas depois que a maior parte das pessoas já a experimentou. Finalmente, os retardatários são movidos pela tradição; eles suspeitam de mudanças e só adotam a inovação depois que ela já se tornou uma tradição.

Essa classificação de ritmo de adoção sugere que uma empresa inovadora deve estudar as características dos inovadores e dos adotantes iniciais, direcionando os esforços de marketing na direção desses grupos. Em geral, inovadores tendem a ser relativamente mais jovens, mais instruídos e têm mais dinheiro do que os adotantes tardios e não adotantes. Eles são mais receptivos a coisas pouco familiares, confiam mais em seus valores e capacidade de avaliação, e dispõem-se mais a correr riscos. São menos leais a marcas e mais inclinados a tirar vantagem de promoções especiais, como descontos e amostras.

Influência das características do produto na taxa de adoção

As características do novo produto afetam sua taxa de adoção. Alguns produtos "pegam" quase de um dia para o outro (patins *inline*), enquanto outros levam um bom tempo para ganhar aceitação (robôs domésticos). Cinco características são especialmente importantes e influenciam a taxa de adoção de uma inovação. Por exemplo, considere as características de televisores de tela de LCD de 70 polegadas em relação à sua taxa de adoção.

- Vantagem relativa – O grau em que a inovação parece superior aos produtos existentes. Quanto maior for a vantagem relativa percebida em usar uma TV de tela de LCD de 70 polegadas – digamos em termos de qualidade da imagem e comodidade para quem assiste –, mais cedo esse tipo de TV será adotado.

- Compatibilidade – O grau em que a inovação se encaixa com os valores e experiências dos consumidores potenciais. TVs de tela de LCD de 70 polegadas, por exemplo, são verdadeiros cinemas em casa, altamente compatíveis com os estilos de vida encontrados em famílias de classe média alta.
- Complexidade – O grau em que a inovação é difícil de entender ou usar. TVs de tela de LCD de 70 polegadas não são complexas e, portanto, levarão menos tempo para penetrar no mercado do que outras inovações mais complexas.
- Divisibilidade – O grau em que a inovação pode ser experimentada em um esquema limitado. TVs de tela de LCD de 70 polegadas são caras. A taxa de adoção desse produto deverá aumentar se as pessoas puderem alugá-lo com opção de compra.
- Comunicabilidade – O grau em que os resultados de usar a inovação podem ser observados ou descritos. Já que as TVs de tela de LCD de 70 polegadas podem ser demonstradas e descritas, seu uso vai se espalhar mais rapidamente entre os consumidores.

Outras características influenciam a taxa de adoção, tais como custos iniciais e operacionais, risco e incerteza, e aprovação social. O profissional de marketing de produtos novos deve pesquisar todos esses fatores quando estiver desenvolvendo o produto novo e seu programa de marketing.

Influências contextuais

Com frequência, a situação de compra irá afetar o processo decisório de consumo. Cinco influências contextuais têm impacto sobre o processo decisório de consumo: (a) a tarefa de compra; (b) o ambiente social; (c) o ambiente físico; (d) efeitos temporais; e (e) estados antecedentes.

A tarefa de compra é a razão para o engajamento na decisão, em primeiro lugar. A busca e a avaliação de informações podem diferir caso a compra seja um presente, que muitas vezes envolve um aspecto social, ou caso seja para uso do próprio comprador. A Kopenhagen, fabricante e varejista de uma ampla linha de chocolates finos, percebeu há anos que não vendia chocolates, mas sim presentes. Isso veio afetar tremendamente uma série de decisões de marketing, que vão desde o formato de seus produtos, embalagens, preços e atmosfera das lojas, até horário de funcionamento. Boa parte das lojas de rua da empresa fica aberta até as 21 horas, pois são opção para quem está visitando amigos à noite e precisa levar alguma coisa como sinal de gentileza.

O ambiente social, incluindo as outras pessoas que estão presentes quando uma decisão de compra é tomada, também pode afetar o que se compra. Nesse ponto, vale uma remissão ao modelo de papéis no processo de compra, já abordado neste livro. Quando a aquisição do produto é realizada por um casal ou mesmo pela família inteira reunida no ponto de venda, os vendedores podem lançar mão de uma série de estímulos e linguagens diferentes, voltados a todos os coautores da decisão e buscando criar uma sinergia que eleve o chamado *ticket* médio. Um homem que entra sozinho em uma joalheria para comprar um presente para a esposa reage diante das ofertas que lhe são feitas de modo completamente diferente do que reagiria se estivesse acompanhado da referida esposa.

O ambiente físico – a decoração, a música, os odores, a temperatura e a quantidade de clientes dentro da loja – pode alterar a forma pela qual as decisões de compra são tomadas. Há lojas de altíssimo padrão que se localizam na rua e que mantêm suas portas trancadas, argumentando que se trata de uma questão de segurança. No entanto, mesmo reconhecendo a relevância da questão da segurança nos dias de hoje, devemos apontar a prática de trancar portas como o "filtro de clientela" que ela efetivamente é. As clientes mais sofisticadas em busca de produtos de luxo, público-alvo das referidas grifes, não se intimidam com portas trancadas, pois conhecem o lugar, sabem que serão bem atendidas e compram mesmo. Já clientes de classe média inferior, que dificilmente pagariam R$ 2 mil por um maiô, que ocupariam espaço na loja e não agregariam glamour à sua atmosfera, têm vergonha de bater à porta para que os seguranças abram, ficando de fora do ponto de venda.

Os efeitos temporais, como a hora do dia ou a quantidade de tempo disponível, irão influenciar onde os consumidores tomarão café da manhã ou almoçarão, bem como o que será pedido. Isso pode ser uma verdadeira festa para os restaurantes de comida a quilo e para as lanchonetes tipo *fast-food*. Ainda no que se refere ao tempo, cabe considerar o grau de pressa dos consumidores, que pode variar imensamente durante o período em que eles estão fazendo compras. Quando se entra em uma loja de roupas em uma tarde de sábado, por exemplo, a pressa é nenhuma. Passados 20 minutos, experimentadas seis peças diferentes de roupa e compradas as duas mais caras, a pressa instala-se repentinamente na hora de passar no caixa. Esse gradiente deve ser acompanhado pelos vendedores, que, por sua vez, devem entrar em sintonia com o ritmo do cliente, evitando retardá-lo por mais tempo na loja depois que ele já está ansioso por sair dela.

Por fim, os estados emocionais ou cognitivos antecedentes, que incluem o humor ou a disposição de gastar o dinheiro disponível, podem influenciar o comportamento de compra e a escolha do consumidor. Há lojas de alto padrão, como a Louis Vuitton, por exemplo, onde uma cliente realmente VIP com frequência passa até três horas para comprar uma bolsa de R$ 16 mil. Durante esse período, seu estado de espírito pode variar do quase depressivo ao extremamente eufórico, devendo a equipe de venda estar preparada para lidar com os altos e baixos da clientela, articulando – quase como psicólogos – todo um arsenal de tratamentos e gentilezas que se coadunem com os sentimentos da nossa cliente hipotética.

Perspectivas do comportamento do consumidor no Brasil

Nas últimas décadas, a sociedade brasileira vem experimentando uma série de alterações bastante significativas na sua composição demográfica, bem como nos padrões de consumo das famílias brasileiras e em sua distribuição ao longo do território nacional. Entretanto, a disposição de consumir é muito afetada pela percepção que os consumidores possuem das perspectivas de crescimento econômico, emprego e longevidade. A história da sociedade brasileira é marcada pela alternância de períodos de expansão da atividade econômica com o consequente crescimento da renda e do emprego, e períodos de recessão da economia que impedem que as conquistas alcançadas nos momentos anteriores projetem uma melhoria significativa dos padrões de vida e de consumo das famílias. É importante ressaltar que o comportamento de compra dos brasileiros é impactado diretamente pelas perspectivas de manutenção do dinamismo da atividade econômica em curto, médio e longo prazos. Portanto, qualquer leitura da dinâmica de consumo da nossa sociedade deve necessariamente levar em consideração os ciclos de expansão/contração da atividade econômica.

Segundo Hofestede (2001), os traços marcantes da cultura brasileira são: alta aversão à incerteza, individualismo moderado, alta distância de poder e traços de feminilidade também moderados. A alta aversão à incerteza se expressa na presença de um número significativo de regras e procedimentos que condicionam a ação dos indivíduos, normalmente sendo representado por uma rigidez burocrática marcada no seio da sociedade. O individualismo moderado e os traços femininos mostram que o sistema cultural brasileiro é fortemente relacional, coletivista e baseado na confiança entre seus membros. Já a alta distância de poder mostra uma ordenação social em que o padrão predominante entre a figura de poder é autocrático e paternalista. Tais padrões, a despeito das diferenças regionais, impactam tanto nas práticas de consumo quanto nos tipos de relacionamentos que consumidores brasileiros estabelecem com produtos, serviços, marcas e experiências.

Uma das transformações mais significativas nos últimos 20 anos foi a ascensão das classes econômicas mais populares à sociedade de consumo, com o crescimento significativo de consumidores nas camadas médias de renda. Tal fenômeno, caracterizado pela ampliação do contingente de famílias brasileiras na classe C, foi denominado *nova classe média* (Neri, 2012). A despeito de toda a polêmica envolvendo o conceito, é importante observar que desde a segunda metade dos anos 1990 nota-se um aumento, no orçamento familiar das classes mais populares, de despesas vinculadas a itens como a aquisição de eletrodomésticos, eletroeletrônicos, telefones celulares, computadores, mobiliário, vestuário e até mesmo a aquisição de automóveis zero quilômetro. O desenvolvimento do mercado consumidor interno proporcionado pela estabilização da moeda, a queda da taxa de juros ao consumidor e o aumento das linhas de crédito favoreceram a entrada no mercado consumidor de famílias até então alijadas desse processo (Souza e Lamounier, 2009).

Além disso, é notável a mudança da composição demográfica da população, padrão de longevidade e a complexificação dos arranjos familiares. Reis (2017) afirma que o padrão domiciliar tradicional – marido e mulher, com filhos do mesmo casamento, habitando o mesmo domicílio – vem sendo acrescido de novos arranjos, como famílias recombinadas (ou "mosaico"), paralelas, informais e homoparentais. Destaque-se ainda o fenômeno da transição demográfica, posto haver uma mudança na longevidade e na estrutura etária da sociedade. Fruto de dois vetores opostos, porém convergentes – queda da fecundidade e aumento da expectativa média de vida – o amadurecimento da população brasileira se expressa tanto por uma taxa de fecundidade de 1,7 filho por mulher entre 1950 e 2012 (contra 2,1 filhos por mulher como o valor básico de reposição da população) quanto por uma expectativa média de vida de 75,2 anos (um ganho de 27 anos nas últimas seis décadas). Tal tendência, segundo demógrafos (Camarano, 2014), perduraria até o final deste século.

Stamm e colaboradores (2013) analisaram também o papel das cidades de médio porte, com populações entre 50 mil e 250 mil habitantes, no Brasil, e sua crescente participação nos circuitos de consumo no interior do país. Em linhas gerais, tal movimento de interiorização da atividade econômica em nosso país se dá pela ação de três fatores: primeiro, a ampliação da fronteira agrícola, a desconcentração da atividade industrial como principal vetor de dinamismo econômico e os investimentos em infraestrutura nessas cidades, levando a uma desconcentração da população brasileira dos grandes centros urbanos em direção ao interior nas cidades de porte médio.

Pesquisas etnográficas

Nos últimos anos, uma série de críticas vem sendo dirigida às técnicas tradicionais utilizadas em pesquisas de mercado, em especial as técnicas que subsidiam a compreensão do comportamento do consumidor. Os resultados obtidos nas abordagens quantitativas são considerados robustos, em função de técnicas estatísticas apuradas que não apenas garantem a confiabilidade da pesquisa, mas também permitem a generalização dos resultados da amostra para o *target* que está sendo investigado. Entretanto, muito se discute a respeito da veracidade das respostas produzidas pelos entrevistados a partir do uso de questionários fechados. Um dos vieses mais apontados nesse aspecto diz respeito ao fato de que, em diversos momentos da pesquisa, o entrevistado produz respostas às perguntas muito menos em função de suas reais opiniões pessoais e mais em função do que imagina ser a resposta esperada pelo entrevistador.

Tal crítica também é dirigida às técnicas qualitativas de investigação do consumidor, especialmente as mais adotadas pelos profissionais de marketing, como os grupos de foco (*focus groups*). Entretanto, além do viés do entrevistador discutido anteriormente, o número reduzido de participantes em um grupo de foco – normalmente de sete a 10 pesquisados por grupo – inviabiliza a generalização com segurança dos dados obtidos no grupo pesquisado para a população mais ampla que está sendo estudada. Além disso, a situação de artificialidade imposta pelo grupo de foco – uma sala especialmente preparada para a pesquisa, longe do ambiente real de compra – também influencia em demasia as respostas e reações dos entrevistados.

Tudo isso tem contribuído para o desenvolvimento de novas técnicas de investigação do comportamento do consumidor que se aproximem cada vez mais das situações reais de compra, isto é, que possibilitem uma análise *in loco* de todas as etapas envolvidas nas decisões de compra. Nos últimos anos, profissionais de marketing têm investido de maneira intensiva no desenvolvimento dessas novas metodologias de investigação.

Para tanto, os pesquisadores de comportamento têm utilizado e adaptado técnicas desenvolvidas na área das ciências humanas e sociais, especialmente provenientes da antropologia e da sociologia. Um dos pioneiros da utilização dessas técnicas de pesquisa na área de comportamento do consumidor é o antropólogo norte-americano Paco Underhill, autor de livros e artigos que alteraram profundamente o entendimento sobre as decisões da compra do consumidor.

Underhill (2009, 2004) define seu estudo do consumidor a partir do termo *consumerologia*, que pode ser entendido como o estudo do comportamento do consumidor em situações reais de compra. Suas pesquisas utilizam uma ampla gama de técnicas – câmeras de vídeo, pesquisadores ocultos, registros fotográficos – que visam coletar dados sobre o comportamento de consumo das pessoas em ambientes reais de compra, tais como lojas de roupas e supermercados, tanto em *shopping centers* como nas ruas. Tal como um antropólogo estudando outra cultura, Underhill defende a tese de que nem sempre o que os consumidores relatam em questionários e entrevistas em profundidade corresponde ao que eles de fato fazem na prática, isto é, em situações reais de compra.

Nesse sentido, sua abordagem inovadora enfatiza que os consumidores dialogam com os ambientes de compra, isto é, seu comportamento de compra sofre a influência de variáveis presentes no meio ambiente, tais como a disposição do ambiente de compra, a posição dos produtos em gôndolas e prateleiras e o impacto de estímulos sensoriais de natureza visual, olfativa, gustativa, tátil e auditiva. Além disso, o autor chama a atenção para as diferenças entre os estilos de compra observados entre homens, mulheres, adolescentes e crianças, bem como a interação que estes estabelecem entre si diante de diversas situações de compra. É uma observação razoavelmente consensual (e já abordada neste livro) que, por exemplo, homens entendam as situações de compra como mais ansiogênicas e desconfortáveis, levando-os a empreender um comportamento do tipo "busca e apreensão" em um curto espaço de tempo, o que nem sempre resulta em boas compras. Por outro lado, mulheres tendem a navegar prazerosamente com maior habilidade e destreza em ambientes de compra, o que as torna exímias negociadoras e compradoras.

Muitos profissionais de marketing têm defendido o aprofundamento dessas técnicas, especialmente as que procuram estabelecer uma interação maior entre pesquisador e pesquisado. Uma das tendências atuais da área de comportamento do consumidor é o uso de pesquisas etnográficas, que são técnicas originalmente forjadas no seio da antropologia. Tal como os etnógrafos dos séculos XVIII e XIX que, por meio da imersão, descreviam as práticas culturais dos membros de diferentes sociedades, os etnógrafos do consumo procuram estabelecer a descrição mais completa e esmiuçada possível dos hábitos de consumo dos mais diferentes segmentos de consumidores. Daí surge uma série de estudos bastante interessantes que levam em consideração a variabilidade das "tribos" de consumidores, classificadas a partir de variáveis econômicas, demográficas, etárias e psicográficas.

Segundo Balandier (1977:148), a etnografia

> exige trabalho no próprio terreno, observação direta e até participação do investigador constantemente à procura das melhores vias de acesso. Ela fica no nível da descrição e visa uma apresentação tão completa quanto possível de um grupo (e de uma cultura) cuja extensão restrita parece permitir um apanhado.

Logo, a etnografia pressupõe a imersão do pesquisador na realidade cultural do grupo pesquisado, visando a uma descrição detalhada e pormenorizada nos hábitos, costumes, comportamentos, crenças, valores, gostos, preferências e avaliações dos consumidores.

Para Troiano (2009), algumas condições são imprescindíveis para a realização de um estudo etnográfico. A primeira delas é o envolvimento do pesquisador com o *habitat* do consumidor a ser estudado. Isso significa que é necessário que o pesquisador estude o comportamento do consumidor em seu ambiente cotidiano, isto é, em sua residência, em seu bairro, convivendo com a família e seu grupo de amigos, frequentando locais de lazer, de compra e de atividade profissional. A segunda característica diz respeito ao perfil do profissional de pesquisa, que deve ter a capacidade de estabelecer em um curto espaço de tempo uma relação de empatia entre ele e o pesquisado, a fim de que possa coletar o maior número possível de informações. O terceiro aspecto diz respeito à necessidade de totalidade na descrição etnográfica, isto é, o relato do pesquisador deve ser o mais aprofundado e completo possível, a fim de possibilitar uma compreensão mais detalhada das relações entre o consumidor, a marca e seu comportamento de compra. Isso faz com que a pesquisa etnográfica se torne um processo mais lento e demorado em comparação com outras técnicas de pesquisa, em especial as de cunho quantitativo. Outra condição dessa técnica de pesquisa é que ela leva em consideração os aspectos não verbais do comportamento do consumidor, isto é, seus gestos, ações, expressões corporais e outras manifestações não verbais que sejam importantes na elucidação de determinados aspectos de sua mente. Por fim, dadas as suas características, a pesquisa etnográfica é indicada para compreender o comportamento de compra de segmentos específicos de consumidores, sendo contraindicada caso o objetivo do profissional de marketing seja estabelecer grandes generalizações a respeito dos consumidores de uma determinada sociedade, região geográfica ou país.

Resumimos o principal objetivo da pesquisa etnográfica para o profissional de marketing por meio da seguinte citação:

Quanto mais próximo do *habitat* do consumidor você estiver, mais chances terá de compreender a relação dele com outras pessoas (os familiares, por exemplo) ou com as coisas que o cercam (as marcas dos produtos, por exemplo) [Troiano, 2009:50].

Coolhunting

Nos últimos anos, cresceu consideravelmente a atenção das empresas em relação aos sinais enviados pelo mercado, assim como seu interesse em antecipar-se às mudanças. Num cenário como esse, a figura do *coolhunter*, ou o *caçador de tendências*, tornou-se uma arma poderosa para a investigação dos estímulos que movem os consumidores. O *coolhunting* surgiu no início dos anos 1990, quando jovens com idades por volta dos 25 anos começaram a ser averiguados por profissionais atentos às novas tendências e tudo de interessante que acontecia nas ruas. O trabalho do *coolhunter* é colher diversos materiais, como fotografias, anúncios, música ou páginas da web sobre aquilo que lhes chama a atenção, para depois mandar a um centro de estudos, que envia a pesquisa para empresas clientes.

A ideia deu certo. Atualmente, contar com um *coolhunter* parece ser indispensável nos mais diversos setores. Especialistas acreditam que os departamentos de marketing devem capacitar seus profissionais em algumas técnicas de estudos de consumo. O trabalho do *coolhunter* é integrado a um escritório especializado, que faz a *coolsearching*, que é a pesquisa de tendências. Além do material recolhido nas ruas, o escritório inclui um estudo dos fatores mais influentes e dos gostos dominantes daquele setor, baseado em uma análise social quantitativa e qualitativa.

No Brasil, as macrotendências de comportamento que pautam o consumo ao redor do mundo, a detecção de gostos, do inconsciente coletivo e do espírito do tempo vêm sendo mapeados pela Box 1824, uma empresa de pesquisa que nasceu em Porto Alegre e recentemente tornou-se "mundializada". Aliás, o conceito de mundialização é apenas um dos que marcam o cotidiano e a maneira diferente de atuar dos dois jovens fundadores da empresa: Rony Rodrigues e João Cavalcante. Os gaúchos da Box 1824 lideram um grupo de 20 pessoas que trabalham em diferentes cidades (São Paulo, Xangai, Paris e Porto Alegre), valendo-se de plataforma virtual. Eles defendem que vivemos tempos pós-materialistas, dias em que o consumo de expectativas é mais importante que o de produtos e nos quais consumidores estão conectados por modismos globais.

Um dos mais importantes escritórios desse tipo fica em Milão, na Itália. É o Future Concept Lab, que possui investigadores de tendências em 25 países do mundo e é considerado um dos mais avançados centros de pesquisa em comportamento do consumidor. Segundo especialistas do Future Concept Lab, o que mais atrai os consumidores é o que há de mais original em cada país ou zona do globo, e aquilo que resulta do mix entre o global e o local. Também os atrai tudo aquilo que remete a recordações do passado e que faz referência à ideia de partilha entre pessoas. Eles também são curiosos em relação aos novos grupos sociais e gostam das mensagens que convidam a dedicar mais tempo a eles mesmos. Ou seja, para os europeus, sempre se estabelece uma ligação entre a felicidade e o consumo, que se torna importante quando funciona como elo entre as pessoas. Essa abordagem mais humana é um contraponto à fúria consumista que muitas vezes domina os compradores.

Entretanto, essa ideia europeia de felicidade já está mudando. Parte da pesquisa feita pelo escritório italiano mostra que a felicidade é desfrutar a vida junto de quem se gosta, e a maioria dos momentos de plenitude apontados pelos entrevistados eram momentos coletivos. O consumo torna-se mais importante quando incrementa essas relações e aumenta a conexão entre as pessoas. Os europeus não desejam simplesmente acumular objetos, mas sim dividir emoções e experiências em grupo. Por exemplo, o celular deixa de ser um signo social e passa a ser um instrumento que possibilita encontros, tornando a vida melhor.

Entre os mais jovens, os filhos, a ideia de consumo é um pouco diferente. É como se para os jovens a prioridade fosse, antes de tudo, estar presente, aqui e agora, num espaço no qual a amizade, a relação com o grupo, a comunidade e o território constituem as experiências de referência mais relevantes. Esse fenômeno assumiu, nos últimos anos, uma dimensão de época que contribuiu para eliminar as barreiras entre cultura e vida cotidiana, entre fenômenos institucionais e expressões espontâneas, entre público e privado e, em última análise, entre subjetividade e sociabilidade.

Especialmente no mundo dos jovens, o filtro da sensibilidade pessoal torna-se uma potente chave interpretativa do real: o próprio *mood* do momento e a experiência interior não levam apenas a um sentimento subjetivo, mas tornam-se um ponto de vista capaz de modificar profundamente a realidade. O mundo do *jeans* exprime, há alguns anos, o núcleo profundo dessa sensibilidade.

Dito isso, ouvir o consumidor torna-se fundamental. Todos os comentários de clientes são importantes. As entrevistas etnográficas ou segmentos personalizados permitem que as empresas que se dedicam ao marketing fiquem mais próximas do seu comprador potencial. E, às vezes, um comentário espontâneo pode ser o *click* para que surja um bom *slogan* com muito impacto.

É importante diferenciar o *coolhunter* do *coolsearching*. As entrevistas com clientes são feitas pelo *coolsearching* (a pesquisa de tendências). O *coolhunter* não faz nada disso; ele apenas observa. Aqui, não há sequer espaço para entrevistas. O *coolhunter* anda pelos bares, lojas e praças de uma cidade, anotando o que, em sua opinião, poderia ser uma nova tendência. Se um bar está na moda, ou um tipo de penteado, ou um esporte, isso lhe interessa como informação "de primeira".

Para ele é primordial que suas observações sejam objetivas. Adjetivos como "bonito" ou "feio" ou valorações do tipo "é divertido" não têm cabimento em suas informações. Por outro lado, o *coolhunter* não deve nunca se esquecer de dados que podem parecer banais, como os jovens não amarram os tênis, que são, na realidade, ferramentas de trabalho para os investigadores de mercado. Se esse fato se deve ao aspecto de cômodo ou útil, não interessa. O fato relevante é que muita gente usa os tênis assim. Vale lembrar que um *coolhunter* não é alguém que se levanta um dia e diz: "vou fazer um pouco de *coolhunting*". Em geral, um *coolhunter* é uma pessoa com estudos universitários, que recebeu uma educação complementar sobre ferramentas sociológicas de medição. As situações cotidianas, para esse profissional, convertem-se em observações sociológicas.

Neuromarketing

No contexto do questionamento das teorias e técnicas consagradas de investigação do comportamento do consumidor, novas descobertas sobre o funcionamento do cérebro humano têm impulsionado os profissionais de marketing em direção a novos paradigmas que procuram entender a dinâmica de compra no ser humano.

Tal impulso deve-se à constatação de que há, na grande maioria das vezes, um fosso separando as intenções conscientes do consumidor (normalmente declaradas em pesquisas quantitativas ou investigações qualitativas como grupos de foco) e seu comportamento observável, registrado por intermédio de pesquisas de observação dos consumidores em pontos de venda. Essa constatação questiona um paradigma pregnante e recorrente na área de comportamento do consumidor, originado do pensamento econômico nos séculos XVIII e XIX, de que consumidores são plenamente informados de suas intenções de compra, tendo plena consciência dos desejos e necessidades que direcionariam suas escolhas de consumo.

Esse paradigma, definido no capítulo 1 deste livro como organizado ao redor da *teoria da racionalidade econômica*, tem sido cada vez mais questionado por pesquisadores e profissionais de marketing que, a partir de evidências retiradas da observação meticulosa das decisões de compra, pontuam que consumidores nem sempre são bem informados nem possuem plena consciência de suas necessidades e desejos. Pelo contrário, para o espanto desses profissionais, em uma parte significativa das vezes, consumidores não têm consciência dos fatores que os levam a decidir a compra de um determinado produto ou serviço.

Em resumo, esse paradigma da racionalidade do consumidor em situações de compra pode ser entendido a partir de dois pressupostos: primeiro, que os clientes têm consciência plena de seus atos; segundo, que os clientes sabem por que fazem o que fazem (Martin, 2009).

Um dos melhores exemplos dessa constatação pode ser visto a partir do estudo dos hábitos de consumo por parte dos consumidores. O hábito é entendido como um comportamento rotineiro, automático, que é governado, em grande parte das vezes, por um mecanismo psicológico inconsciente. Grande parte de nossas decisões de compra são desse tipo, posto que rotinas automatizadas proporcionam uma grande economia cognitiva. A partir dessa constatação, Martin (2009) defende a existência de dois tipos de funcionamento mental por ocasião das decisões de compra. O primeiro, intitulado *mente executiva*, é onde ocorrem os processos cognitivos conscientes. O segundo, denominado *mente habitual*, é o local do funcionamento cognitivo inconsciente. Para o autor, o segredo dos casos bem-sucedidos de marketing está no fato de que tais produtos e serviços tornaram-se parte integrante da *mente habitual* dos consumidores, isto é, foram sendo adicionados às suas rotinas e hábitos de consumo. "O sucesso acontece quando sua marca se torna a escolha inconsciente e habitual de seus clientes" (Martin, 2009:9).

Por definição, a *mente executiva* seria responsável pelo processamento consciente da informação, envolvendo a capacidade analítica de discriminação da informação, análise e decisão de compra com base em atributos tangíveis de produtos e serviços. Funcionando a partir de um mecanismo cognitivo de base analítica e lógica, a mente executiva engloba todo o processo racional e sequencial de processamento de informação consciente.

Por outro lado, a *mente habitual* funciona de maneira diferente da anterior, privilegiando o processamento inconsciente da informação. Nela, reside a grande maioria das ações de compra resultantes de *scripts* executados de forma automática e inconsciente. Além disso, a mente habitual é regulada pelos estados emocionais e por avaliações baseadas em sensações corporais de natureza visual, olfativa, gustativa, tátil e auditiva. Isso explica o fato de que a grande maioria dos consumidores, ao ser inquirida em pesquisas de mercado, declara desconhecer a maioria dos motivos de uma determinada decisão de compra (Martin, 2009).

Na tentativa de superar esse *gap* entre a intenção e o comportamento de compra propriamente dito, novas abordagens do comportamento do consumidor têm sido desenvolvidas. A principal delas é o *neuromarketing*, uma área de estudos que procura entender as bases anatômicas e fisiológicas do funcionamento cerebral envolvidas nas decisões de compra.

Lindstron (2008) entende que o neuromarketing é a chave para abrir o que se poderia chamar de "lógica de consumo": os pensamentos, sentimentos e desejos subconscientes que impulsionam as decisões de compra que tomamos todos os dias de nossas vidas. O neuromarketing utiliza sofisticadas técnicas de escaneamento do funcionamento do cérebro, tais como a tomografia computadorizada e a ressonância magnética por emissão de pósitrons (*pet-scam*). Mais recentemente, a pesquisa obteve um salto significativo por ocasião do lançamento, por parte da empresa japonesa Hitachi, de um *brain scanner* portátil, que utiliza uma técnica de mapeamento do cérebro baseada na mensuração de fluxo sanguíneo via múltiplos diodos de raio *laser*. O capacete é instalado na área frontal do crânio da pessoa (na testa), que deve estar devidamente raspada a fim de permitir uma passagem melhor dos *lasers* ópticos. Os dados recolhidos podem ser "baixados" para um computador ou transmitidos via *wireless*.

A introdução de tais técnicas de escaneamento do funcionamento do cérebro é uma grande revolução nas pesquisas em neuromarketing, posto que, por ser uma tecnologia portátil, permite que sejam feitos mapeamentos do cérebro dos consumidores em situações da vida real – tais como praticar esportes, estudar, assistir à televisão, navegar na internet, e em situações de compras. Eis o maior interesse desse aparelho para os profissionais de marketing: poder saber quais são as áreas corticais e subcorticais envolvidas nas decisões de compra e se diferentes situações de aquisição de produtos e serviços acionam diferentes áreas do cérebro.

Um exemplo de achado dessa natureza é o fato de que, a partir de análises de imagens do cérebro provenientes de tomografia computadorizada, o ato de efetuar a compra de um bem em dinheiro vivo e de adquiri-lo com "dinheiro de plástico" (cartões de crédito ou débito) envolve diferentes áreas e circuitos cerebrais. Enquanto na primeira situação acionam-se os circuitos neurais de desprazer e de sofrimento, na segunda situação os circuitos em jogo estão atrelados às experiências de prazer e de recompensa. Daí, explica-se o consumo compulsivo como bastante presente em situação de compra por meio de cartões bancários e de crédito.

Segundo Lindstron (2008:171), uma das maiores contribuições do neuromarketing para o estudo do comportamento do consumidor reside no fato que os métodos de pesquisa tradicionais, como perguntar aos consumidores por que eles compram um produto, só chegam até uma parte minúscula dos processos cerebrais que estão por trás do processo de tomada de decisão. [...] A maioria das nossas decisões de compra não são nem remotamente conscientes. O cérebro toma a decisão e, na maioria das vezes, nem temos consciência disso.

Apesar da importância dessas pesquisas, ressaltamos os dilemas éticos que tal conhecimento pode gerar por parte dos executivos de marketing. Questões como a privacidade do investigado e os usos deletérios desse tipo de informação visando ao controle e a manipulação do comportamento dos consumidores devem estar no campo de preocupações dos profissionais de marketing.

Este capítulo abordou o conceito de envolvimento na compra, os tipos de decisão do consumidor final e as principais tendências correntes em termos de pesquisa de comportamento de consumo, tais como a etnografia, o *coolhunting* e o neuromarketing.

No capítulo 6, aprofundamos a discussão abordando os papéis sociais, as personalidades e os estilos de vida de consumidores na internet.

6
Papéis sociais, personalidades e estilos de vida de consumidores na internet

Nas últimas décadas, com a emergência da internet e a difusão das tecnologias digitais, o panorama do marketing vem sofrendo alterações bastante significativas. Inúmeras folhas de papel e *bits* foram gastos tentando entender os impactos nos processos de aquisição de informação, compra, consumo, adoção e descarte de produtos e serviços. Outros tantos são até hoje gastos tentando entender como *smartphones*, *tablets*, *smart watches* e outros *gadgets* tecnológicos mudam nossa forma de comprar, compartilhar e construir relacionamentos com empresas e marcas. Nossa economia deslocou-se dos átomos para os *bits* e, hoje, os protagonistas do mundo de negócios são gigantes digitais como Amazon, Alibaba, Salesforce, Google, Facebook, entre outros.

O objetivo deste capítulo é compreender as relações entre os mundos físico e digital no âmbito do marketing. Devem ser buscadas as linhas de continuidade e de descontinuidade entre o marketing tradicional e digital, e não uma ruptura entre esses dois universos.

Personalidade, autoconceito e *persona* digital

Conforme discutido nos capítulos anteriores, o campo de estudos do comportamento do consumidor é composto por conceitos e ferramentas oriundos de outras áreas do conhecimento. A psicologia contribui significativamente para o desenvolvimento da área, contribuindo com um leque que abrange desde abordagens teóricas sobre o fenômeno do consumo, até constructos que permitem que o profissional de marketing entenda os diferentes níveis de influência durante o processo decisório de compra por parte dos consumidores.

Um desses conceitos é o de *personalidade*, que possui uma longa trajetória na área da psicologia. A personalidade pode ser entendida como um padrão característico de pensamentos, sentimentos e ações de um determinado indivíduo. Por estar ligado diretamente à questão da identidade, esse conceito diz respeito à singularidade de uma pessoa, bem como ao seu padrão sistemático de reação às situações presentes no meio ambiente que a cerca. Outro aspecto da personalidade é sua peculiaridade, isto é, e esta que faz com que cada indivíduo seja diferente dos outros, a partir de padrões de reação e comportamentos distintos em contextos e situações semelhantes. Esse conjunto de diferentes padrões de reações a situações é definido como *traços de personalidade* de cada pessoa (Weiten, 2011). Um traço de personalidade é definido como "uma disposição duradoura a comportar-se de determinada forma em uma diversidade de situações" (Weiten, 2011:338). Logo, quando afirmamos que uma determinada pessoa é colérica, audaciosa, tímida, inventiva, inquieta ou expansiva, estamos nos referindo a traços de personalidade que caracterizam uma constância de ações por parte dessa pessoa.

Existem várias teorias sobre a personalidade, uma vez que essa discussão aborda o que é de mais distintivo e característico da identidade de uma pessoa. Tais teorias podem ser organizadas em quatro grandes abordagens: psicanalítica, comportamental, humanista e biológica.

A *abordagem psicanalítica*, baseada na obra de Sigmund Freud, afirma que a personalidade é entendida a partir da estruturação da psique do indivíduo em um nível inconsciente e consciente. A identidade é expressa a partir de um conflito entre as instâncias do id (registro das pulsões e das manifestações do inconsciente) e do superego (abrangendo a censura e as forças de controle culturais e sociais), que convergem para o ego (identidade manifesta do indivíduo) que emerge em seus comportamentos, ações e na sua vida consciente.

Na visão *comportamental*, o autor que discutiu essa perspectiva foi B. F. Skinner (apud Myers, 2002). Para este, a personalidade seria um conjunto de comportamentos estáveis a partir de respostas padrão modeladas ao longo da vida do indivíduo pelas contingências do reforçamento, expressas na família, no contexto social e ambiental.

Carl Rogers (apud Myers, 2012), expoente da abordagem *humanista*, desenvolveu uma perspectiva na qual a personalidade é expressa numa relação entre a autoimagem do indivíduo e a experiência real deste. O desenvolvimento da personalidade seria a tentativa do *self* de buscar a congruência de perspectivas discrepantes da autoimagem do indivíduo com a experiência concreta deste no mundo e em suas relações com as outras pessoas. A tendência de autorrealização seria o grande motor da personalidade humana.

Por fim, estudos sobre a hereditariedade e a transmissão genética dos traços de personalidade é um assunto em debate, posto estar em relação direta com o papel do inato nos comportamentos e ações. Hans Eysenck desenvolve essa abordagem biológica dos traços de personalidade ao afirmar que os genes determinam os traços de personalidade de um indivíduo. Sua abordagem irá influenciar os estudos posteriores da genética do comportamento e da psicologia evolucionista, muito em voga na pesquisa psicológica atual (Weiten, 2011).

Portanto, é necessário ressaltar que o consumo de produtos e serviços não permite somente a satisfação de necessidades de cunho utilitário e hedônico, mas também possibilita a construção do autoconceito do consumidor, isto é, a definição de sua imagem social para si mesmo e para seus pares. Na sociedade contemporânea, o consumo vem delimitando a identidade, bem como a construção de novas experiências do eu, que vão sendo utilizadas em função das diferentes situações sociais. Valores reforçados em nossa sociedade, como a beleza, o sucesso e a saúde não só levam a uma reorientação da personalidade do consumidor, como permitem um posicionamento competitivo na busca de *status* e sucesso social. Os profissionais de marketing devem estar atentos às características de personalidade de seus consumidores, bem como lançar mão de estímulos de marketing que reforcem o autoconceito por meio da compra dos produtos. Sem sombra de dúvida, a escolha da compra é influenciada pelos traços de personalidade do consumidor.

Com a ascensão da internet e das tecnologias digitais móveis, cada vez mais consumidores passam parte significativa de suas vidas em plataformas digitais de relacionamento social e de compra. Com algoritmos de captação desses "rastros digitais" deixados nessas plataformas, torna-se possível identificar com bastante detalhe características como crenças, valores, gostos, preferências, opiniões sobre os mais variados assuntos, desde preferências políticas até predileção por marcas, além de impressões e avaliações de serviços e experiências. O conhecimento dessas informações é de fundamental importância para a definição de perfis de consumidores em ambientes digitais, e sua consequente segmentação em diferentes grupos.

Na era da conexão digital, o conceito de personalidade sofre impactos significativos na definição do que é identidade, tanto no plano individual quanto no âmbito de grupos e sociedades. A *persona* digital é entendida como a identidade de uma pessoa no âmbito digital, não sendo um elemento à parte e sim constitutivo de sua própria personalidade, integrando-se ao *self* do indivíduo em ambientes *online* e *offline*. A problemática da dissolução entre as fronteiras desses dois mundos (*online* e *offline*) atinge seu auge na expressividade identitária (Kerckhove e Almeida, 2013).

Antes de mais nada, é importante ressaltar que o conceito de *persona* não é exclusivo para o entendimento do comportamento dos consumidores em ambientes digitais, sendo utilizado também no âmbito do *design thinking* durante o processo de pesquisa do problema e na jornada do usuário. A *persona* pode ser entendida como sendo representações sintetizadas de grupos de usuários a partir da análise de motivações, anseios, necessidades, desejos e expectativas destes (Vianna et al., 2011). Pela facilidade de coleta de dados em função da difusão e uso de plataformas digitais, a construção de *personas* de usuários torna-se bastante difundida no âmbito dos negócios digitais.

A identificação de uma *persona* digital, baseada nos traços de navegação de consumidores na internet, pode ser entendida como "um modelo da *persona* pública de um indivíduo baseado em dados e mantido pelas transações, e que pretende ser utilizada como representação deste indivíduo" (Clarke, 1994:78). O consumidor pode ter certo controle sobre a construção de sua *persona* digital, mas dificilmente consegue influenciá-la quando sua criação é imposta por outras pessoas. As redes sociais digitais são o espaço propício para a construção, definição e difusão da *persona* digital, dado serem ferramentas que possibilitam a expressividade da identidade dos seus usuários.

Segundo Rez (2016:82), uma *persona* pode ser entendida como "a definição de um cliente típico, com as características dos consumidores, seus desejos, aspirações, problemas, demandas latentes e ocultas". Sua construção deve evitar, ao máximo, o uso de palpites, intuições ou vieses por parte do profissional de marketing, pois deve ser amparada em dados analíticos do consumidor a partir de ferramentas como o Google Analytics. Além disso, um *persona* deve ser definida de tal forma a abranger um grupo de consumidores a partir de traços como hábitos, comportamentos de navegação, estilos de vida e características demográficas, devendo ser categorias distintas, exclusivas e autossuficientes. Se uma empresa trabalha com diferentes tipos de consumidores, devem ser elaboradas tantas *personas* quantas forem necessárias para representar o portfólio de consumidores atendidos pelo negócio. O autor define que um conjunto típico de *personas* pode ir de duas a cinco categorias, não sendo recomendável ir além disso, com vistas a tornar o processo de construção mais objetivo e assertivo.

Além de dados obtidos nas plataformas digitais, é bastante comum o uso de outras técnicas de coleta de dados que travam um contato mais direto com os clientes. Entrevistas com clientes fiéis, conversas com novos entrantes, reuniões com parceiros e líderes do setor do negócio no qual sua empresa esteja posicionada, mapa de posicionamento dos concorrentes e até mesmo informações oriundas de pesquisas de mercado devem ser levados em consideração no processo de elaboração das *personas* digitais.

As *personas* digitais podem ser classificadas como *formais* ou *informais* (Clark, 1994). Elas são consideradas *formais* quando construídas a partir da coleta de dados estruturados, normalmente a partir de transações dos consumidores em plataformas digitais governamentais, de negócios e em redes sociais. Já as *personas* digitais *informais* são construídas a partir de transações humanas dos usuários com outros usuários em diversas plataformas digitais, sendo mais diversificadas em função da característica da plataforma em questão. Por exemplo, não é raro acontecer de encontrar indivíduos que cultivam diferentes *personas* informais em diferentes plataformas como LinkedIn (mais voltada para habilidades e competências profissionais) e Facebook (mais direcionada para características opinativas, expressivas e de lazer).

Entretanto, duas questões devem ser sinalizadas quanto ao uso de *personas* de consumidores. A primeira delas diz respeito aos perigos do reducionismo na construção e uso indiscriminado das *personas*. Por se tratar de um modelo de consumidor "ideal", as chances de o mesmo representar irrealisticamente os consumidores que se deseja atingir é grande. Daí a necessidade do rigor na coleta, análise e uso dos dados dos traços de navegação que os consumidores deixam nas plataformas digitais. Além disso, a identidade é histórica, social e culturalmente ancorada, sendo necessário que a coleta de dados seja confrontada com contextos situacionais de ação desses consumidores. Entrevistas com esses consumidores e análise *in loco* de seu comportamento auxiliam a diminuir os vieses e as distorções na construção dos perfis.

Outro aspecto crítico diz respeito à privacidade dos usuários. Como forma de minimizar tais riscos, uma vez que os dados são coletados sem que o consumidor tenha necessariamente pleno conhecimento, é importante que empresas e governos estabeleçam regras claras e transparentes de governança dessas informações a fim de proteger os usuários de possíveis constrangimentos em sua vida pessoal.

Na relação entre indivíduo e consumo, outro aspecto a ser discutido é o conceito de *papel social*. Esse conceito está diretamente relacionado com o impacto das relações interpessoais e sociais no comportamento individual, sendo estudado por autores tanto da psicologia social quanto das ciências sociais.

Na psicologia social, o termo foi abordado por J. L. Moreno (1972) ao desenvolver a teoria e a prática do psicodrama. Fundamentalmente, Moreno se apropria do conceito de papel oriundo do teatro e observa que os papéis sociais se estendem para todas as dimensões da vida ao longo da nossa existência, sendo influenciados pelo contexto social, a cultura e o ambiente no qual o indivíduo se encontra inserido. Segundo Moreno (1972:68), "todo papel é uma fusão de elementos particulares e coletivos, é composto de duas partes: seus denominadores coletivos e seus diferenciais individuais".

E acrescenta que um papel social pode ser entendido como uma "forma de funcionamento que o indivíduo assume no momento específico em que reage à uma situação específica, na qual outras pessoas ou objetos estão envolvidos" (Moreno, 1975:27).

No que diz respeito às decisões de compra, os papéis sociais estão ligados diretamente ao aspecto expressivo que o consumidor estabelece com produtos, serviços, marcas e experiências. O autoconceito, o ideal de eu e a construção da personalidade estão diretamente ligados aos papéis sociais reforçados por marcas. Por exemplo, a marca de motocicletas norte-americana Harley-Davidson expressa valores como liberdade, autenticidade, atitude e um estilo de vida despojado que influencia o comportamento dos consumidores da marca em direção a esses valores. A mesma coisa acontece com outra marca, a de dispositivos digitais Apple, discutida por seu aspecto *cool* e inovador que se torna um ícone de distinção entre *designers*, programadores visuais e outros profissionais ligados a atividades criativas. Ao adquirir produtos e serviços dessas marcas, o consumidor busca uma congruência entre seu comportamento, crenças e atitudes e os valores atrelados a elas, uma vez que tais marcas despertam no grupo social do indivíduo um conjunto de expectativas de ações futuras deste. A discussão sobre o papel, atributos e valor das marcas (*brand equity*) é bastante influenciada pelo peso dos papéis sociais no comportamento dos consumidores e na sua congruência com os valores do grupo no qual este se encontra inserido.

O digital e o marketing: algumas reflexões fundamentais

É cada vez maior o número de pessoas fazendo compras em lojas físicas buscando informações e comparando preços na internet por intermédio dos dispositivos digitais de bolso. Outras fazem pagamentos utilizando cartões de débito e crédito digitalizados em seus celulares. Ao chegarem a suas casas, entretêm-se assistindo a filmes e séries sem ir a uma única videolocadora, bastando para isso navegar pelas opções oferecidas em portais de conteúdo como Netflix, HBO.Go e Amazon Prime. Como se isso não bastasse, simultaneamente, alimentam freneticamente suas respectivas *timelines* nas redes sociais enquanto a trama se desenrola na tela. Os impactos desses fenômenos, também denominados *double screening*, na atenção, difusão e compartilhamento de conteúdo são marcantes, e cada vez mais os profissionais de marketing necessitam aprofundar seus conhecimentos e desenvolver um novo quadro de referência conceitual visando compreender como os consumidores estabelecem relações entre os mundos físico e digital.

O professor norte-americano Philip Kotler, uma das principais referências mundiais do marketing nos últimos 50 anos e autor de diversos livros clássicos adotados em várias universidades no mundo, enfrentou essa questão em um livro escrito em parceria com Hermawan Kartajaya e Iwan Setiawan. Em *marketing 4.0: moving from traditional to digital* (2017), os autores desenvolvem um quadro conceitual que se desenrola entre as diferentes eras do marketing: o marketing centrado no produto (marketing 1.0), o marketing centrado no cliente (marketing 2.0) e o marketing centrado no ser humano (marketing 3.0). O marketing 4.0 parte da confluência entre o marketing digital e o marketing tradicional, em que o papel das ferramentas de mineração de dados, marketing analítico e *big data* possibilitam a criação de produtos e serviços cada vez mais personalizados.

No entanto, dada a velocidade da mudança tecnológica, escrever sobre este tema é um desafio constante sob o risco de os conteúdos aqui apresentados se tornarem obsoletos ou desatualizados. A proposta não é a de apresentar um quadro de referência fechado ou consolidado, haja vista que a cada ruptura tecnológica proporcionada pelo digital os marcos conceituais devem ser repensados e redesenhados. Procura-se engajar o leitor numa reflexão crítica que deve constantemente guiar a prática dos profissionais de marketing sobre as relações entre os mundos físico (*offline*) e digital (*online*), com a advertência de que as fronteiras entre essas duas dimensões são difíceis de delimitar, dada a imbricação cada vez maior delas em nossa vida cotidiana.

Procura-se ressaltar aqui que o poder de comunicação e aproximação da internet incrementa o potencial de expressividade dos consumidores conectados. Portanto, torna-se imprescindível atualizar o entendimento dessas categorias à luz dos ambientes digitais de busca, compra, consumo e relacionamento de bens, serviços, experiências, marcas e conhecimentos.

Kotler, Kartajaya e Setiawan (2017) refletem sobre as implicações das internet e das tecnologias digitais sobre o pensamento de marketing. A primeira delas é o *empoderamento do consumidor* e a consequente perda do poder das empresas, uma vez que a internet introduz o elemento da transparência e da conectividade nas práticas de negócios. A reputação das empresas e das marcas torna-se vulnerável diante das redes sociais, estando sujeitas à crise de imagens por qualquer tipo de deslize ou prática considerada não adequada. A conexão proporcionada por essas plataformas possibilita que consumidores produzam e compartilhem conteúdos, tornando o diálogo entre a empresa e sua base de clientes cada vez menos impositivo e cada vez mais participativo. Saber ouvir o consumidor, respeitar sua opinião e engajar-se em um diálogo construtivo são premissas básicas da atuação das empresas no ambiente digital.

Outro aspecto importante é que tais plataformas possibilitam que consumidores conversem entre si, trocando experiências, avaliações e pontos de vista que irão influenciar na percepção de valor das marcas. Esse deslocamento do foco de poder se manifesta na relativização da mídia tradicional (jornal, televisão e rádio) como polo gerador de motivação e influência na decisão de compra. É crescente o número de consumidores que organizam suas intenções de compra com base nos relatos, recomendações e opiniões disponibilizados nas redes sociais, tornando a *presença digital* (Strutzel, 2015) um imperativo para qualquer empresa que queira se posicionar competitivamente no ambiente digital. Kotler, Kartajaya e Setiawan (2017) apontam que o processo de comunicação das empresas com seus clientes é cada vez mais influenciado pelo que denominam *fator – f*, isto é, o impacto das recomendações dos amigos (*friends*), da família (*family*), dos fãs do Facebook (Facebook *fans*) e dos seguidores do Twitter (Twitter *followers*). O fato é que esta relação deve ser concebida de forma horizontal, multidirecional, e não de maneira verticalizada e unidirecional.

O ambiente digital permite que pequenos negócios criados por empreendedores possam explorar as falhas de entrega de valor por parte de grandes empresas, explorando nichos de mercado e posicionando-se competitivamente. Esse é o princípio que norteia o conceito de cauda longa, desenvolvido por Anderson (2006), e que enfatiza o poder dos nichos de mercado e a capacidade de pequenas empresas explorarem competitivamente espaços de mercado que encontram-se fora do radar de corporações maiores. Para isso, Kotler, Kartajaya e Setiawan (2017) entendem ser importante conjugar um movimento articulado de conexão com a comunidade de clientes à qual o nicho encontra-se relacionado, possibilitando a geração de propostas de valor *cocriadas*, isto é, produzidas com a participação ativa de consumidores e parceiros, além de um engajamento com competidores em um movimento conjugado de cooperação e competição. Esta última estratégia, denominada *co-opetição* (Brandenburger e Nalebuff, 1996), é cada vez mais frequente em estratégias de negócios digitais, em que grandes empresas procuram se associar a empresas complementadoras (*start-ups* ou empresas menores) na busca de competências que porventura as primeiras não possuam de imediato. Um dos exemplos mais notórios desta relação de *co-opetição* ocorre em segmentos de veículos autônomos, em que as grandes montadoras se associam a empresas menores que desenvolvem plataformas digitais e algoritmos que proporcionem "inteligência" e autonomia a esses vetores de mobilidade.

Com a maior facilidade de conexão à internet e a expansão da base de *smartphones*, as práticas de compra e consumo sofrem alterações bastante significativas. A mais importante diz respeito à maior mobilidade do consumidor e sua consequente aceleração, em que o instante torna-se a palavra de ordem para esse novo consumidor: as informações precisam estar rapidamente disponíveis, posto que as decisões de compra mudam a cada instante. É cada vez mais comum em lojas, restaurantes, livrarias, cafeterias e outros espaços físicos de compra e consumo, o consumidor observar um determinado produto e navegar por ofertas, estabelecer comparações e buscar informações adicionais a partir dos dispositivos digitais móveis.

O conceito de ZMOT (o momento zero da verdade; em inglês *zero moment of truth*), desenvolvido por Lecinsky (2011) a partir das pesquisas da gigante mundial de buscas na internet Google, é indicativo da importância fundamental dos dispositivos digitais móveis nos processos de busca, aquisição, consumo e adoção de produtos e serviços. Em um ambiente de negócios no qual os mundos físico e digital estão cada vez mais inter-relacionados, é estratégico que as empresas possam estabelecer diálogos com seus clientes a partir de plataformas digitais, seja por meio da web ou por aplicativos. Como afirma Jim Lecinsky (2011:10),

> o ZMOT é esse momento quando você pega seu laptop, celular ou algum outro dispositivo conectado à internet e começa a se informar sobre um produto ou serviço (ou namorado) que você está pensando em experimentar ou comprar [Lecinsky, 2011:10].

Figura 4
O modelo tradicional dos três estágios da compra

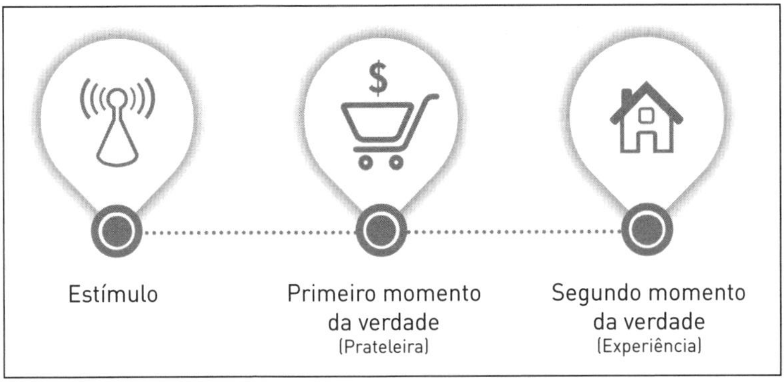

| Estímulo | Primeiro momento da verdade (Prateleira) | Segundo momento da verdade (Experiência) |

Fonte: Lecinsky (2011:16).

O ZMOT é visto como sendo uma alteração importante do processo tradicional de compra, até então entendido como um modelo mental baseado em três etapas, a saber: o *estímulo*, o *primeiro momento da verdade (prateleira)* e o *segundo momento da verdade (a experiência)*, conforme apresentado na figura 4.

Suponha que um aluno queira adquirir um livro sobre comportamento do consumidor. No modelo tradicional de três estágios, a compra seria iniciada por um *estímulo* de marketing, que poderia ser, por exemplo, uma recomendação de um professor na sala de aula, ou a leitura de uma resenha em uma revista ou jornal, ou mesmo um programa de negócios em um canal de televisão.

Ato contínuo, esse consumidor iria até uma livraria, um ponto de venda físico, no qual ocorreria o *ato de compra* – o que chamamos de o *primeiro momento da verdade*. Após a consumação do ato de compra, o aluno começaria a ler esse livro e se comunicaria com outros colegas de aula, professores ou pares de trabalho, informando a relevância do livro para o entendimento dos consumidores. Dar-se-ia, portanto, a etapa da *experiência* de uso do produto (o chamado *segundo momento da verdade*).

A novidade proposta pelo modelo ZMOT é a introdução de uma etapa anterior entre o estímulo e o primeiro momento da verdade em que o consumidor, ao ser fisgado por um estímulo de marketing, utiliza as plataformas digitais (*notebooks*, *smartphones*, *tablets*) para buscar informações antes de efetuar a compra.

Figura 5
O momento zero da verdade (ZMOT)

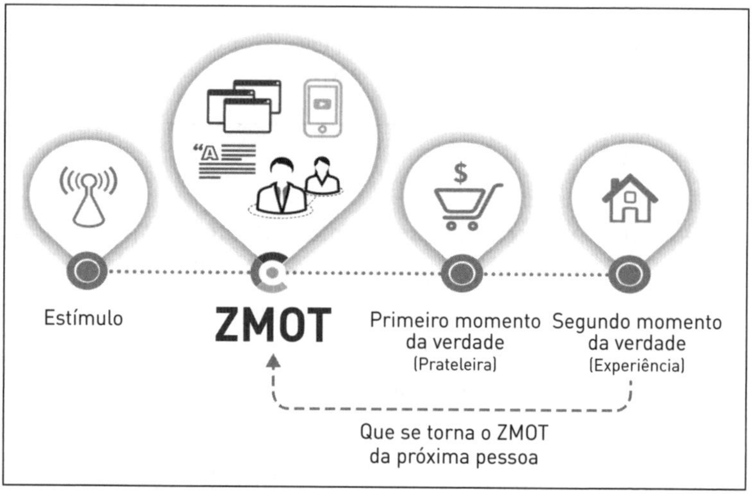

Estímulo — ZMOT — Primeiro momento da verdade (Prateleira) — Segundo momento da verdade (Experiência)

Que se torna o ZMOT da próxima pessoa

Fonte: Lecinsky (2011:17).

Não raro, este consumidor pode navegar pelo Google buscando informações mais aprofundadas sobre os produtos em si, além de ofertas mais vantajosas. Também navega pelos perfis de seus seguidores em diferentes redes sociais, buscando recomendações, indicações e comentários (especialmente os negativos), como aponta a figura 5.

O modelo ZMOT mostra como o ambiente digital altera, de forma significativa, as formas tradicionais de compra e consumo. Há uma explosão da disponibilidade e uso da informação nas plataformas digitais para suporte à decisão de compra:

O comprador médio usava 10,4 fontes de informação para tomar uma decisão em 2011, até 5,3 fontes em 2010. Sim, esse número praticamente dobrou em um ano – o que mostra a você como é difícil para os profissionais do marketing conquistar a atenção dos consumidores de hoje. Os compradores estão nadando em informações. Essas 10,4 fontes variam de comerciais de TV e artigos de revistas até recomendações de amigos e familiares, sites, classificações e blogs online [Lecinsky, 2011:17].

Além disso, o ZMOT aponta para o que Jenkins (2006:3) descreve como a convergência das mídias na experiência de compra e consumo. "No mundo da convergência das mídias, toda história importante é contada, toda marca é vendida e todo consumidor é cortejado por múltiplas plataformas de mídia". A convergência deve ser vista não apenas como um processo tecnológico de escalada de plataformas, mas sim como algo orgânico que se imbrica no cotidiano dos consumidores, gerando flexibilidade e mobilidade destes entre os mundos físico e digital.

Tendo suporte dos dispositivos digitais móveis com acesso à internet, consumidores tomam decisões em pontos de venda físicos a partir de informações buscadas nesses aparelhos, tornando o consumo mais complexo e desafiador para empresas e profissionais de marketing. A conversa e o boca a boca com o cliente é algo inerente a esse novo cenário, uma vez que a participação e a proatividade são impulsionadas pelas redes sociais e novas formas digitais de conexão.

Kotler, Kartajaya e Setiawan (2017), entretanto, não observam que a emergência do digital necessariamente leve à obsolescência dos negócios físicos, nem que o paradigma emergente do marketing digital proporcione a desconstrução completa de todo o conhecimento e ferramentas de marketing acumulados no último século. A coexistência entre esses dois níveis de conhecimento, o marketing físico e o digital, deve não apenas ser afirmada mas também incentivada por acadêmicos, pesquisadores e profissionais da área. No âmbito do varejo, por exemplo, muito tem se falado do ocaso da loja física e da ascensão do *e-commerce*; no entanto, quanto mais as compras são realizadas no ambiente digital, mais os consumidores exigem dos ambientes físicos de consumo experiências e a participação humana, levando a uma integração e coexistência fecunda entre esses dois ambientes.

Por fim, nesse panorama mais amplo dos impactos do ambiente digital no comportamento dos consumidores, a conectividade proporcionada pelo acesso à internet torna possível uma expressividade maior das opiniões destes sobre produtos, serviços, marcas e experiências. O "apoio" (*advocacy*) dos clientes a marcas por intermédio de testemunhos nas redes sociais não é exatamente um fenômeno novo. Como afirmam Kotler, Kartajaya e Setiawan (2017), o precursor desse fenômeno é o "boca a boca" (WoW – *word of mouth*) tradicional, entendido como qualquer comunicação pessoal entre uma ou mais pessoas relacionada a um produto, serviço, marca ou experiência que não tenha finalidades comerciais (Ardnt, 1967). Necessariamente, o "boca a boca" restringe-se ao círculo de proximidade física do cliente, sendo seu efeito relativamente limitado e sua difusão lenta.

Já o "boca a boca digital" seria esse processo de transmissão de informação amparado em meios digitais de comunicação como *blogs*, *e-mails*, salas de bate-papo e redes sociais digitais, podendo ser gerado tanto pelas empresas quanto pelos próprios consumidores (Hennig-Thurau et al., 2004). Pelo grau de escala das plataformas digitais de comunicação, o nível de produção de conteúdo por parte dos usuários é muito mais do que os gerados pelos profissionais de marketing digital, o que torna esse processo sujeito a turbulências e incertezas posto que as empresas não conseguem controlar o fluxo de comunicação, especialmente em situações de crise de imagem corporativa.

Geração digital e consumo: quem são os influenciadores digitais?

Segundo Kotler, Kartajaya e Setiawan (2017), os principais segmentos de consumidores envolvidos com o apoio a marcas nas plataformas digitais são compostos por *jovens, mulheres e cidadãos digitais*, considerados pelos autores como os principais influenciadores digitais e um público que deve ser olhado com bastante cuidado pelos profissionais de marketing.

A presença dos *jovens* nesse grupo é plenamente justificável pelo fato de eles serem lançadores de tendências (*trendsetters*), isto é, adotantes iniciais de uma série de novos produtos e serviços. As empresas especializadas em monitoramento de tendências focalizam com bastante atenção o segmento jovem justamente serem os jovens portadores de novidades que serão posteriormente difundidas e adotadas por segmentos cada vez maiores de adotantes tardios que perfazem grupos mais abrangentes das sociedades no mundo inteiro. No entanto, entender esse segmento é um tanto quanto complicado dado o elevado nível de fragmentação de estilos de vida, crenças e valores, o que a princípio torna essa tarefa trabalhosa para aqueles que se dedicam a compreender as vicissitudes do público jovem. Entretanto, há um fio condutor que torna inteligível esse esforço: as tecnologias digitais, dado o ardor e o entusiasmo com que os jovens adotam tais ferramentas como formas de expressividade e veículos de manifestação identitária.

O crescimento da influência das *mulheres* e o empoderamento feminino são fatos bastante significativos da sociedade ocidental contemporânea. A partir dos anos 1960, com a entrada das mulheres no mercado de trabalho, a diminuição do trabalho doméstico e o incremento do nível de escolarização tornam o público feminino também um segmento de consumidores altamente importante nos países democráticos ocidentais. O Brasil, como não poderia deixar de ser, acompanha essa tendência e apresenta, de maneira bastante marcante, a complexificação dos estilos de vida, a difusão social do movimento feminista (especialmente entre o púbico mais jovem) e a presença cada vez maior das mulheres como chefes de domicílios – leia-se, como líderes em participação de renda nos arranjos familiares – nas mais diferentes classes econômicas como algo politicamente significativo a ser levado em consideração por pesquisadores, acadêmicos e profissionais de marketing em nosso país.

O terceiro e último grupo de influenciadores digitais define-se não por alguma característica demográfica, mas sim relacionada à adoção das tecnologias digitais. Os *cidadãos digitais* podem ser entendidos como um grupo transgeracional cuja principal característica é a adoção intensiva da internet e das tecnologias digitais como ferramenta transformadora da civilização humana, mais especificamente visando ao benefício coletivo em prol de causas públicas de alta visibilidade social.

Em linhas gerais, esses indivíduos têm em comum uma visão de mundo baseada em ideias como compartilhamento de informação, transparência, horizontalidade das relações sociais e a criação de comunidades de aprendizado e difusão de experiências. É um segmento de consumidores que transcende as barreiras de língua, de classe, de etnia e de nacionalidade, e percebe as tecnologias digitais como criadoras de uma nova forma de vida mais democrática, libertária e geradora de empoderamento da cidadania e da participação política. Nos últimos anos, esse segmento ganhou destaque em função de diversos movimentos de reinvindicação política em diversas partes do mundo, fomentados pelas redes sociais digitais: a Primavera Árabe (dezembro de 2010), Occupy Wall Street (em Nova York, setembro de 2011), o movimento dos Indignados na Espanha (em 2011) e as Jornadas de Junho no Brasil (2013) (Castells, 2016).

A grande característica dos cidadãos digitais é serem *conectores sociais*, isto é, por serem formadores de opinião, acabam por influenciar em grande escala opiniões, crenças, valores e comportamentos de indivíduos conectados às redes sociais (Kotler, Kartajaya e Setiawan, 2017), uma vez que não são apenas consumidores de conteúdo nas plataformas digitais, mas sim contribuem para sua produção e difusão na internet.

Por esses e outros motivos, o impacto da internet e das tecnologias digitais nas formas de vida e nas práticas de consumo em escala global são de fundamental importância para pesquisadores e profissionais na área de marketing e comportamento do consumidor.

No capítulo 7, abordamos os sistemas de informação de marketing, dando destaque para a pesquisa de mercado como a ferramenta principal utilizada pelas empresas para a obtenção de informações inéditas e úteis para a tomada de decisões empresariais.

7
Sistemas de informações de marketing (SIM)

Decisões empresariais precisam ser tomadas a todo momento. De que maneira avaliar se a decisão é ou não a mais acertada? Sim, sabemos que empreender e gerir implicam arriscar, mas subsídios podem ser utilizados para minimizar o risco dessas decisões? Quais dados ou informações serão realmente úteis para a tomada de decisão? A pesquisa de marketing, como ferramenta de auxílio à gestão, pode ser um instrumento poderoso de análise de mercado e de interpretação da realidade que colabora com a resolução dessas e de outras questões relevantes do mundo empresarial. Neste capítulo, serão vistos alguns conceitos essenciais sobre sistemas de informações de marketing (SIM), o que inclui a atividade de pesquisa de marketing.

Principais referências para o SIM

O sistema de informações de marketing (SIM) reúne as informações de mercado utilizadas pela empresa em suas análises, subsidiando a tomada de decisões. Segundo Aaker e colaboradores (2001:16):

> Um sistema de informações é uma estrutura interativa e contínua de pessoas, equipamentos e procedimentos que coletam, selecio-

nam, analisam e distribuem informações de marketing pertinentes, corretas e em tempo hábil para os tomadores de decisões.

O principal papel de um SIM é avaliar as necessidades de informação do administrador, desenvolver as mais úteis e distribuí-las no tempo certo a quem de direito. Entretanto, os tomadores de decisão muitas vezes querem todas as informações possíveis e imagináveis, o que só reforça a importância de haver um sistema para disciplinar esse fluxo de informações. O SIM justifica-se para que não seja gerado um esforço desnecessário na coleta de dados que nunca serão analisados e que, portanto, custarão recursos sem gerar informações. A modelagem de um SIM deve contemplar o cruzamento dos fatores apontados na figura 6. Trabalhando-se dessa forma, aumentam as chances de organizar e construir um sistema de informações realmente útil, permitindo a geração do conhecimento com todas as vantagens operacionais e competitivas decorrentes.

Figura 6
Fatores a serem considerados na montagem de um SIM

O que os gerentes querem saber

O que os gerentes precisam saber

O que é economicamente viável descobrir

Um SIM eficiente deve ser capaz de auxiliar os gestores que dele se utilizam para:

- identificar ameaças e oportunidades;
- gerar subsídios para a criação de vantagens frente aos concorrentes;
- acompanhar mudanças comportamentais, como valores e crenças, hábitos e atitudes do consumidor;
- aprimorar continuamente o processo de direcionamento estratégico.

Em suma, o SIM deve ser capaz de permitir que o gestor antecipe as condições de mercado com as quais ele terá de lidar, de modo a evitar grandes surpresas. Funcionando como uma espécie de farol, ele não elimina o risco inerente a qualquer negócio, mas certamente o reduz.

Vale observar que o SIM não é um modelo formal e inflexível, mas uma referência conceitual. Como conceito, o SIM é largamente aceito pelas organizações, mas, em sua aplicação formal, é sempre individualizado, já que assume uma formatação específica para cada caso. Para que seja possível fazer a ligação entre o modelo conceitual e a prática efetiva, é preciso compreender como o sistema funciona e quais partes o compõem. Cumpre conhecer os diferentes tipos de dados com que o SIM trabalha, saber transformar dados em informação e a informação em conhecimento. Esse sistema sustenta o processo de tomada de decisões das empresas, gerando, em consequência, o novo conhecimento necessário para a administração mercadológica. A figura 7 apresenta esquematicamente o SIM.

Figura 7
Modelo de funcionamento de um SIM

Entrada de dados	Processamento e análise	Saída de informação
• macroambiente • microambiente • interno	Subsistemas de: • dados internos • inteligência de marketing • pesquisa de mercado • apoio à administração de marketing	Processo decisório

Atualização ← CONHECIMENTO ← Feedback

Em linhas gerais, o SIM funciona da seguinte forma: inicialmente, o sistema é alimentado com dados oriundos do macroambiente (relativos a política, cultura, tecnologia, ecologia, geografia, legislação, economia), do microambiente (relativos a consumidores, canais de distribuição, concorrentes, fornecedores, públicos e complementadores) e da própria operação da empresa (contábeis, financeiros, resultados de vendas, desempenho das iniciativas de marketing). Os dados são classificados de acordo com os subsistemas que compõem o SIM, processados e analisados em conjunto, gerando uma informação classificada que servirá de apoio à tomada de decisões em diferentes níveis da organização. Os subsistemas que compõem o SIM são: subsistema de dados internos, subsistema de inteligência de marketing, subsistema de apoio à administração de marketing e subsistema de pesquisa de marketing, conforme detalhado mais adiante neste capítulo.

Os dados de entrada podem ser primários ou secundários. Chamamos de dados primários os dados inéditos, ou seja, quase sempre os que resultam de pesquisas de mercado realizadas para estudar um determinado assunto, para atender as necessidades específicas de informação. Foram coletados especialmente para resolver um problema específico. Já os dados secundários são os que já estão disponíveis no mercado ou na própria empresa, que já foram coletados, tabulados e analisados com propósitos outros e que estão à disposição dos interessados, tanto em fontes públicas como privadas. O Instituto Brasileiro de Geografia e Estatística (IBGE), por exemplo, é uma importante fonte de dados secundários, coletados segundo padrões técnicos elevados, acessíveis por qualquer interessado, geralmente a um custo baixo ou mesmo sem custo algum. Muitos dados secundários podem ser obtidos por meio de *sites* na internet, de forma rápida, barata e acessível por qualquer empresa ou pessoa.

Séries históricas de consumo por segmento ou região, estatísticas de atendimento e vendas, indicadores de qualidade e relatórios financeiros são exemplos de dados secundários internos, ou seja, disponíveis e gerados pela própria organização. Notícias relativas à concorrência, tendências mundiais e panoramas setoriais são exemplos de dados secundários externos, obtidos por meio de consultas a diferentes instituições. Fontes de consultas para esses tipos de dados são, por exemplo, jornais e revistas, cada vez mais *online*, associações de empresas, autarquias, bibliotecas e universidades.

Retomando a estrutura do SIM, o subsistema de dados internos envolve todo dado que a empresa produz para gerir o andamento dos negócios. Um bom exemplo são os relatórios gerenciais de desempenho de vendas, relatórios financeiros, dados de produção e estoque, dados setoriais, regionais ou globais. São, basicamente, dados secundários.

O subsistema de inteligência de marketing envolve toda a inteligência que se pode buscar externamente à empresa, por exemplo, auditorias de varejo, painéis de consumidores, *clipping* de imprensa, estudos setoriais gerados por entidades e associações, leituras, conversas com distribuidores. Podem ser dados secundários ou primários.

O subsistema de apoio à administração de marketing é um conjunto de recursos tecnológicos (*software* e *hardware*) e técnicas estatísticas aplicadas à gestão de negócios. *Softwares* de gestão empresarial que integram todos os departamentos e, consequentemente, todos os dados gerados por uma determinada organização; *softwares* especialistas, por exemplo, um *software* desenvolvido para capturar pedidos de vendas pela internet, e ferramentas estatísticas, como análise discriminante, análise fatorial e de *clusters*. Estes são exemplos de sistemas de apoio à tomada de decisões.

O subsistema de pesquisa de marketing é um dos componentes do SIM. Entre esses componentes, ele é o único instrumento que coleta dados primários. Em muitas empresas, esse subsistema é o objeto principal de um departamento de pesquisa de marketing ou está presente nos departamentos de marketing.

Finalmente, a informação gerada é disseminada para os profissionais interessados. Após a tomada de decisão, o cenário mercadológico modifica-se, gerando um conhecimento proveniente da análise de como as decisões baseadas nas informações foram eficazes ou não. Portanto, têm-se elementos para definir qual seria a melhor maneira de corrigir eventuais erros, em um processo de retroalimentação e atualização do sistema.

Assim, na constituição de um sistema de informações, algumas premissas básicas e conceitos fundamentais precisam estar no cerne das preocupações daqueles que definirão a forma como o sistema será modelado, de modo a se estabelecer o melhor formato. A figura 8 apresenta as premissas que devem nortear essa modelagem.

Os fatores presentes na figura 8 não deverão inibir a busca por dados necessários à geração do conhecimento.

Assim, para estabelecer o melhor formato de um bom sistema de informações, devem ser considerados tanto elementos da arquitetura do sistema quanto da estrutura da organização, tal como consta na figura 9.

Figura 8
Premissas norteadoras da arquitetura do sistema

Relevância	Interpretação
Um conjunto de dados não representa, necessariamente, uma informação.	Dados só se transformam em informação na medida em que se conhece o objetivo de seu uso.
Finalidade	**Volume**
A mera acumulação de dados – em bibliotecas, arquivos ou na memória humana – é inútil. Dados só têm valor quando têm uma destinação de uso.	Quanto maior a quantidade de dados a serem acumulados, maior o investimento necessário para a sua coleta, classificação, armazenamento e atualização.

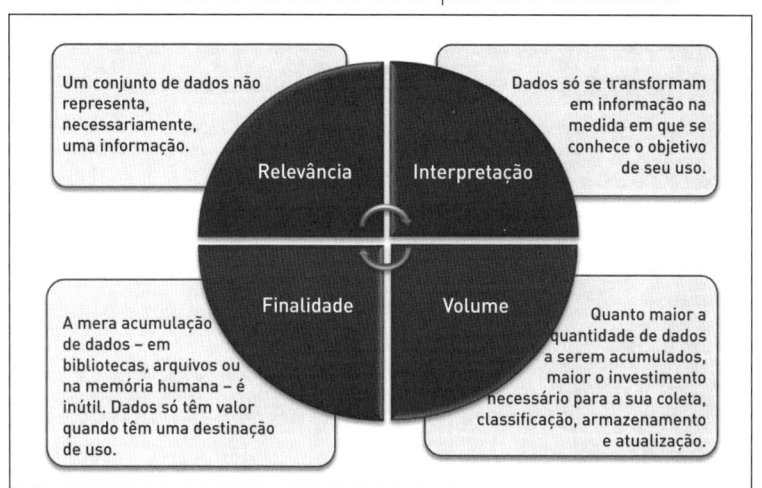

Figura 9
Elementos definidores do formato do SIM

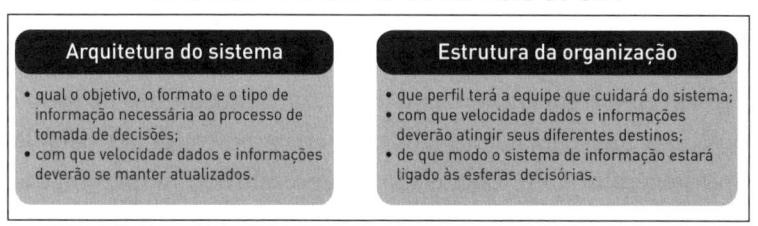

Arquitetura do sistema	Estrutura da organização
• qual o objetivo, o formato e o tipo de informação necessária ao processo de tomada de decisões; • com que velocidade dados e informações deverão se manter atualizados.	• que perfil terá a equipe que cuidará do sistema; • com que velocidade dados e informações deverão atingir seus diferentes destinos; • de que modo o sistema de informação estará ligado às esferas decisórias.

Além disso, alguns cuidados devem ser tomados na coleta e no armazenamento dos dados. É importante que o gestor do sistema tenha uma postura crítica com relação aos dados disponíveis na organização, já que um conjunto bastante significativo de fatores pode interferir na possibilidade de o dado ser utilizado, conforme se vê na figura 10.

Figura 10
Fatores que inviabilizam o uso de dados

CONFIABILIDADE	Os dados disponíveis podem não ser confiáveis por vários motivos, por exemplo, por não estarem datados, ou por não se conhecer como se chegou a eles, ou por serem fruto de mero *achismo*.
DISPERSÃO	Os dados estão dispersos dentro da empresa, exigindo grande esforço para serem localizados – e, nesse caso, só vale a pena investir nos efetivamente importantes.
SUPRESSÃO	Os dados realmente importantes são suprimidos, ou demoram muito a aparecer, por conveniência política, por gerarem polêmica ou por terem impacto sobre decisões importantes dentro da empresa.
IDENTIFICAÇÃO	Os dados importantes disponíveis na organização não permitem localizar a fonte, questão especialmente delicada, pois a falta de fonte impede a atualização do dado.
INTERPRETAÇÃO	A interpretação dos dados é muito pessoal e, por vezes, pode induzir a erro na tomada de decisão. Também há casos em que um administrador interpreta os dados de forma viesada para justificar as suas decisões.
MANIPULAÇÃO	Dados e informação representam poder e alimentam feudos internos e externos. Quando tais feudos existem, disponibilizam-se apenas as informações que enaltecem o trabalho de um feudo, ou que atacam outro.

Há, ainda, diferentes formas de interpretação dos dados, de acordo com a formação dos gestores que os utilizam. Os especialistas com frequência olham dados, interpretam-nos de forma localizada e restrita e, normalmente, criam polêmica por falta de visão generalista. Por outro lado, os generalistas interpretam dados e visualizam apenas se seu uso atende às questões estratégicas. Acima de tudo, ter dados e conhecê-los é cultura, no sentido de domínio de conhecimento; saber processá-los, transformando-os em informação é meio de sobrevivência. A inteligência de negócios é muito mais uma forma de comportamento do que um sistema formatado, formal e cartesiano.

Dados, informações e conhecimento

O SIM deve permitir e facilitar a transformação de dados em informações, e estas informações em conhecimento estratégico, aprimorando o processo de tomada de decisões estratégicas e táticas.

Dentro de um SIM, os dados são a "matéria-prima" que entra no sistema. Em estado bruto, valem muito pouco. É preciso que sejam submetidos a um processo de análise para que possam "dizer" o que se esconde por trás deles, ou seja, é preciso que sejam "lidos" à luz dos elementos vindos do macroambiente, do microambiente e da própria realidade da empresa. Em outras palavras, é preciso que sejam "analisados à luz do mercado". Após a análise dos dados, são geradas informações, que constituem a saída do sistema. Essas informações vão alimentar o processo decisório da empresa.

As decisões tomadas, por sua vez, modificam o cenário, gerando um novo dado, que retroalimenta o sistema. Em consequência, surge o conhecimento, que é o resultado da análise de como as decisões baseadas nas informações foram ou não foram eficazes. O conhecimento resultante desse processo referencia a melhor maneira de agir no futuro, corrigindo eventuais erros de percurso.

Como exemplo, observe-se a figura 11, que apresenta seis pirâmides etárias do Brasil. Cada uma dessas pirâmides, tomada isoladamente, constitui-se em um dado. Entretanto, a análise das seis pirâmides – as quatro primeiras com dados reais e as duas últimas com estimativas – permite compreender de que forma a população brasileira vem crescendo, e permite, ainda, extrair algumas conclusões sobre o provável comportamento dessa população no futuro, o que faz com que esses dados se transformem em informação. Com base nessa informação, é possível tomar algumas decisões.

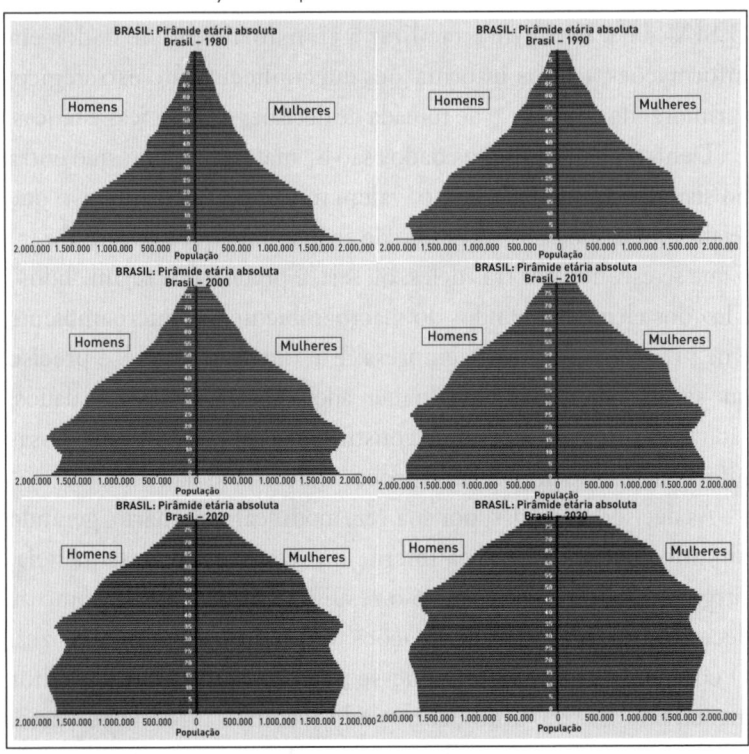

Figura 11
Evolução da pirâmide etária brasileira

Fonte: IBGE. Disponível em: <www.ibge.gov.br/home/estatistica/populacao/projecao_da_populacao/piramide/piramide.shtm>. Acesso em: out. 2017.

Nesse caso, o conhecimento (ou seja, aquilo que se aprende com a realidade) resultaria da comparação das ações tomadas a partir dessa informação com os resultados obtidos após sua implantação.

Busca e gerenciamento de informações

Os dados podem ser organizados por tema, data, marca, produto ou outra dimensão qualquer que se julgue relevante. É importante que o desenho do sistema seja feito *a priori* para que a classificação dos dados possa ser mais perene. Além disso, por uma questão de segurança, é importante que se defina quem deve ter acesso ao sistema, como esse acesso será feito e qual será a frequência de atualização dos dados.

O acesso aos dados dá-se de diferentes formas. Os dados secundários são normalmente obtidos sem maiores problemas – muitos já estão disponíveis na organização, outros podem ser obtidos em diferentes fontes e, boa parte das vezes, sem custo. Os dados primários são oriundos de pesquisas que, em geral, são feitas sob medida para estudar um determinado assunto.

Ao coletar os dados que farão parte do SIM, os maiores cuidados devem recair sobre sua veracidade e sua longevidade. Os dados secundários devem ser informados com a data de coleta e não da publicação. Diversos estudos e anuários setoriais mostram dados que foram coletados com um ano ou mais de antecedência à sua publicação, o que – dependendo do setor – pode ser tempo demais. Deixar claro quando o dado foi coletado é, portanto, fundamental para que se possa gerar uma informação mais consistente e contextualizada. O mesmo se refere à longevidade das pesquisas. Encarando-a como um retrato de determinada realidade em um dado momento, a pesquisa é um "produto" extremamente perecível. Logo, dispor da data em que ela foi realizada também é fundamental para que uma análise melhor possa ser feita.

Delimitando a pesquisa de marketing

Para a American Marketing Association (Malhotra, 2001:45):

> Pesquisa de marketing é a função que liga o consumidor, o cliente e o público ao homem de marketing, por meio da informação – usada

para identificar e definir oportunidades e problemas de mercado; para gerar, refinar e avaliar ações de marketing; para monitorar o desempenho de marketing e para melhorar a compreensão do marketing como processo. A pesquisa de marketing especifica as informações necessárias para se tratar dessas questões; concebe o método para coleta das informações; gerencia e implementa o processo de coleta de dados; analisa os resultados; comunica as constatações e suas implicações.

A pesquisa de marketing faz o diagnóstico de uma determinada situação mercadológica a partir de um esforço planejado e organizado para a obtenção de fatos e novos conhecimentos de mercado, de modo a minimizar os riscos de uma tomada de decisão. Contudo, é importante deixar claro que o pesquisador não pode tomar a decisão pelo executivo de marketing, pois a pesquisa lida com um produto altamente perecível, que é a informação. Como se diz usualmente, a pesquisa é uma "fotografia do momento".

Figura 12
Aplicabilidade das pesquisas

```
                    Análise e avaliação
         ┌──────────────┬──────────────┬──────────────┐
      Ambiente   Comportamento    4Ps do        Desempenho
                 do consumidor   marketing
         │                          │                  │
      ┌ Macro                    ┌ Produto         ┌ Produto
      ├ Micro                    ├ Praça           └ Serviço
      └ Interno                  ├ Preço
                                 └ Propaganda
```

As pesquisas têm uma série de aplicações práticas na gestão de marketing. Podem ser realizadas para avaliar oportunidades de mercado, ou para desenvolver opções de segmentação de mercado, ou ainda para compreender as atitudes e o comportamento do consumidor. Ou seja, a aplicabilidade das pesquisas abrange praticamente todas as esferas do marketing, subsidiando processos de análise e avaliação, conforme demonstra a figura 12.

Mattar (2000:21) afirma que, de maneira geral, todo profissional de marketing trabalha com as seguintes informações para a tomada de decisão:

- *análise do macroambiente e do microambiente* – condições da economia, legislação, tecnologia, demografia, ecologia, política e cultura; estimativa do potencial do mercado consumidor; análise do mercado intermediário; evolução do mercado; demanda por segmento; diferenças regionais; surgimento e crescimento de novos mercados; concorrência direta e indireta; concorrência entre produtos e serviços;
- *análise do comportamento, necessidades, desejos e características do consumidor ou cliente* – perfil demográfico e psicográfico do consumidor, razões de compra, atitudes e opiniões, motivações de consumo, identificação de hábitos e costumes, necessidades e desejos que estão sendo satisfeitos;
- *ambiente interno* – recursos, talentos e competências específicas nas áreas de marketing, gestão de pessoas, produção, finanças, tecnologia da informação e outras;
- *produtos e serviços* – nível de conhecimento de produtos e serviços, preferência do consumidor, experimentação de produtos e marcas, adaptação de produtos atuais, novos usos para antigos produtos, posição do produto e da empresa face à concorrência, teste de conceito, pré-teste, teste de mercado, teste de embalagem, imagem de marca, frequência

de uso, local e época de compra, participação do produto ou marca no mercado, serviços de pós-venda, assistência técnica, instalação, linha direta com o consumidor e ações para enfrentar a concorrência;
- *preço* – estabelecimento de preços; elasticidade do preço em relação à demanda; aumento, manutenção ou redução de preços; e importância relativa do preço comparado às demais variáveis do marketing mix;
- *distribuição* – escolha de intermediários, teste de desempenho, efeito do treinamento em vendas, seleção de canais de distribuição, determinação de territórios de vendas, determinação de cotas de vendas e avaliação de ponto de venda.
- *comunicação* – avaliação de campanhas publicitárias, pré-testes de anúncios e pós-testes de recordação (recall) de campanhas, efeito de campanhas promocionais e efeitos da propaganda na mudança da imagem de marca;
- *informações sobre medidas de desempenho* – acompanhamento de vendas por linha de produto, por produto ou por mercado; participações de mercado; lucratividade; imagem de marca; níveis de resposta à propaganda e às promoções de vendas para consumidores, intermediários e vendedores.

Dependendo do tipo de negócio a que está ligado, o profissional de marketing deverá saber calibrar a importância dos diversos fatores listados anteriormente, o que, por sua vez, vai gerar uma referência específica para o desenho do seu sistema de informações de marketing.

Diferentes aplicações da pesquisa de marketing

Dada a crescente oferta de produtos no mercado, a complexidade dos gostos e das preferências dos consumidores e o acirramento da concorrência, as empresas atualmente buscam se posicionar de maneira mais eficaz na procura de oportunidades rentáveis de mercado.

O processo de segmentação de mercado é um componente do planejamento organizacional que, ao lado da identificação do público-alvo e do posicionamento estratégico do produto do mercado, constitui as bases das decisões estratégicas de marketing de uma empresa.

Nesse contexto, o processo de segmentação de mercado é de fundamental importância na criação de estratégias de marketing de fato eficazes. Segundo Weinstein (1995:18), a segmentação pode ser entendida como "o processo de dividir mercados em grupos de consumidores potenciais com necessidades ou características similares, que, provavelmente, exibirão comportamento de compra similar". Portanto, o primeiro passo para o aprimoramento das estratégias de marketing das empresas no contexto contemporâneo leva a reconhecer que nem todos os produtos e serviços oferecidos são direcionados a todos os consumidores.

No caso dos consumidores finais, os critérios mais adotados pelas empresas na segmentação de mercado são os seguintes:

- *geodemográficos* – baseados em fatores como região geográfica, a saber, Norte, Nordeste, Sudeste, Sul e Centro-Oeste; tamanho do município; tamanho da cidade; concentração populacional urbana, suburbana ou rural; clima tropical, temperado ou frio; faixa etária da população, abrangendo desde crianças e adolescentes até jovens adultos, adultos e idosos; sexo masculino ou feminino e, por fim, número de integrantes da família;
- *socioeconômicos* – estágio de vida familiar, renda, classe social ou econômica, ocupação, nível de instrução, religião, raça, nacionalidade;

- *psicográficos* – estilo de vida, características de personalidade, valores, gostos, preferências e tendências de consumo dos indivíduos;
- *comportamentais* – taxa de uso do produto; frequência e variedade de uso; benefícios procurados quais sejam, qualidade, serviço e economia; grau de lealdade para com o produto, que pode ir de nenhum ou leve até forte ou absoluto; envolvimento emocional do consumidor, abrangendo desde entusiasta e positivo até negativo e hostil, passando pelo indiferente.

Já no caso dos consumidores organizacionais, a lógica dos critérios de segmentação segue uma linha semelhante, sendo necessários apenas alguns ajustes:

- *geodemográficos* – setor, tamanho da empresa, localização geográfica;
- *operacionais* – tecnologia, situação do usuário, capacidade dos clientes;
- *abordagem de compra* – organização da função de compra, estrutura de poder, natureza dos relacionamentos existentes, política geral de compra, critérios para a compra;
- *fatores situacionais* – urgência da compra, aplicação específica do produto, tamanho do pedido;
- *fatores pessoais* – semelhanças existentes entre vendedor e comprador, atitude perante o risco, lealdade.

Os critérios podem ser utilizados de forma isolada ou combinada, sendo mais usual esta última. Como essa lista não é exaustiva, ela deve ser adequada à natureza do produto, bem como às características dos compradores. O uso de critérios de segmentação agrupados é chamado de "segmentação intermercados".

Para realizar um estudo de segmentação, deve-se identificar inicialmente, por meio de pesquisas anteriores e de dados secundários, qual o público-alvo do estudo. É muito importante conhecer, qualitativamente, como os consumidores se relacionam com o produto em estudo, segundo o(s) critério(s) escolhido(s), ou seja, geodemográfico, socioeconômico, psicográfico ou comportamental.

Os estudos mais completos são os que utilizam uma combinação de critérios, com ênfase especial nos psicográficos e nos comportamentais, pois, por meio deles é possível segmentar os consumidores não apenas pelo comportamento de compra, mas também pelo estilo de vida, pelos valores, pelos gostos e preferências, no que se chama de pesquisa de segmentação atitudinal.

Um estudo de segmentação atitudinal eficaz deve compreender as seguintes etapas: pesquisa qualitativa; pesquisa quantitativa; processamento e análise dos dados levantados; *targeting* e *positioning paper* da marca ou produto. As três primeiras etapas levam à segmentação propriamente dita, e as duas últimas permitem estabelecer, finalmente, o posicionamento do produto.

Uma das formas mais frequentes de desenvolver um estudo qualitativo, que pretende verificar em profundidade como os consumidores agem, pensam e se relacionam com o produto objeto do estudo, é a técnica de discussões em grupo, conforme será visto no capítulo 11 deste livro, por meio da qual é possível detalhar, entre outros aspectos, os *likes* e os *dislikes*, isto é, os aspectos agradáveis e desagradáveis no relacionamento do consumidor com o produto, bem como sua experiência de compra.

Concluída a pesquisa qualitativa, normalmente tem-se um bom conjunto de informações que darão uma boa base para a pesquisa quantitativa. Empregando questionários e com forte apoio da estatística e do processamento de dados, a quantitativa obterá resultados objetivos que bem descreverão o(s) segmento(s)-alvo.

Nessa etapa quantitativa é importante desenhar uma amostra suficientemente ampla para que seja possível cobrir todo o espectro dos diferentes clientes. É importante salientar que não podemos desconsiderar as particularidades locais da região que estiver sendo estudada, tomando-se o cuidado de estabelecer cotas de clientes a serem entrevistados pessoalmente, cobrindo as mais importantes e significativas áreas geográficas.

Dependendo do tema e da complexidade da pesquisa, é possível que o questionário acabe ficando longo, muitas vezes atingindo até uma hora de entrevista. Para aplicação do questionário é cada dia mais comum o uso de *palmtops*, a fim de que a entrevista possa fluir mais rapidamente, sem contar as outras vantagens decorrentes do uso desse tipo de *hardware*, tais como redução dos erros não amostrais de digitação e transcrição, entre outros.

Uma vez coletados todos os dados, iniciam-se duas fases delicadas: a de processamento e a de análise. Nesse momento, será necessária a utilização de técnicas estatísticas avançadas, por exemplo, as análises discriminante, fatorial e canônica, a partir das quais os consumidores serão divididos em *clusters* (segmentos), em função da homogeneidade das respostas conferidas por eles a determinadas perguntas.

Nesse ponto, a presença de respostas semelhantes determina a composição de grupos formados por pessoas com características comuns, ou seja, internamente homogêneos, embora heterogêneos entre si. Quanto mais heterogêneos entre si forem os segmentos, mais eles realmente dividem os consumidores em grupos distintos.

Com isso, desenha-se o chamado *screening*, um questionário-filtro que objetiva verificar, em qualquer tempo, a pertinência da segmentação realizada. O *screening* deve ser composto por poucas questões, capazes de demarcar especificamente o grupo a que um determinado consumidor pertence. Essa é uma ferramenta de suma importância para estudos posteriores, pois permite que se busquem consumidores no *target* correto.

Após a conclusão do estudo de segmentação, inicia-se a fase de *targeting*, ou posicionamento estratégico do produto, que consiste na verificação, dentro dos segmentos encontrados, de um perfil de consumidor ideal para cada produto ou marca, de acordo com portfólio da empresa. Trata-se de uma fase muito importante, pois é o momento em que se traduzem os resultados da pesquisa para a realidade da empresa.

Se uma empresa estiver estudando uma segmentação de mercado que se traduza em posicionamento de marca, então o passo final é escrever o *positioning paper* da marca, ou seja, um resumo em que se diga o que a marca representa para os clientes, seus valores e promessas básicas.

O *positioning paper* é um documento importante uma vez que divulga, de forma clara, para toda a empresa, como a marca se posiciona no mercado, apontando os caminhos que devem ser seguidos em todo o trabalho de comunicação e desenvolvimento de produtos. Logo, é uma peça fundamental para ser disponibilizada tanto internamente quanto para a agência de propaganda que realiza o trabalho de comunicação com o mercado.

A melhor forma de construir o *positioning paper* é analisar o comportamento dos consumidores do segmento-alvo (segmento primário) no qual se pretende posicionar a marca, sem desconsiderar aquele segmento que possa ser por ela atingido, apesar de não ser o mais identificado com a mesma (segmento secundário). Essa análise é importante porque os segmentos evoluem com o tempo, e devemos analisar se um segmento secundário tem condições de evoluir para primário, seja por meio do amadurecimento dos consumidores, seja por meio de ações de marketing ou de comunicação que possam ser planejadas para "puxar" os clientes para o segmento de maior interesse.

Um bom trabalho de segmentação é aquele que, quando concluído, oferece informações suficientes para "contar a história do consumidor de cada segmento", ou seja, para permitir que se entenda, de forma clara e distinta, o que ele espera, em que pensa e como age.

Técnicas de previsão

A articulação de um SIM tem por objetivo reduzir a incerteza na tomada de decisão, visto que desenha possíveis futuros para a empresa. Nesse contexto, as chamadas técnicas de previsão ajudam as organizações a planejar o futuro. Algumas são baseadas em critérios subjetivos e muitas vezes representam pouco mais do que suposições livres ou desejos utópicos. Outras são baseadas em dados quantitativos e quantitativos históricos e recebem mais credibilidade por *stakeholders* externos, como analistas e potenciais investidores. Embora nenhuma ferramenta de previsão possa prever o futuro com total certeza, elas permanecem essenciais na estimativa das perspectivas futuras de uma organização. Apresentamos, a seguir, quatro técnicas de previsão mais comuns, que articulam tanto métodos qualitativos quanto quantitativos. São elas a técnica Delphi, a cenarização, a abordagem subjetiva e a previsão por séries temporais.

Técnica Delphi

A Rand Corporation desenvolveu a técnica Delphi no final da década de 1960. Por ela, um grupo de especialistas responde a uma série de questionários, sendo eles mantidos fisicamente separados e desconhecidos uns dos outros. Os resultados do primeiro questionário são compilados e um segundo questionário, baseado nos resultados do primeiro, é apresentado aos especialistas, que são solicitados a reavaliar suas respostas ao primeiro questionário. Esse questionamento, compilação e pedido de resposta aos questionários seguintes continuam até que os pesquisadores cheguem a uma gama consistente de opiniões.

Cenarização

Na cenarização, o pesquisador gera resultados diferentes com base em diferentes critérios iniciais. O decisor escolhe, então, o resultado mais provável dentre os vários cenários apresentados. A escrita de cenários tipicamente produz opções melhores, piores e médias.

Abordagem subjetiva

A previsão por abordagem subjetiva permite aos pesquisadores prever resultados com base em seus pensamentos e sentimentos subjetivos. A abordagem subjetiva usa sessões de *brainstorming* para gerar ideias e resolver problemas de modo informal, livre de críticas e pressão de pares. Tais sessões são usadas frequentemente quando as restrições de tempo inviabilizam as previsões objetivas. As previsões subjetivas estão sujeitas a limitações e, muitas vezes, são vistas ceticamente pelos tomadores de decisão.

Previsão por séries temporais

A previsão por séries temporais é uma técnica de previsão quantitativa. Mede dados coletados ao longo do tempo para identificar tendências. Os dados podem ser tomados em qualquer intervalo: por hora, por dia, por semana, por mês, por ano ou por qualquer período que se queira definir. Os componentes de tendência que constituem as séries temporais podem ser cíclicos, sazonais ou irregulares. O componente de tendência refere-se à evolução gradual dos dados ao longo do tempo. Muitas vezes, é mostrado como uma linha inclinada para cima ou para baixo para representar tendências crescentes ou decrescentes, respectivamente. Os componentes cíclicos estão acima ou abaixo da linha de tendência e se repetem por um ano ou mais. O ciclo comercial de um dado negócio é um exemplo de componente cíclico. Os componentes sazonais são semelhantes aos cíclicos em sua natureza repetitiva, mas ocorrem em períodos de um ano. Por exemplo, aumento anual dos preços dos óculos de sol durante a temporada de verão e a diminuição correspondente durante os meses de inverno é um exemplo de evento sazonal. Componentes irregulares acontecem aleatoriamente e não podem ser previstos.

Este capítulo abordou os sistemas de informação de marketing, mostrando a pesquisa de marketing como a ferramenta principal das empresas para a obtenção de informações inéditas e úteis para a tomada de decisões empresariais. Diferenciamos dados, informações e conhecimento, descrevendo o processo de busca e gerenciamento das informações. Discutimos as aplicações da pesquisa de marketing e destacamos seus diferentes usos, como os estudos de segmentação atitudinal e aqueles com base em redes neurais.

No capítulo 8, abordamos os aspectos gerais da pesquisa de mercado, detalhando os objetivos, os tipos de pesquisa de mercado e suas aplicações, o planejamento de uma pesquisa e a avaliação da produtividade de marketing.

8
Aspectos gerais da pesquisa de mercado

Durante muito tempo os gestores acreditaram que as pesquisas de mercado eram uma espécie de passaporte para gestões eficientes. Já sabemos que não são. Talvez por isso inúmeras vezes os gestores procurem os profissionais de marketing solicitando "uma pesquisa sobre *algo*".

Pesquisas demandam um investimento da organização e geram um produto extremamente perecível: a informação. Por isso mesmo, é fundamental saber qual a finalidade de cada pesquisa a ser realizada. "Uma pesquisa sobre *algo*" é muito pouco para se definir a necessidade de realizá-la ou não. É preciso estabelecer, especificamente, o que se quer saber dentro daquele *algo*. Qual é o problema de gestão que deve ser resolvido e que informações podem ser úteis para tal solução? Alguns passos devem ser dados nesse sentido. O primeiro deles é decidir quais são os problemas e os objetivos da pesquisa, ou, de forma bem simples, o que se quer saber.

Definição do problema e dos objetivos da pesquisa

O problema de pesquisa delimita o alcance do estudo, especifica a natureza da informação desejada, explicita qual é a real dúvida de informação. Usando uma metáfora, podemos entender o problema como um obstáculo, como um buraco que impede o caminho de decisões empresariais. E se o problema é um buraco no meio da estrada, a pesquisa é como uma ponte sobre ele, que permite que se siga seguramente. É com base na definição do problema que todas as etapas subsequentes da pesquisa são geradas. Se houver erro na definição do problema, todo o processo de pesquisa pode ficar comprometido. Há a possibilidade de ter objetivos equivocados, metodologia inadequada e resultados distorcidos.

Imagine a seguinte situação: o departamento de vendas de uma empresa percebe que a quantidade de pedidos de um determinado produto vem caindo mês a mês. O gerente comercial procura, então, o gerente de pesquisas e solicita: "Quero que você faça uma *pesquisinha* sobre o produto X". No mesmo momento, em outra empresa, uma situação muito semelhante ocorre e o gerente comercial pede: "Quero uma pesquisa que nos mostre se o consumo do produto X está caindo para todos os fabricantes ou se estamos perdendo espaço para a concorrência".

A diferença essencial entre as duas situações está no fato de que o gerente comercial da segunda empresa já formulou uma ideia do que pode estar acontecendo e sabe exatamente o que quer que a pesquisa avalie. Por isso, as possibilidades de êxito no segundo caso são infinitamente maiores que no primeiro. Geralmente, os problemas gerenciais e de marketing das empresas tendem a ser amplos e genéricos. Já os problemas da pesquisa de marketing precisam ser específicos e focados, para aumentar as chances de a pesquisa fornecer resultados satisfatórios.

A compreensão do contexto ambiental facilita a identificação do problema. O diagnóstico da situação mercadológica, geralmente fazendo uso de fontes de dados secundários, proporciona a clareza necessária para a definição da questão-chave da pesquisa. Podemos entender o problema de pesquisa como algo relacionado a uma pergunta que precisa ser respondida, tal como ilustra o exemplo a seguir.

Um hotel localizado numa das cidades do litoral sul de São Paulo passou por sérias transformações em relação à sua demanda e ao mercado local. Nos últimos anos, a cidade e o hotel em questão deixaram de ser um local apenas destinado às pessoas de maior renda, atraindo pessoas de outras classes econômicas. O hotel, construído e posicionado para atender clientes com alto poder aquisitivo, estava operando com baixas taxas de ocupação, pois não conseguia atrair o perfil de público desejado. O posicionamento adotado pelo hotel não condizia mais com a realidade da demanda e com a mudança do mercado local. De acordo com esse contexto ambiental, o gestor do hotel viu-se diante de algumas questões relevantes: "O que eu devo fazer para reverter tal situação? Mudar a estrutura de serviços? Abaixar o preço? Como fazer isso sem prejudicar ainda mais a receita do hotel?". De todas essas, uma era a principal questão a ser respondida: quem, atualmente, se hospeda no hotel? Qual o perfil desse público? Aí estava o problema da pesquisa. O propósito da pesquisa foi então investigar o perfil dos atuais frequentadores do hotel, suas características, necessidades e desejos, para que os resultados do estudo fornecessem os subsídios adequados para um reposicionamento do negócio, com os decorrentes ajustes no marketing mix.

Se o problema estabelece o foco do estudo, os objetivos da pesquisa determinam que informações específicas são necessárias à resolução do problema. Reforçando, os objetivos da pesquisa são determinados de maneira a trazer informações que solucionem o problema de pesquisa. "O processo de pesquisa é interdependente com o processo de gestão, exigindo total coerência entre o suposto problema de gestão e os objetivos do projeto de pesquisa" (Samara, 2001:12).

Assim, dependendo do problema de pesquisa e dos recursos disponíveis, sejam físicos, humanos, financeiros ou tecnológicos, os objetivos podem requerer uma simplificação ou um detalhamento maior do seu escopo, alcance e abrangência.

Os objetivos são traçados a partir da indagação de quais informações relacionadas ao problema são necessárias para a tomada de decisão. É comum serem formuladas hipóteses sobre o problema definido. As hipóteses são afirmações ou respostas possíveis, coisas que nós desconfiamos serem verdadeiras, levantadas previamente, e que podem ou não ser confirmadas pela pesquisa. São formuladas, sobretudo, quando se "trata da verificação de relações de causa e efeito entre variáveis" (Mattar, 2000:61).

Figura 13
Objetivos da pesquisa

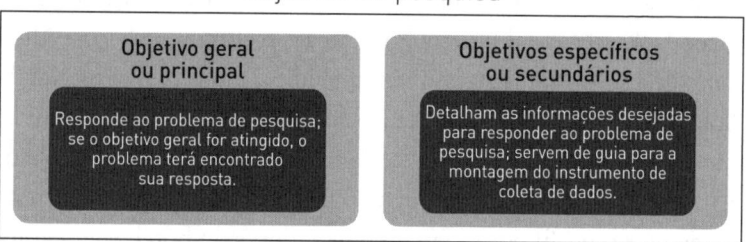

Objetivo geral ou principal	Objetivos específicos ou secundários
Responde ao problema de pesquisa; se o objetivo geral for atingido, o problema terá encontrado sua resposta.	Detalham as informações desejadas para responder ao problema de pesquisa; servem de guia para a montagem do instrumento de coleta de dados.

Em geral, os objetivos de pesquisa (figura 13) se apresentam da seguinte forma:

- *objetivo geral ou principal* – tem a utilidade de servir como um balizador, um guia para a busca de informações. O objetivo principal mantém a pesquisa sob controle, evitando que ela perca o foco estabelecido. Se o objetivo geral for atingido, o problema encontrará sua resposta;
- *objetivos específicos ou secundários* – decorrentes, muitas vezes, das hipóteses, os objetivos secundários são o detalhamento das informações desejadas para responder o problema de pesquisa. Esses objetivos servirão como base de conteúdo para a elaboração dos instrumentos de coleta de dados, que podem ser questionários (para pesquisas quantitativas) ou

roteiros (para pesquisas qualitativas), ou ainda protocolos de observação e outros.

Veja, a seguir, um exemplo de determinação de objetivos de pesquisa. Suponha o contexto de uma cervejaria que deseja avaliar se a nova campanha de comunicação de sua mais importante marca de cerveja terá uma boa aceitação junto ao público-alvo. A empresa deseja retomar a luta pela liderança do mercado e, para isso, não quer desperdiçar o investimento de propaganda com uma mensagem criativa pouco persuasiva.

O problema de pesquisa é a falta de conhecimento sobre a aceitação do público-alvo da cerveja frente à nova campanha publicitária. O objetivo principal, nesse caso, é verificar a percepção e a aceitação do público-alvo em relação às peças publicitárias (anúncios em televisão e revistas). Os objetivos secundários são verificar os hábitos de consumo de bebidas alcoólicas; identificar as razões que levam ao consumo de cerveja; identificar que atributos são importantes na escolha da cerveja (marca, sabor, tradição, teor alcoólico, preço); identificar a percepção do consumidor sobre as diversas marcas de cerveja do mercado; avaliar a opinião do consumidor a respeito dos anúncios de cerveja veiculados em televisão e revistas; e averiguar a aceitação das peças publicitárias em questão, incluindo pontos fortes e fracos da mensagem publicitária.

Outro exemplo para distinguir objetivos gerais de objetivos específicos é o de uma pesquisa qualitativa encomendada há alguns anos por Epifania Bragança, nome fictício de uma *socialite* carioca. Convencida de que seu nome poderia funcionar muito bem em relação a produtos femininos, mas ainda incerta quanto a isso (eis o problema de pesquisa), Epifania contratou um instituto para realizar um estudo qualitativo que pudesse detectar a personalidade da marca Epifania Bragança, extraindo sua imagem pública, os valores e atributos que cercavam seu nome e as projeções que ele inspirava. Esse era o primeiro objetivo geral da pesquisa. O estudo também deveria identificar as categorias de produtos às quais sua marca poderia ser associada, o que constituía o segundo objetivo geral. Os objetivos específicos da pesquisa, decorrentes de seus objetivos gerais, eram:

- levantar os hábitos, comportamentos, desejos e necessidades das consumidoras;
- identificar o grau de conhecimento e imagem das marcas de perfume e batons;
- identificar as marcas consumidas e preferidas, bem como razões de compra, frequência de consumo, fidelidade e razões para troca de marca;
- estabelecer o gasto médio mensal com esses produtos, o interesse em modismos, a busca de novidades, as fontes de informação, os pontos e canais de venda habituais e preferidos;
- identificar e hierarquizar atributos de liderança (qualidade, preço, estilo, variedade de produto, propaganda, recomendação de terceiros), além dos atributos intrínsecos a cada categoria de produtos;
- avaliar o conceito de sua linha de produtos e mapear suas forças e fragilidades;
- verificar especificidades que agregam valor a um produto e que devem ou podem ser exploradas em sua formatação e lançamento;
- avaliar as possibilidades de associação com marcas já estabelecidas, seja nos aspectos de produção ou de comercialização;
- identificar o nome ideal para a nova marca, tendo entre as opções Epifania Bragança, bem como a pertinência de um *slogan*;
- conceituar a nova marca ideal;

- investigar o que deveria ser mantido, mudado e introduzido no conceito testado, em termos de linha, produtos, associações e estratégias comerciais e de comunicação.

Desse modo foi organizado um estudo qualitativo, de caráter exploratório, que, por meio da técnica de discussões em grupo, detectou fatores motivacionais e aprofundou dados e informações espontâneas, subjetivas e objetivas. Buscando como foco de pesquisa mulheres, moradoras do Rio de Janeiro, na faixa etária de 16 a 45 anos, das classes sociais B e C+, complementado por grau de escolaridade, local de moradia e hábitos de vida e consumo inerentes a esses segmentos (conforme tabela 1 – capítulo 2).

A partir da formação dos grupos, foi possível descobrir que eram produtos essenciais batom, perfumes e *lingeries*. Foram considerados produtos importantes: óculos escuros e brincos, destacando-se ainda um terceiro conjunto de comportamentos que mereciam sacrifícios, como manter uma boa coleção de batons, ter pelo menos um bom perfume, pelo menos um conjunto de *lingerie* de renda e não passar o dia sem um par de brincos. Para cada produto foi possível identificar os significados, as preferências por marcas, cores, características, embalagens, gasto médio, canais de venda e fontes de informação e atualização.

Quanto à imagem de Epifania Bragança, foi possível apurar dados subjetivos a seu respeito, receptividade à marca, concluindo-se que seu nome reunia atributos essenciais à valorização de uma grife de produtos femininos. Nesse contexto, a categoria de perfumes surgiu como grande adequação à sua imagem, exatamente por ser vista como luxo, e um elemento que "desnuda" a personalidade feminina, tornando-se instigante e exigindo qualidade e autenticidade. Já os batons também se mostraram como produtos de grande aceitação, mas que foram apontados como a categoria que melhor se adequaria a uma extensão de linha, bem como toda a família de cosméticos básicos, a saber: lápis de olho, rímel, sombras e *blush*.

De posse dos resultados, Epifania Bragança sentiu-se bem mais segura para continuar a criação de um produto que levasse seu nome como marca, optando pela categoria dos perfumes. Seu principal dilema era, entretanto, conciliar características que ela mesma desejava em um produto dessa categoria com o que poderia ser bem aceito, e pago, pelo seu público-alvo formado por mulheres de classe B e C. Antes de constituir equipe para iniciar o *business plan*, levantar o montante de investimento e definir o modelo de negócio, ela ainda se perguntava se o melhor formato seria:

- simplesmente licenciar o uso do seu nome como marca para um grande fabricante de perfumes, minimizando seus riscos e recebendo *royalties*; ou
- arcar com os custos de uma produção autônoma, contratando serviços de diferentes empresas já estabelecidas para criar a essência, desenvolver embalagem, fabricar, envasar, promover e distribuir o produto; ou, ainda,
- estabelecer ela própria uma indústria que realizasse todas estas etapas, o que envolveria maiores investimentos e riscos.

Figura 14
Questionamentos condicionantes da realização da pesquisa

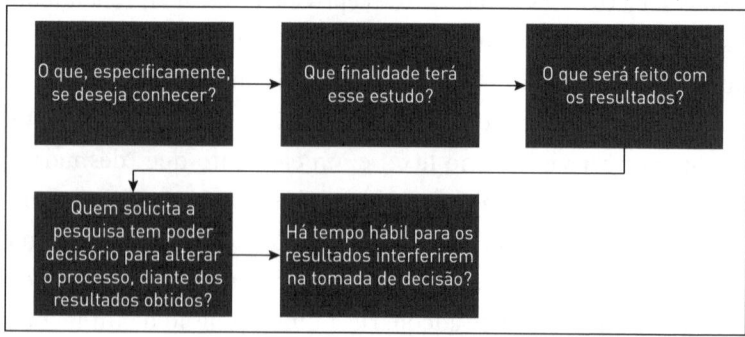

```
[O que, especificamente, se deseja conhecer?] → [Que finalidade terá esse estudo?] → [O que será feito com os resultados?]
                                                                                              ↓
[Quem solicita a pesquisa tem poder decisório para alterar o processo, diante dos resultados obtidos?] ← [Há tempo hábil para os resultados interferirem na tomada de decisão?]
```

Nesse momento, saiu de cena a equipe de pesquisa e entrou a equipe de gestores profissionais, que tinha informações para elaborar diferentes alternativas de planos de negócios, negociar parcerias e dimensionar investimentos para as diversas alternativas que se desenharam à sua frente. Portanto, antes de decidir fazer uma pesquisa é necessário ter respostas claras, objetivas e positivas para um conjunto de perguntas que, resumidamente, enumeramos na figura 14.

Se não houver resposta positiva para todas essas questões, a melhor opção é rever a decisão de realizar a pesquisa, ao menos nas bases em que foi pensada inicialmente. Só se a resposta for positiva, é possível seguir adiante. Pode-se perceber, assim, que a definição dos objetivos é fator determinante na viabilidade da pesquisa, e que, por isso, não pode ser negligenciada jamais.

Para chegar a essas respostas, será necessário conhecer a aplicabilidade das pesquisas.

Formas de aplicação

Pesquisas de mercado podem ser utilizadas para levantamento de informações em praticamente todas das áreas do marketing; no entanto, a aplicabilidade das pesquisas se mostra mais presente na definição de elementos ligados ao comportamento do consumidor e aos quatro Ps do marketing, ou seja, quatro grandes conjuntos de elementos: produto, preço, praça (distribuição) e promoção (comunicação). Como exemplos de pesquisas sobre produtos e serviços citamos aquelas que buscam verificar a força de uma determinada marca no mercado, a mais lembrada dentro de um segmento (*top of mind*) e teste de novos produtos, no que tange, por exemplo, à embalagem, cor, sabor, aroma ou formato, além de uma infinidade de outras aplicações.

Também nas estratégias de divulgação, em especial na propaganda, as pesquisas têm uma utilidade inestimável. É aconselhável, por exemplo, pré-testar as campanhas publicitárias para que a empresa não corra o risco de gastar fortunas em um comercial premiado, alvo de comentários generalizados, que, no entanto, não tem o poder de associar o produto à sua marca.

Figura 15
Aplicabilidade das pesquisas

Produtos e serviços
- Nível de conhecimento de produtos ou marcas
- Reformulação de produtos atuais
- Novos usos para antigos produtos
- Posição do produto e da empresa face à concorrência
- Novos produtos (pré-teste e teste de mercado)
- Teste de embalagem (incluindo rótulo)
- Frequência de uso, local e época de compra
- Marcas de produtos (associação e imagem)
- Preferência do consumidor
- Participação do produto ou marca no mercado

Mercados
- Análise do mercado consumidor
- Análise do mercado intermediário (revendedores)
- Estimativa do potencial do mercado
- Análise do perfil do consumidor
- Identificação de mudanças de hábitos e comportamento

Propaganda
- Pré-testes de campanhas publicitárias
- Pós-testes de recordação de campanhas
- Efeito de campanhas promocionais
- Efeitos da propaganda na mudança da marca

Ponto de venda
- Teste de desempenho
- Efeito do treinamento em vendas
- Seleção de canais de distribuição
- Determinação de zonas de vendas
- Determinação de cotas de vendas

Em relação especificamente à propaganda é imprescindível que a pesquisa consiga avaliar tanto o nível de *recall*, que é capacidade de lembrança do comercial pelo consumidor, associando-o à marca correta, quanto o poder de persuasão de compra do produto gerado por ele.

Da mesma forma, as pesquisas têm grande utilidade na elucidação de métodos e na definição de pontos de venda, ou seja, na escolha de quais os melhores pontos de venda dentro de uma mesma cadeia. Por exemplo, se uma loja em *shopping* é mais eficiente que outra, na rua; se em um bairro X as possibilidades de vendas são maiores que no Y; se o lado esquerdo da rua oferece melhores chances de negócio que o direito; se a abertura de uma nova loja não deve ser substituída pelo investimento numa loja virtual. Evita-se, assim, que sejam empreendidos esforços que não derivem em retorno. Todas essas aplicações estão sintetizadas na figura 15.

Como podemos depreender, a aplicabilidade das pesquisas de mercado é vasta no cotidiano das empresas. Não há negócio que, dentro do mundo globalizado, possa prescindir das informações advindas de pesquisas bem planejadas. A questão que se apresenta, portanto, é a escolha da pesquisa adequada a cada uma das situações enunciadas.

Tipos de pesquisa

Podem-se classificar as pesquisas quanto a seu escopo (figura 16), isto é, quanto ao tipo, à finalidade do estudo, ou quanto à metodologia que utilizam (figura 17).

Figura 16
Classificação das pesquisas quanto ao escopo

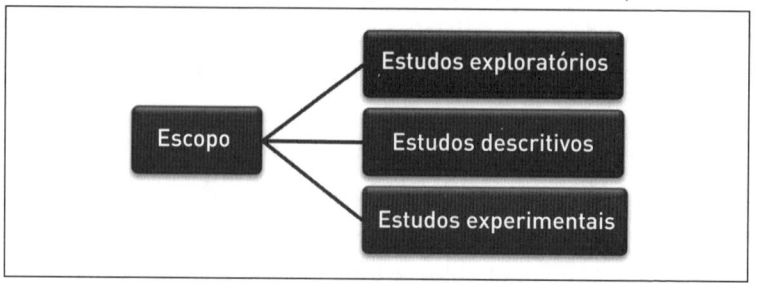

```
                    ┌─ Estudos exploratórios
         Escopo ────┼─ Estudos descritivos
                    └─ Estudos experimentais
```

Os estudos exploratórios destinam-se a compreender o comportamento e as atitudes dos consumidores. Segundo David Aaker,

> a pesquisa exploratória é usada quando se busca um entendimento sobre a natureza geral de um problema, as possíveis hipóteses alternativas e as variáveis relevantes que precisam ser consideradas [Aaker et al., 2001:94].

A pesquisa exploratória colabora na definição do problema de pesquisa, ajuda a definir o foco e as prioridades de estudo e visa compreender o comportamento e as atitudes dos consumidores, explorando as possíveis relações de consumo existentes entre empresas e consumidores ou clientes, servindo para levantar hipóteses e descobrir características desconhecidas sobre assuntos em relação aos quais uma empresa não possui conhecimento ou domínio.

Já os estudos descritivos são amplamente utilizados em marketing. Têm por objetivo descrever uma determinada realidade de mercado, dimensionando variáveis – por exemplo, dimensionam o grau de satisfação de clientes de TVs a cabo, descrevem os hábitos de compra de leitores de revistas semanais, identificam as principais características econômicas e demográficas de consumidores de refrigerantes, mapeiam o potencial de mercado para certo empreendimento imobiliário. Seu objetivo é obter um "retrato", com algumas características de um mercado específico.

Por fim, os estudos experimentais envolvem a experimentação do produto. São muito usados para teste de aceitação de novos produtos e embalagens, e para avaliar modificações implementadas em produtos existentes. Visam, também, medir relações de causa e efeito entre variáveis conhecidas, ou seja, se uma mudança em uma variável causa uma variação observável em outra. Argumentam McDaniel e Gates (2003:234):

> O pesquisador muda ou manipula algo, chamado de variável exploratória, independente ou experimental, para observar que efeito essa mudança tem sobre uma outra coisa, chamada de variável dependente. Em experimentos de marketing, a variável dependente é frequentemente alguma medida de vendas, como vendas totais ou fatia de mercado, e as variáveis exploratórias ou experimentais têm a ver com o mix de marketing, como preço, quantidade ou tipo de propaganda ou mudanças nas características dos produtos.

Muitas vezes, a demonstração de causalidade entre variáveis demanda uma abordagem bastante complexa, o que compromete investimentos de marketing com resultados duvidosos, pois nem sempre a causalidade é comprovada, já que a operacionalização de uma pesquisa experimental não é simples. Na verdade, toda a potencialidade teórica das técnicas da pesquisa experimental, fora os exemplos citados, não é muito empregada pelos profissionais de marketing.

As pesquisas também podem ser classificadas quanto à metodologia (figura 17).

Figura 17
Classificação das pesquisas quanto à metodologia

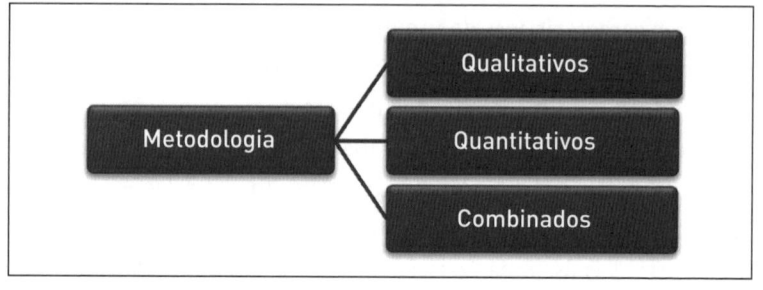

```
Metodologia ─┬─ Qualitativos
             ├─ Quantitativos
             └─ Combinados
```

Os estudos qualitativos são pesquisas não estatísticas, que permitem aprofundar razões, motivações, aceitações e rejeições de um determinado grupo de indivíduos em relação a um problema específico. Os quantitativos são pesquisas estatísticas que se destinam a descrever características de uma determinada situação. Visam medir numericamente as hipóteses levantadas sobre o problema estudado. Os estudos combinados são os que, quase sempre, partem de uma pesquisa qualitativa, a que se agrega a etapa quantitativa. O contrário ocorre com menor frequência.

Em pesquisas descritivas e experimentais geralmente são utilizadas metodologias quantitativas, que envolvem amostras constituídas por grandes quantidades de indivíduos. Mas há exceções, como as que pretendem avaliar a carga emocional embutida na reação do entrevistado, realizadas com técnicas qualitativas, como testes de embalagem, por exemplo.

As pesquisas exploratórias, por sua vez, geralmente utilizam metodologias qualitativas, com pequenas amostras que permitem tratar em profundidade as impressões do entrevistado.

Os estudos combinados se justificam quando não existem informações anteriores acerca de um determinado problema, de modo que há necessidade de, a princípio, estabelecer, por meio de um estudo qualitativo, que parâmetros devem ser utilizados para, posteriormente, quantificá-los. O contrário pode acontecer quando, eventualmente, em um processo quantitativo, se percebe a existência de um determinado problema localizado em alguma parte do estudo, para cuja compreensão há necessidade de um aprofundamento maior. Nesses casos, o estudo qualitativo é posterior ao quantitativo.

Planejamento

Um bom planejamento é o elemento-chave para que a pesquisa de mercado possa ser bem-sucedida. É possível que, mesmo assim, haja problemas; mas não há possibilidade de sucesso caso exista um planejamento displicente ou inadequado às necessidades e possibilidades da empresa.

A decisão de realizar a pesquisa, a partir da definição dos objetivos deve ser sedimentada por meio de um planejamento inicial, a partir do qual será gerado um documento, denominado *briefing*, que será utilizado para solicitar formalmente a pesquisa a quem vai executá-la (figura 18).

Figura 18
Etapas do planejamento inicial, desembocando no *briefing*

```
[Definir claramente os objetivos, a questão a ser respondida e as hipóteses já levantadas] → [Determinar as variáveis e a profundidade das respostas esperadas] → [Delimitar o público-alvo]
                                                                                                                                                          ↓
[Levantar informações relevantes acerca do mercado, do produto e da concorrência] ← [Estabelecer o prazo de conclusão do estudo] ← [Identificar os procedimentos metodológicos adequados]
    ↓
[Levantar as possibilidades de financiamento do estudo] → [BRIEFING]
```

O *planejamento inicial* deve contemplar o maior número possível de informações já disponíveis, de modo a dar a melhor sustentação ao trabalho que será realizado.

Para compor este *planejamento inicial*, etapa fundamental na realização do estudo, será necessário partir da definição muito clara dos objetivos principal e específicos da pesquisa, focalizando a questão crucial a ser respondida. Uma questão apenas, que sintetize o problema de pesquisa. Esse movimento deve ser acompanhado do registro de todas as hipóteses de resposta que já tenham sido levantadas. A seguir, descreve-se o processo de delimitação das variáveis a serem investigadas, bem como a delimitação do nível de profundidade que se espera obter, tendo claro que quanto maior a profundidade almejada, mais dispendioso será o estudo.

O próximo passo é a delimitação do público-alvo, elemento que vai determinar a quem a pesquisa deverá se dirigir. Só então será possível levantar que tipo de estudo, em termos metodológicos, será realizado. O tempo de que se dispõe para realizar o trabalho é um dos fatores determinantes da escolha metodológica, já que, por mais eficaz que seja determinada metodologia, o resultado que produzirá será nulo se não puder chegar a tempo de subsidiar a tomada de decisão. O próximo passo é levantar todas as informações relevantes no que se refere a tudo o que cerca o estudo: o mercado, o produto em si e a concorrência. Esses elementos ajudarão na montagem de um instrumento adequado aos objetivos a que o estudo busca atender. Por fim, será necessário definir a disponibilidade financeira para realização da pesquisa. De posse desse planejamento, é possível compor, finalmente, o *briefing*, que é um documento formal, gerado pelo solicitante da pesquisa, para estabelecer parâmetros que ajudarão o fornecedor da pesquisa (externo ou interno) a formatar uma proposta adequada às necessidades da investigação. O *briefing* reúne um vasto conjunto de elementos (figura 19), aumentando as chances de que os resultados da pesquisa atendam às expectativas do solicitante.

Figura 19
Elementos constitutivos do *briefing*

Briefing → Histórico → Objetivos → Profundidade → Variáveis ↓
Prazo ← Informações complementares ← Procedimentos metodológicos ← Hipóteses

No *briefing* o solicitante deixa claro tudo o que necessita que seja respondido pela pesquisa, oferecendo, para tanto, as informações necessárias à montagem do estudo, como indica a figura 19: breve histórico do problema; objetivos explicitados de forma muito clara, com destaque para o que se deseja, de forma mais proeminente, compreender; o nível de profundidade esperado nas respostas obtidas; as variáveis a serem consideradas; as hipóteses já levantadas; os procedimentos metodológicos passíveis de serem utilizados e demais informações sobre o produto, o mercado e a concorrência. Verba disponível e prazo de entrega concluem o documento, que permite aos responsáveis pela execução da pesquisa construir um instrumento de coleta de dados adequado, realizar um planejamento de execução realista, avaliar adequadamente os custos envolvidos e atender às expectativas do solicitante. A resposta ao *briefing* será dada em um novo documento, com, pelo menos, informações relativas à população, metodologia, prazo e custos (figura 20). O quadro 3 apresenta um modelo de *briefing* de pesquisa gerado para uma rede de supermercados.

Figura 20
Elementos constitutivos da resposta ao *briefing*

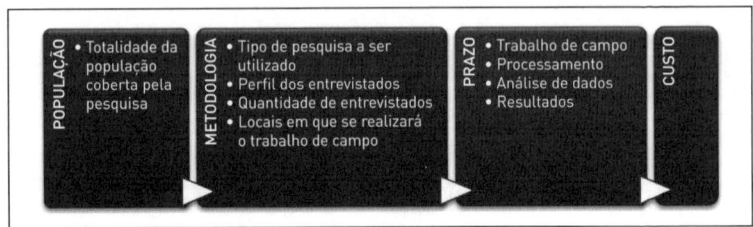

POPULAÇÃO
- Totalidade da população coberta pela pesquisa

METODOLOGIA
- Tipo de pesquisa a ser utilizado
- Perfil dos entrevistados
- Quantidade de entrevistados
- Locais em que se realizará o trabalho de campo

PRAZO
- Trabalho de campo
- Processamento
- Análise de dados
- Resultados

CUSTO

Quadro 3
Exemplo de *briefing* aplicado a uma rede de supermercados

Nome do projeto: Avaliação de preço do Supermercado Ofertão – ___/___/___

1. Histórico
A bandeira Ofertão realizou a pesquisa de percepção de preço com os consumidores da sua bandeira, para definir ações táticas e operacionais que são realizadas nas lojas. Porém o processo de pesquisa precisa ganhar mais precisão e agilidade, contando com uma coleta de dados automatizada e eliminando assim os questionários em papel. Para isso, há a necessidade de se contratar um instituto para fazer a pesquisa periodicamente nas lojas do Ofertão com dispositivos *palm* para a captação dos dados.

2. Problema e objetivos de pesquisa
Problema: Qual é a avaliação de preço que os consumidores fazem das lojas Ofertão?
Objetivo primário: avaliar a percepção de preço de cada loja Ofertão.
Objetivos secundários:
– identificar as seções do supermercado mais caras e mais baratas para o consumidor;
– identificar os supermercados concorrentes frequentados pelo consumidor;
– identificar a origem do cliente (CEP).

3. Metodologia/Tipo de pesquisa
– Metodologia: pesquisa quantitativa com coleta de dados via *palm*. Entrevistas pessoais nos supermercados da rede.
– Tipo de pesquisa: descritiva conclusiva.

4. Público-alvo da pesquisa
– Público-alvo: homens e mulheres, das classes B e C, 18 a 55 anos, decisores de compra em supermercados.

5. Amostragem
– 100 entrevistas para cada uma das 20 lojas Ofertão, totalizando uma amostra de 2 mil entrevistas.

6. Padrão de ação
– Com os resultados do estudo serão tomadas ações táticas com o objetivo de melhorar a percepção de preços das lojas e monitorar os preços dos concorrentes com maior citação.

7. Prazos
– Recebimento da proposta: ___/___/___
– Aprovação da proposta: ___/___/___
– Trabalho de campo: ___/___/___
– Apresentação dos resultados: ___/___/___

Formas de execução

As pesquisas de mercado podem ser realizadas interna ou externamente, pela própria empresa ou por institutos de pesquisa. Cada uma das duas configurações tem vantagens e desvantagens, sendo ainda possível conceber combinações.

Figura 21
Vantagens e desvantagens das formas de execução

Compra pela própria empresa

- Recomendável quando a empresa dispõe de um departamento específico, de pesquisa e análise de mercado, podendo ela mesma planejar e desenvolver seus próprios estudos. Também se recomenda o esforço interno quando o problema de pesquisa é próximo do corriqueiro, o risco é baixo e a própria empresa pode dar conta dele com "prata da casa".

Compra através de institutos

- Mesmo quando a empresa possui um departamento específico pode se servir de empresas especializadas em realizar pesquisas, conhecidas como agências ou institutos de pesquisa. Neste caso, especialmente diante de situações complexas e de risco elevado, é indispensável que a empresa monitore os estudos realizados. Esta prática permite que se obtenha a melhor *expertise* de mercado, com um baixo custo fixo.

Se a decisão for a de comprar a pesquisa, a concorrência deve ser feita a partir do *briefing*, que deve ser enviado a vários institutos, preferencialmente conhecidos e com boas referências no mercado. A escolha de um fornecedor de pesquisa externo precisa basear-se em informações consistentes. A opção deve considerar a qualificação técnica do fornecedor frente à necessidade de informação desejada, mas também precisa levar em conta uma série de outros fatores.

Ao estabelecer critérios para selecionar um fornecedor externo, uma empresa deve ter em mente alguns itens básicos, que envolvem a reputação do fornecedor no mercado, a capacidade de concluir seus projetos no prazo, o respeito a padrões éticos, a flexibilidade, a qualidade do material entregue, a experiência acumulada, principalmente em projetos semelhantes, bem como a capacidade e a qualificação de seu corpo técnico.

Há pesquisas que demandam maior flexibilidade e criatividade, como o caso das exploratórias e qualitativas; outras que exigem um maior rigor técnico e estatístico, como o caso das pesquisas descritivas. Dependendo da pesquisa, há institutos mais preparados para atender a uma ou outra demanda, em função de sua maior especialização. Alguns temas objeto de especialidade em pesquisa são, por exemplo: opinião pública, preços e elasticidade de preços, painéis para o setor varejista, *business-to-business* (B2B), entre outros. Há inúmeros bons fornecedores no mercado.

Dessa forma, quando surgir a necessidade de se contratar um fornecedor externo, algumas práticas ainda funcionam bem: escolher os institutos que participarão da concorrência levando em consideração as respectivas carteiras de clientes e casos atendidos, pedir indicações a conhecidos ou especialistas no assunto, consultar a Associação Brasileira de Empresas de Pesquisa (Abep).

A comparação das respostas deve obedecer a alguns critérios (figura 22).

Figura 22
Critérios para a compra de pesquisas

Interpretação do *briefing*	Verifique se o instituto compreendeu exatamente o que você precisa saber, se considerou os aspectos mais importantes e se demonstra ser capaz de devolver as respostas de que você necessita.
Adequação da proposta	Verifique se a proposta é compatível (metodologia, amostragem e prazos) com o que foi solicitado, bem como se a quantidade e a distribuição geográfica e segmentária dos respondentes é satisfatória; verifique se o prazo está dentro do que foi solicitado. A adequação da proposta deve ser o fator preponderante na escolha do fornecedor.
Perfil do instituto	Verifique a capacitação do profissional responsável e evite contratar um fornecedor que esteja prestando serviço a um concorrente seu, especialmente se o estudo for classificado como estratégico.
Preço e condições de pagamento	Verifique se o preço é compatível com o trabalho a ser realizado. Para trabalhos grandes, vincule o pagamento ao cumprimento das etapas e, principalmente, desconfie de orçamentos excessivamente baixos.

Para que, durante o percurso, não haja problemas que contaminem o estudo, após a contratação do fornecedor, é necessário ter alguns cuidados adicionais, apontados na figura 23.

Figura 23
Cuidados adicionais na compra de pesquisas

- **Exija a verificação no cadastro CRQ**
  Se o estudo for qualitativo, a verificação no Cadastro Nacional de Respondentes de Qualitativas (CRQ), fornecido pela Associação Brasileira de Empresas de Pesquisa (Abep) pretende garantir que respondentes assíduos não sejam recrutados para os grupos, evitando a geração de informações viciadas.

- **Acompanhe a definição do questionário e seu pré-teste**
  Ninguém melhor que o solicitante para avaliar se um determinado questionário é capaz de permitir que os objetos da pesquisa sejam alcançados.

- **Verifique a qualidade do trabalho de campo**
  É praxe o acompanhamento de algumas entrevistas no campo, mesmo em caso de pesquisas quantitativas. Ainda é melhor do que ter o dissabor de duvidar dos resultados, depois que chegarem os relatórios.

- **Verifique o processamento e a validação dos dados**
  Muitas vezes, falhas no processamento podem levar a conclusões equivocadas.

- **Rompa o contrato em caso de fraude**
  Lembre-se de que uma pesquisa malfeita não traz qualquer informação. Portanto, é melhor não insistir se não houver confiança no fornecedor.

- **Exija o cumprimento do Código de Ética**

Questões que frequentemente se impõem no momento de realizar pesquisa são: quanto podemos pagar por isso? Será que vale a pena mesmo? E se tomarmos as decisões sem fazer pesquisa, o que pode ocorrer? A análise da relação entre o custo e o benefício de realizar uma pesquisa formal, tanto com recursos internos como contratando terceiros, faz parte do dia a dia do gestor preocupado com resultados.

Na verdade, não existe um único caminho de decisão, dependendo bastante do contexto e da afeição (ou da aversão) pelo risco, característica do tomador de decisão. Tomemos um exemplo: um professor de educação física sem muitos recursos próprios, de família conservadora, que acabou de herdar R$ 600 mil com os quais deseja conquistar seu grande sonho: abrir sua própria academia de natação. Ele investiria 5% desse valor em uma pesquisa de mercado para avaliar se vale a pena seguir com o projeto? Se ele encara o dinheiro da herança como o único caminho para sua independência financeira e para sua realização profissional, imaginando que ele tem clareza sobre os benefícios potenciais de uma pesquisa bem-feita e considerando ainda que a região onde ele pretende abrir a tal academia já abriga concorrentes bem preparados, é bem provável que ele decida realizar o investimento em pesquisa. Por mais que R$ 30 mil (5% do capital disponível) possa parecer muito dinheiro para este jovem empreendedor gastar com pesquisa, seguir adiante sem a informação trazida pelo estudo pode significar a perda de todo o restante em uma iniciativa malsucedida.

Por outro lado, se não houvesse concorrência local, se as evidências de mercado potencial para aulas de natação fossem gritantes, e se o professor de educação física dispusesse de recursos da ordem de milhões de reais, é possível que ele não empregasse R$ 30 mil para saber se valeria a pena investir 20 vezes esta soma em uma academia de natação. Com tantos indícios positivos e com uma impressão de risco mais atenuada, talvez um instituto de pesquisa não fosse contratado.

Este caso da academia de natação nos leva a concluir que, na hora de decidir pelo investimento em pesquisa, o tomador de decisão acaba comparando o custo da pesquisa com o custo do erro. Por exemplo, em uma situação extrema, será que vale a pena gastar R$ 1 milhão para decidir se encaramos ou não um projeto que envolve R$ 2 milhões em investimentos? Provavelmente, a resposta será negativa. E se estivermos falando de empregar R$ 50 mil em pesquisa para decidir se investimos ou não R$ 5 milhões em um novo negócio?

Um dos grandes desafios dos profissionais de pesquisa de mercado é justamente conduzir seus *prospects* pelo processo decisório, considerando as circunstâncias, o volume de incertezas e o risco potencial das decisões que eles têm pela frente. Muitas vezes, na interação com um profissional de pesquisa, o contratante pode acabar concluindo que pode resolver suas incertezas sozinho ou articulando recursos internos, e de fato esse pode ser o melhor caminho em uma boa proporção das situações. Dessa forma, faz parte do que se espera de um bom profissional vendedor de pesquisa a capacidade de esclarecer o papel que seu trabalho tem como uma espécie de farol que reduz as chances de insucesso do contratante da pesquisa. Além disso, a pesquisa é uma das ferramentas que permite avaliar a produtividade das diversas ações de marketing entendendo o retorno gerado tanto em vendas quanto na força da sua marca.

Avaliação da produtividade de marketing

As condições de competitividade a que estão submetidas as empresas não permitem que se realizem gastos injustificáveis. Por esse motivo, as empresas vêm solicitando cada vez mais aos profissionais de marketing que apresentem elementos capazes de demonstrar o retorno obtido com as verbas alocadas na área, o que se torna particularmente difícil quando se trata de ganhos subjetivos e de longo prazo, como os referentes à valorização da marca e à fidelização de clientes, por exemplo.

Tais dificuldades se devem, por um lado, à necessidade de estabelecer relações de causa e efeito entre fatos distantes no tempo – uma ação de marketing hoje pode levar meses para gerar resultados, sendo difícil dizer que o resultado tem origem naquela ação – e, por outro, à possibilidade de agentes externos afetarem o ambiente em que ocorrem as ações de marketing, interferindo nelas e alterando os paradigmas de avaliação a que são submetidas.

A constatação de que não é simples auferir os resultados obtidos com as ações de marketing tem transformado a pesquisa nessa área em elemento essencial à avaliação da eficácia e da eficiência de suas ações, visto que se traduz como elemento fidedigno de controle, na análise da produtividade do marketing. Duas abordagens complementares compõem os *painéis de monitoramento de marketing*:

> [1] indicadores de marketing, para avaliar os efeitos do marketing; [2] modelos de mix de marketing, para prever relações de causa e efeito, e como a atividade de marketing afeta o resultado. Os painéis de monitoramento de marketing são uma forma estruturada de disseminar as percepções obtidas por essas duas abordagens dentro da organização [Kotler e Keller, 2015:119].

Indicadores de marketing

Uma ampla gama de indicadores tem sido utilizada para analisar o desempenho das ações de marketing – indicadores que permitem medir, quantificar, comparar, interpretar. Não há, no entanto, um conjunto teoricamente fixado de indicadores de marketing, até porque cada negócio precisa estabelecer esses indicadores de acordo com suas metas, suas finalidades e suas expectativas.

Kotler e Keller (2015:120) arrolam um conjunto de indicadores (quadro 4), utilizados por diferentes empresas, de diferentes segmentos.

Quadro 4
Indicadores de marketing segundo Kotler e Keller

I. Externos	II. Internos
Conscientização	Conscientização das metas
Participação de mercado (volume ou valor)	Compromisso das metas
Preço relativo (participação de mercado em valor ou volume)	Suporte ativo para inovação
Número de reclamações (nível de insatisfação)	Adequação de recursos
Satisfação do cliente	Níveis de pessoal/competências
Distribuição/disponibilidade	Desejo de aprender
Número total de clientes	Disposição para mudar
Qualidade percebida/estima	Liberdade para falhar
Fidelidade/retenção	Autonomia
Qualidade relativa percebida	Satisfação relativa dos funcionários

Fonte: Kotler e Keller (2015:120).

Em linhas gerais, os indicadores de marketing atingem diversos vetores, como apresentado na figura 24, os quais serão mais ou menos valorizados de acordo com o tipo de negócio.

Figura 24
Indicadores de marketing, por vetores

Consumidor	Financeiro	Força da marca	Resultados
• capacidade de captação • capacidade de retenção • satisfação • qualidade percebida	• adequação ao plano de negócios • correlação investimento/retorno • série histórica	• participação no mercado • desempenho da concorrência • quantidade de reclamações • capacidade de distribuição/disponibilidade • inovação	• lucro/prejuízo • giro de vendas • valor das ações • satisfação dos clientes internos

Como se pode verificar, existe uma forte interconexão entre esses vetores. Por exemplo: se vou comprar determinado produto e reconheço na marca *A* uma qualidade diferenciada, certamente essa percepção terá impacto sobre a decisão de procurar o produto daquela marca. A busca pelo produto – alavancada pela percepção da qualidade – deve me levar a perceber as inovações agregadas a ele, o que levará à realização da compra, gerando satisfação, ou à constatação de um preço muito alto, frustrando a compra. Se o produto for comprado, e, no entanto, não funcionar adequadamente, ainda que a percepção seja de um produto superior, a empresa receberá minha reclamação, o que terá impacto sobre a qualidade percebida, o primeiro dos elementos que levou à escolha da marca.

Percebemos, assim, que nenhum desses elementos pode ser tomado isoladamente, motivo pelo qual a avaliação dos resultados do marketing deve ser realizada por meio de um *painel* que permita visualizar o negócio em sua totalidade.

Os modelos mix de marketing

Modelos mix de marketing são modelos que analisam dados de diferentes origens, com o objetivo de verificar de que modo cada elemento de marketing influencia resultados obtidos, por exemplo, nível de vendas de determinada marca ou participação de mercado.

Tais modelos são usados para alocar e realocar verbas de marketing, evitando o desperdício, com vistas à melhor aplicação de recursos. Trabalhados isoladamente, oferecem boas possibilidades de decisão; no entanto, tratados em conjunto apresentam, segundo Kotler e Keller, três deficiências que não devem ser desconsideradas:

- O modelo de mix de marketing se concentra no crescimento incremental e não nas vendas de base ou nos efeitos a longo prazo.
- A integração de indicadores importantes, como satisfação do cliente, reconhecimento de marca e *brand equity*, ao modelo de marketing é limitada.
- [...] o modelo não consegue incorporar indicadores relacionados com a concorrência, o comércio ou a força de vendas [Kotler e Keller, 2015:121].

Painéis de monitoramento de marketing

Para se assegurar de estar aproveitando ao máximo toda a gama de indicadores disponíveis, há empresas que montam um painel com indicadores relevantes, internos e externos, por meio dos quais analisam as condições de mercado e melhoram sua compreensão da realidade, monitorando seu negócio em tempo real, de modo a sinalizar precocemente a existência de problemas.

Os indicadores do painel de monitoramento devem estar baseados na análise da performance do cliente e na análise de performance dos *stakeholders* – termo, em inglês, que abrange todos aqueles que têm contato com a empresa, desde seus acionistas até seus fornecedores. Espera-se que qualquer alteração negativa nesses indicadores gere ações da administração da empresa, no sentido de manter essas relações com altos níveis de satisfação.

A performance do cliente deve ser analisada, ainda segundo Kotler e Keller, por meio dos indicadores apresentados no quadro 5.

Quadro 5
Indicadores da análise de performance nos clientes

- Porcentagem de novos clientes em relação ao número de clientes.
- Porcentagem de clientes perdidos em relação ao número médio de clientes.
- Porcentagem de clientes recuperados em relação ao número médio de clientes.
- Porcentagem de clientes incluídos nas categorias de muito insatisfeitos, insatisfeitos, neutros, satisfeitos e muito satisfeitos.
- Porcentagem de clientes que comprariam o produto novamente.
- Porcentagem de clientes que recomendariam o produto.
- Porcentagem de clientes do mercado-alvo que conhecem e se lembram da marca.
- Porcentagem de clientes que consideram o produto da empresa o preferido da categoria.
- Porcentagem de clientes que identificam corretamente o posicionamento e a diferenciação pretendidos pela marca.
- Percepção média da qualidade do produto da empresa em relação ao do principal concorrente.
- Percepção média da qualidade do serviço da empresa em relação ao do principal concorrente.

Fonte: Kotler e Keller (2015:121).

O presente capítulo detalhou os aspectos gerais da pesquisa de mercado, caracterizando os principais tipos e formas de aplicação. Descreveu os principais aspectos do planejamento, detalhando as formas de execução e discutindo o papel da pesquisa como redutora de riscos. Além disso, mostrou as diversas formas de avaliação da produtividade de marketing.

O capítulo 9, a seguir, trata especificamente das etapas de planejamento e coleta de dados na pesquisa quantitativa, apresentando temas como os diferentes métodos disponíveis, a elaboração e o pré-teste de questionários, os procedimentos de amostragem probabilística e não probabilística, a abordagem disfarçada, os tipos de perguntas e o trabalho de campo.

9
Pesquisa quantitativa: etapas iniciais

A pesquisa quantitativa é um estudo estatístico que se destina a descrever as características de uma determinada situação mercadológica, medindo numericamente, por meio de uma amostra representativa da população estudada, as hipóteses levantadas a respeito de um problema de pesquisa. Neste capítulo, vamos abordar as características da pesquisa quantitativa, o conceito de amostragem, os procedimentos de amostragem probabilística e não probabilística, coleta de dados em pesquisa quantitativa, abordagem disfarçada na pesquisa quantitativa, elaboração de questionários, tipos de perguntas e pré-testes.

Características da pesquisa quantitativa

A pesquisa quantitativa permite o levantamento de um grande volume de dados. A análise dos dados é baseada em estatísticas, como frequências, percentuais, médias, medianas e desvio-padrão, sendo as constatações desse tipo de pesquisa usadas como instrumental para a tomada de decisão.

Muitas vezes, a pesquisa quantitativa testa as hipóteses levantadas em um estudo de caráter qualitativo. Esse tipo de pesquisa é adequado para a mensuração das características de um determinado mercado ou público-alvo quando se deseja avaliar questões relacionadas ao marketing mix (produto, preço, distribuição e comunicação) e também como subsídio para a definição do tamanho e do potencial de um mercado-alvo.

Temos de tomar alguns cuidados para que a pesquisa forneça informações confiáveis. É fundamental a realização de cálculo amostral com base em técnicas estatísticas rigorosas, bem como apuro na análise, em especial no cruzamento das respostas. Não podemos prescindir, igualmente, do filtro de respondentes, isto é, o trabalho de campo precisa filtrar quem vai responder à pesquisa, de modo a assegurar que só serão ouvidas pessoas dentro do perfil desejado, para que haja uma fidelidade absoluta ao que foi definido na amostra. Em função de tais características, pesquisas quantitativas têm uma estrutura rígida e única, podem ser repetidas várias vezes e são capazes de gerar séries históricas.

Tomemos como exemplo uma empresa X, que monitora frequentemente o nível de satisfação dos clientes com seus televisores. Esse nível tem se mostrado sempre positivo, no entanto, por mais que invista em publicidade, sua participação de mercado não ultrapassa 8%. Algumas hipóteses foram levantadas: a concorrência tem promoções mais atrativas, ou campanhas publicitárias mais eficientes, ou o posicionamento de preços de seus televisores está elevado em relação à concorrência.

Trata-se de um caso típico de pesquisa quantitativa, para determinar a causa da dificuldade em ganhar participação de mercado, bem como para apontar a melhor solução para o problema. Trata-se de uma pesquisa eventual, também chamada de *pesquisa ad-hoc*.

A expressão *ad-hoc* tem origem no latim e significa "sob medida" ou "de acordo com o caso". A pesquisa *ad-hoc*, realizada uma única vez para atender ao objetivo específico de uma situação pontual, normalmente é feita para uma só categoria de produto e um só cliente. É aplicável a praticamente qualquer caso, mas, como não conta com parâmetros de comparação para checagem dos resultados encontrados, a pesquisa *ad-hoc* demanda uma amostra muito bem desenhada.

As pesquisas quantitativas também podem ser repetidas em intervalos regulares ao longo do tempo, para montagem de séries históricas. Nesse caso chamam-se *pesquisas contínuas*. Para que a montagem da série histórica – seu principal objetivo – possa estar assegurada, as pesquisas contínuas devem ser realizadas em intervalos regulares de tempo, com uma amostra fixa. São exemplos de pesquisas contínuas as chamadas de *painel de consumo* e de *auditoria de estoques*.

O painel de consumo busca determinar o padrão de consumo de um grupo de residências, por meio das embalagens de produtos usados durante determinado período. Por meio dela é possível conhecer a cesta de produtos consumidos por famílias de determinada faixa de renda, bem como a repetição de compra, possibilitando analisar seus hábitos de consumo domiciliar. O grupo Ibope, por exemplo, realiza vários painéis de consumo por categoria de produto: o *beauty panel*, para produtos de maquiagem, cremes, loções e colônias, o *fashion panel*, para calças, roupas íntimas e meias, e o *impulse panel*, para produtos como chocolates, sorvetes e refrigerantes.

Em virtude das novas técnicas de *customer relationship management* (CRM), ou seja, acompanhamento dos hábitos de compra de diferentes perfis de clientes, a utilização dessa técnica vem sendo paulatinamente reduzida, já que dispositivos tecnológicos permitem identificar a cesta de produtos consumidos por clientes que compram pela internet ou que utilizam cartões de fidelidade.

A auditoria de estoques procura detectar tendências e oportunidades para um conjunto de produtos e clientes. Esta pesquisa consiste em verificar, em todos os pontos de venda de uma determinada região, para um conjunto de produtos (normalmente produtos de limpeza, higiene pessoal e alimentos), a quantidade de itens vendidos, em um período de, habitualmente, um mês. Trata-se de um tipo de pesquisa extremamente dispendiosa e que, por isso, é compartilhada entre vários concorrentes, de modo que todos recebem, ao final do trabalho, sua participação de mercado para vários produtos. Por meio desse tipo de pesquisa, é possível analisar tendências de participação de mercado, estratégias de estoques, abastecimentos e preços por canal de distribuição. O instituto de pesquisa AC Nielsen é uma referência no mercado quando o assunto é auditoria de estoques.

Amostragem

O primeiro passo na definição da amostragem é a delimitação do universo a ser pesquisado. Universo é qualquer conjunto de indivíduos, todos apresentando uma característica comum, mesmo que esse conjunto seja muito grande e, como dizemos, tenda ao infinito.

Observa-se que a palavra "indivíduos" aqui empregada tem um sentido mais amplo. Significa não só pessoas, mas também poderá significar, por exemplo, um prédio ou uma cidade. A unidade amostral é a identificação precisa dos indivíduos específicos que serão ouvidos dentro do universo, por exemplo, donas de casa, homens com mais de 18 anos, pessoas do bairro X ou da cidade Y.

Qualquer conjunto constituído apenas por indivíduos dessa população é chamado de amostra. Em qualquer universo, portanto, há um número infinito de amostras possíveis. Para as pesquisas quantitativas, há que se estabelecer qual, entre todas as amostras possíveis, é aquela capaz de ser representativa do todo, utilizando o menor número de indivíduos e com a maior precisão possível.

A amostra de uma pesquisa quantitativa é, portanto, uma parcela determinada do universo, que preserva suas características e permite que seja estudado com precisão, baixo custo e rapidez.

Além disso, é importante mapear o perfil socioeconômico e demográfico dos entrevistados. Essa informação é de fundamental importância tanto no planejamento da amostra como na seleção dos entrevistadores, já que, para facilitar o trabalho de campo, será importante buscar profissionais que tenham o mesmo registro de linguagem dos entrevistados e, se possível, de perfil sociocultural semelhante àqueles que devem entrevistar.

Portanto, a amostragem é um processo predefinido de seleção de uma amostra, preservando certas características ou propriedades do universo, para que o conjunto maior possa ser descrito, estudado ou estimado por intermédio dessa pequena parcela. As vantagens de utilizar a amostragem estão apontadas na figura 25.

Quando comparamos as condições de produção de dados para toda uma população com uso de um censo, que entrevista 100% dos elementos amostrais, ou de uma técnica amostral, percebemos, de imediato, que as vantagens são proporcionais à redução do trabalho.

Figura 25
Vantagem do uso de amostras

Assim, o que se ganha com a redução de custo e de tempo permite que os estudos se ampliem, em termos da quantidade de características e aspectos a serem pesquisados, o que acaba por oferecer um desenho melhor da população. Por outro lado, por vezes esse é o único método que pode ser utilizado, a exemplo do que ocorre quando se destrói uma amostra do produto para que se conheçam suas qualidades. Finalmente, quando a amostra é bem modelada, tem-se a garantia de que o resultado, fidedigno, corresponde à realidade para a totalidade da população. As distorções inevitáveis quando se trabalha com a vastidão de um censo, por exemplo, não poderiam assegurar essa confiabilidade.

A definição de amostras envolve a escolha do procedimento de amostragem, escolha que "depende dos objetivos do estudo, dos recursos financeiros disponíveis, das limitações de tempo e da natureza do problema que está sendo investigado" (McDaniel e Gates, 2003:370).

Os principais métodos de amostragem podem ser classificados de duas formas: métodos de amostragem probabilística e métodos de amostragem não probabilística.

A amostragem probabilística é um método de seleção no qual cada unidade amostral na população tem uma probabilidade conhecida e diferente de zero de pertencer à amostra. Na amostragem não probabilística, a probabilidade de seleção de cada amostra da população é desconhecida para algumas ou para todas as unidades da população, podendo algumas unidades ter probabilidade nula de seleção.

A exatidão estatística dos resultados de um levantamento de dados depende de quantas pessoas serão entrevistadas, ou seja, do tamanho da amostra. Quanto maior a amostra, menor a probabilidade de erro, e quanto menor a amostra, maior a probabilidade de erro. Em outras palavras, a margem de erro aumenta à proporção que o tamanho da amostra diminui. As necessidades de exatidão devem ser estabelecidas logo no planejamento do estudo em função da importância que ele tem para a empresa, isto é, do risco envolvido na decisão a ser tomada. Isso determinará a margem de erro tolerável e, portanto, o menor tamanho de amostra que poderá ser utilizado.

Estabelecer as necessidades estatísticas de exatidão é semelhante a apostar em probabilidades. Você pode afirmar que as probabilidades são de que os resultados do estudo serão exatos, isto é, representarão o universo ou o todo do qual a amostra foi retirada, dentro de limites estabelecidos, tais como 2%, 3% ou 5%. Em termos estatísticos ideais, as margens de erro não devem ultrapassar 5%. No entanto, em se tratando de pesquisa de mercado, esses níveis nem sempre podem ser atingidos, em função de orçamento disponível e de prazos. Ainda assim, deve-se procurar a todo custo trabalhar com margens de erro inferiores a 10%, a não ser que o tipo de estudo justifique decisão em contrário.

Como na maioria dos casos em pesquisa de mercado encontramo-nos frente a populações muito numerosas, tendendo para infinito, ou seja, acima de 100 mil pessoas, os estatísticos desenvolveram tabelas-base, que se prestam ao uso com grandes populações, para que possam verificar o tamanho da amostra em relação à margem de erro. Com o objetivo de facilitar os cálculos relativos a tamanhos de amostras probabilísticas, os estatísticos produziram também tabelas básicas que associam tamanhos de amostra à obtenção de resultados com uma determinada exatidão.

Na tabela 3, são estabelecidos diferentes tamanhos de amostra, em quatro faixas, de 100 a mil pessoas, com uma margem de erro diferente para cada tamanho de amostra. Para isto definiu-se, *a priori*, que a probabilidade de sucesso, ou seja, de encontrarmos uma pessoa dentro do perfil de que precisamos, é de 50%, com intervalo de confiança de 95%.

Tabela 3
Tamanho de amostra x margem de erro

Tamanho da amostra	Margem de erro
100	10%
300	6%
400	5%
1.000	3%

Além da margem de erro, outro conceito importante para o cálculo de amostras é o chamado intervalo de confiança ou nível de confiança, que mostra o quanto é possível confiar nos resultados. Em metodologia de pesquisa, há alguns parâmetros de confiança já clássicos, utilizados com maior frequência: 68%, 95%, 95,5%, 99% e 99,7%. A escolha do intervalo de confiança para uma pesquisa depende do tipo de estudo que se está executando e do ramo científico no qual é aplicada. Depende também do orçamento disponível, pois quanto maior o intervalo de confiança maior a amostra necessária para alcançá-lo. Amostras maiores implicam trabalhos de campo mais vastos e mais caros. Por exemplo, se for uma pesquisa da área de ciências sociais, cujo único objetivo é descobrir uma tendência de cunho acadêmico, é factível utilizar um índice de confiança de 68%. Se for uma pesquisa de cunho mercadológico, o aceitável é 95%. A grande maioria das pesquisas de marketing utiliza intervalos de confiança de 95%. Porém, se for uma pesquisa da área médica, obrigatoriamente o estudo deve ter um índice de confiança de 99,7%, dado o caráter sensível daquilo com que se está lidando.

O intervalo de confiança, como o nome sugere, mostra o quanto é possível confiar nos resultados. Um intervalo de confiança de 95%, por exemplo, indica que se fossem feitas 100 pesquisas para o mesmo fim, e com a mesma metodologia, em 95 delas os resultados estariam dentro das margens de erro utilizadas, e que a tolerância seria para cinco erradas (5%). A tabela 4 apresenta os diferentes níveis de confiança utilizados e respectivos valores Z (número de desvios-padrão) da curva normal (ou curva de Gauss).

Tabela 4
Intervalos de confiança mais utilizados em pesquisa

Intervalo de confiança (%)	Valor de Z
68,00	1,00
95,00	1,96
95,50	2,00
99,00	2,57
99,70	3,00

Assim como a margem de erro, o intervalo de confiança também é escolhido pelo pesquisador, levando em conta fatores técnicos e orçamentários. Convém, portanto, reforçar que a escolha não depende apenas de critérios estatísticos, mas também de aspectos financeiros e gerenciais. Sempre se deseja escolher o maior nível de confiança combinado com a menor margem de erro, mas o custo precisa ser levado em consideração. É necessário avaliar se a relação entre precisão, nível de confiança e custo é vantajosa ou mesmo possível.

Para o cálculo do tamanho de amostras há duas possibilidades. Na primeira, são desejadas amostras envolvendo médias. Por exemplo, consumo médio mensal de litros de leite.

A segunda envolve proporções. Por exemplo, a porcentagem da população que tem lembrança de determinado anúncio publicitário. Para cada caso, há ajustes na fórmula de cálculo empregada, principalmente relacionados ao conhecimento do tamanho do universo pesquisado e da variância da população. Seja para o cálculo de médias ou proporções, os parâmetros de intervalo de confiança e margem de erro escolhidos para uma determinada pesquisa são aplicados nas fórmulas de cálculo amostral. Algumas fórmulas utilizadas para o cálculo amostral são apresentadas no quadro 6.

Quadro 6
Fórmulas básicas para o cálculo de tamanho de amostras

LEGENDA
N = tamanho do universo.
n = tamanho da amostra.
S^2 = variância da amostra.*
e = valor de tolerância em relação aos resultados da pesquisa (erro amostral).
Z = desvio-padrão relacionado ao índice de confiança.

PARA CÁLCULOS ENVOLVENDO *ESTIMAÇÃO DE MÉDIAS*
Para universos infinitos:**
$n = (S^{2*}Z^2)/(e^2)$
Para universos finitos:***
$n = (S^{2*}Z^{2*}N)/(S^{2*}Z^2 + e^{2*}(N - 1))$
Obs. 1: quem determina S^2 é o pesquisador por meio de amostra-piloto ou estimativa, pois a variância não é conhecida na grande maioria das vezes.
Obs. 2: esta é uma forma de estimar a variância de um universo sobre o qual não temos informação:
$S^2 = ((L - l)/6)^2$
L = Limite superior da estimativa da média.
l = Limite inferior da estimativa da média.
6 = É o ΔZ que dá 99,7% de confiança.

PARA CÁLCULOS ENVOLVENDO *PROPORÇÕES*:
$S^2 = 0,25$
Obs.: como a variância não é conhecida, estima-se a maior variância possível numa proporção: 50% favorável (½) e 50% desfavorável (½) em relação ao que estiver sendo analisado. Logo, ½ × ½ = 0,25.
Para universos infinitos:
$n = (0,25^*Z^2)/(e^2)$
Para universos finitos:
$n = (0,25^*Z^{2*}N)/(0,25^*Z^2 + e^{2*}(N - 1))$

*Variância: é uma medida de dispersão, ou seja, o grau de diferença entre um indivíduo e outro em relação a sua atitude quanto ao tema de interesse. A variância baseia-se no quanto uma resposta difere da média da população (Aaker et al., 2001).
**Universos infinitos: universos muito grandes, difíceis de delimitar.
***Universos finitos: universos geralmente menores, passíveis de delimitação.

O quadro 7, por sua vez, apresenta, em cada uma de suas três seções, alguns exemplos de aplicação das fórmulas de cálculo de amostras.

Quadro 7
Exemplos de aplicação das fórmulas de cálculos de tamanho de amostras

(1) Numa cidade do norte do país foi realizada uma amostra-piloto para saber qual era o nível de consumo de tubos de pasta dental por mês, por família. Determinou-se a variância dessa amostra-piloto: 1,56. Tal cidade possui 2 mil famílias. É aceita como erro uma tolerância de 300 tubos de pasta dental e um índice de confiança de 95%. Qual o tamanho da amostra se quisermos realizar uma pesquisa para saber o potencial de mercado dessa referida cidade?.

Considerações iniciais:
- Pesquisa do tipo estimação de médias.
- Universo pequeno – Fórmula para cálculo do tipo finito.

$n = (S^{2*}Z^{2*}N)/(S^{2*}Z^2 + e^{2*}(N - 1))$
N (tamanho do universo) = 2.000
S^2 = 1,56
Nível de confiança (95%) → Z = 1,96
e = 300 tubos de pasta → 300/2.000 = 0,15. Logo:
$n = (1,56^*1,96^{2*}2.000)/(1,56^*1,96^2+0,15^{2*}(2.000-1))$
n = 235 a serem pesquisados.

(2) Em um país com cerca de 90 milhões de eleitores, deseja-se realizar uma pesquisa aproximadamente a uma semana da eleição, para saber qual candidato tem as maiores chances de ganhar a disputa (candidato A ou candidato B). Sabe-se que o erro máximo admitido é de 2,7 milhões eleitores e o nível de confiança para os resultados é de 95%. Qual o tamanho da amostra para essa pesquisa?

Considerações iniciais:
- Pesquisa do tipo proporcional.
- Universo muito grande – Fórmula para cálculo do tipo infinito.

$n = (0,25^*Z2)/(e2)$

Cálculos:
e (erro) = 2.700.000/90.000.000 = 0,03 ou 3%
Para 95% de confiança → Z = 1,96 (vide tabela 4). Então:

$n = (0,25^*(1,96)2)/(0,03)2 =$ **1.068 eleitores devem ser entrevistados.**

(3) Um tradicional fabricante de detergente está querendo conquistar novos mercados em outras cidades. Pelos dados de pesquisas realizadas em cidades onde já atua, percebe-se que o consumo máximo por família chega a três embalagens por mês. Em uma nova cidade com 20 mil famílias, deseja-se determinar qual o seu potencial de mercado. Para tanto, aceitam-se um nível de tolerância de 3 mil embalagens e um índice de confiança de 99,7%. Qual o tamanho da amostra para essa pesquisa?

Considerações iniciais:
- Pesquisa do tipo estimação de médias.
- Universo grande – Fórmula para cálculo do tipo infinito.

$n = (S2^*Z2)/(e2)$

Consumo máximo = três embalagens/mês

$S2 = ((L - l)/6)2$
$S2 = ((3-0)/6)\,2$
$S2 = 0,25$

Nível de confiança (99,7%) → Z = 3
e = 3.000/20.000 = 0,15. Daí:

$n = (0,25^*32)/(0,15)2 = 2,25/0,0225$
n = 100 famílias a serem pesquisadas.

Procedimentos de amostragem probabilística

A amostragem probabilística é um processo de seleção no qual cada unidade amostral na população tem uma probabilidade conhecida e diferente de zero de pertencer à amostra. A amostra é estabelecida a partir de um sorteio dos elementos que pertencem ao universo, garantindo assim uma seleção não arbitrária e sem distorções. Esse procedimento faz com que os resultados obtidos sejam representativos da população ou universo de interesse, pois há a possibilidade de estimar a diferença entre um valor encontrado na amostra e o valor real encontrado no universo. Essa diferença entre os valores é chamada de erro amostral. Na amostra probabilística, fórmulas matemáticas são usadas para calcular seu tamanho. O tamanho da amostra também é função do intervalo de confiança desejado, que, por sua vez, indica a probabilidade de a margem de erro, de fato, ser a que foi estabelecida. Em outras palavras, o intervalo de confiança é como se fosse o erro do erro. Por exemplo, se consideramos um intervalo de confiança de 95%, isso significa que se realizarmos 100 pesquisas iguais, em 95 delas a margem de erro seria a estabelecida e em cinco delas a margem de erro seria superior à estabelecida.

Os tipos mais conhecidos de amostragem probabilística são a amostragem aleatória simples, a amostragem estratificada, a amostragem sistemática e a amostragem por conglomerado.

Amostra probabilística aleatória simples

De modo geral, denomina-se amostra simples ou aleatória o conjunto de dados extraídos ao acaso de uma população finita, previamente definida, de modo que em cada extração todos os elementos tenham a mesma probabilidade de ser escolhidos. Dessa forma, todas as amostras de determinado número n de observações são igualmente possíveis.

Amostra probabilística estratificada

Na amostra estratificada, a população é dividida em grupos com características semelhantes, e as amostras simples são construídas a partir desses grupos. Para o uso da amostragem estratificada, costumam ser apontadas as seguintes razões: aumento da precisão da amostra pela redução da estimativa da variância; desejo de conhecer a média e a variância de subpartes da população; e quando a estrutura é composta de partes diferentes, por conveniência de seleção pode-se considerar cada parte como um estrato e usar amostragem estratificada. Por exemplo, considere a figura 26 como a representação esquemática de uma população, segundo características demográficas ou comportamentais que impactam na compra de um produto estudado. A amostragem estratificada reduz o erro uma vez que são entrevistados todos os segmentos (no caso, de A a F), evitando assim o risco de deixar um ou mais segmentos sem representação, o que criaria um viés e, consequentemente, uma perda de confiabilidade nos resultados. Apesar de mais eficiente, as amostras estratificadas são usadas em poucos casos, pois o tempo e os custos de estratificação nem sempre se justificam para o tipo de informação que se deseja obter.

Figura 26
Representação esquemática de uma população

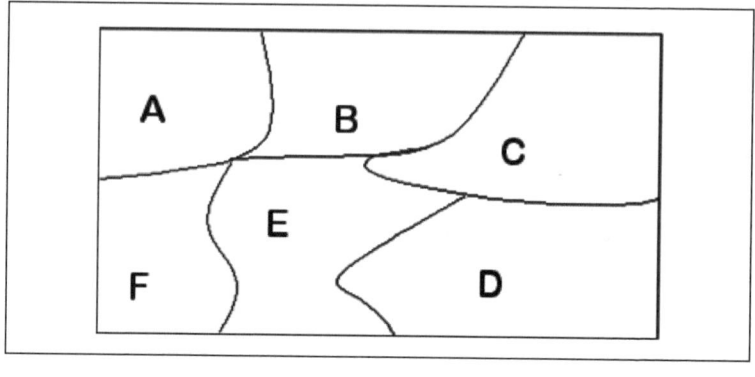

Amostra probabilística sistemática

Na amostragem sistemática, os elementos da amostra são selecionados aleatoriamente e é estabelecido um intervalo entre esses elementos. Define-se um intervalo amostral N (tamanho da população) dividido por *n* (tamanho da amostra). Por exemplo: para selecionar os elementos de uma amostra de 1.000, a partir de uma população de 20 mil, estabelece-se um intervalo de 20.000/1.000 = 20; escolhe-se um número aleatório de 1 a 20 e, a partir desse número, soma-se sempre 20 para saber qual o próximo elemento da população que será selecionado.

Amostra probabilística por conglomerado

Na amostragem por conglomerado, em vez de elementos isolados, como na amostra estratificada, selecionam-se grupos, denominados conglomerados, por exemplo, quarteirões de domicílios (para amostra de domicílios), sorteados para compor a amostra. Na amostragem por conglomerados, a população frequentemente é extensa e a estrutura existente apresenta-se na forma de grupos. A maior razão para o uso de conglomerados é a redução de custo por entrevista. O inconveniente é um possível aumento da estimativa da variância.

Procedimentos de amostragem não probabilística

Apesar de as amostragens probabilísticas serem estatisticamente mais poderosas, pois permitem a extrapolação dos resultados da amostra para o universo, há alguns casos em que sua utilização não é possível.

Imagine o caso de precisarmos entrevistar 300 empresas brasileiras revendedoras de determinado produto. Sabemos que 180 delas se recusam a responder questionários, por motivos de sigilo estratégico. Portanto, não podemos utilizar as técnicas probabilísticas porque as possibilidades iniciais de seleção aleatória estão comprometidas. Nesse caso, justifica-se o uso de um tipo de amostragem não probabilística.

A amostragem não probabilística adota um procedimento não aleatório de seleção de amostras, ou seja, a escolha ocorre de forma arbitrária, a partir de critérios subjetivos baseados na experiência e no julgamento do pesquisador. Segundo Malhotra (2001:306),

> como não há maneira de determinar a probabilidade de escolha de qualquer elemento em particular para a inclusão na amostra, as estimativas obtidas não são estatisticamente projetáveis sobre a população.

Qualquer amostra que não seja selecionada a partir de critérios probabilísticos é uma amostra não probabilística.

Os tipos de amostragem não probabilística são a amostragem por conveniência, a amostragem por julgamento e a amostragem por cota.

Amostra não probabilística por conveniência

Na amostragem por conveniência, considerada uma determinada população, os elementos selecionados são aqueles com os quais é mais fácil obter informações. De todos os tipos de amostragem, o critério de conveniência é o mais frágil, apesar de economizar tempo e dinheiro. As amostras por conveniência são apropriadas em uma fase exploratória, em grupos de discussão, pré-testes de questionários ou projetos-piloto (Malhotra, 2001).

Amostra não probabilística por julgamento

Na amostragem por julgamento, há uma seleção dos membros da população que apresentam as melhores perspectivas de fornecer as informações procuradas, da maneira mais precisa possível. O pesquisador tenta extrair uma amostra representativa com base no critério de julgamento (McDaniel e Gates, 2003). Apesar disso, a amostragem por julgamento também não tem nenhuma validade estatística, pois a população não é claramente definida. Amostras por julgamento podem, por exemplo, ser utilizadas em grupos de discussão, em testes de mercado para determinar o potencial de um novo produto e para avaliar tendências a partir das respostas de especialistas e formadores de opinião em diferentes áreas do conhecimento. Por exemplo, diferentes grupos de advogados trabalhistas, criminais e tributários, que usam frequentemente a internet, são selecionados para avaliar o conteúdo de um novo *site* de informações jurídicas.

Amostra não probabilística por cota

Na amostragem por cota, procura-se estabelecer uma amostra que se identifique em alguns aspectos com o universo. Essa identificação pode estar ligada a características demográficas, geográficas, psicográficas e comportamentais. A quantidade a ser entrevistada é subjetiva, de acordo com a necessidade da pesquisa. As cotas são atribuídas de modo que a proporção dos elementos da amostra seja a mesma que a proporção de elementos da população com essas características. Isso quer dizer que a amostragem por cota preserva as mesmas características de interesse presentes na população. Entretanto, as amostras por cota não possuem validade estatística, já que os entrevistados não são selecionados aleatoriamente, como nas amostras probabilísticas.

Coleta de dados na pesquisa quantitativa

A escolha do procedimento de coleta de dados não é aleatória. Ao contrário, precisa ser compatível com o estudo a ser realizado, considerando os objetivos e a finalidade a que se propõe, além de fatores como o tempo e a verba disponível para a realização do estudo. Quando os objetivos permitem a utilização de dois ou três tipos diferentes de instrumento de coleta, habitualmente são os fatores prazo e custo que determinarão a escolha definitiva. Por isso, é essencial definir, *a priori*, que meio de coleta será utilizado para que seja possível montar um instrumento compatível com suas características.

O meio utilizado na coleta de dados também tem impactos sobre o estudo, sendo responsável, muitas vezes, pelo sucesso ou não da iniciativa. A figura 27 representa os principais meios de coletar dados em pesquisa de mercado.

Figura 27
Meios de coleta de dados (pesquisa quantitativa)

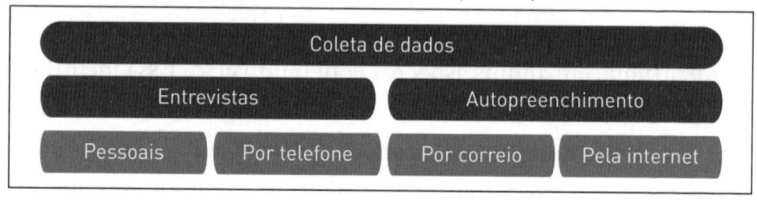

Coleta de dados	
Entrevistas	Autopreenchimento
Pessoais / Por telefone	Por correio / Pela internet

Entrevistas pessoais

Podem ser realizadas de diferentes formas: na rua, no domicílio ou no local de trabalho, em locais de grande concentração de pessoas, como *shoppings*, por exemplo. Esta última guarda semelhanças muito grandes com a pesquisa na rua. Vamos ver em maiores detalhes os dois principais tipos.

A entrevista na rua ou em locais de grande concentração

É preciso que o tema da pesquisa seja direcionado à população integral ou a segmentos específicos. Devido às características do local, normalmente entrevistado e entrevistador estão de pé e com muito movimento ao redor; por isso os questionários não podem ser muito extensos. A representatividade da amostra com esse processo é difícil de ser medida. Assim, as instruções aos entrevistadores devem ser diretas e objetivas, por exemplo: entrevistar todas as quartas pessoas que atravessem a rua; mudar de calçada a cada meia hora; mudar de rua a cada duas horas; mudar de bairro todos os dias. Quando a pesquisa estiver direcionada a um segmento específico, tais regras precisam ser adaptadas. Assim, se desejarmos, por exemplo, fazer uma pesquisa com donas de casa, podemos estabelecer que a coleta de informações será feita na saída dos supermercados, e nesse caso podemos definir: entrevistar todas as terceiras mulheres que saiam do supermercado com sacolas; mudar de supermercado a cada duas horas; mudar de bairro todos os dias.

Entrevista no domicílio ou no local de trabalho

Em virtude de o entrevistado estar com mais conforto e, normalmente, ter destinado algum tempo para receber o entrevistador, é o método mais apropriado para questionários com muitas perguntas ou para aqueles em que o entrevistado precisa refletir com mais vagar a fim de responder às perguntas, por exemplo, montar um *ranking* de produtos ou empresas e dar notas para diferentes marcas. Com essa abordagem, normalmente, conseguem-se respostas mais precisas. Em muitos casos, abordam-se pessoas em locais de grande concentração (também chamado de *intercept*), pedindo a colaboração para responder a uma pesquisa e marcando um horário e local mais conveniente para sua realização.

Pesquisa por autopreenchimento

Existem duas formas de entrevistas com autopreenchimento: por correio e pela internet. Nos dois casos, um grande apelo para se recorrer à técnica do autopreenchimento é o reduzido custo na realização desse tipo de pesquisa, se comparado aos demais. Além disso, há uma conveniência maior do entrevistado, já que ele pode responder ao questionário quando achar melhor. O uso dessa técnica, entretanto, traz alguns sérios inconvenientes:

- baixa taxa de respostas – em média de 3% a 5% do total dos questionários enviados. Em alguns casos, quando se conhece exatamente o perfil dos respondentes e há um cadastro abrangente desse universo, é possível aumentar a taxa de resposta, por exemplo, substituindo pessoas que não responderam por outras, enviando gentis lembretes aos potenciais respondentes, informando que sua resposta ainda está sendo aguardada e é de fundamental importância para a pesquisa. Infelizmente, nem sempre isso é possível;
- incerteza se o questionário foi respondido pela pessoa correta;
- problemas com a representatividade da amostra;
- ocorrência de questionários respondidos de forma incorreta;
- necessidade de carta ou texto introdutório explicativo;
- largo tempo para a chegada das respostas, o que gera aumento na duração da pesquisa.

Em muitos casos, é necessário um estímulo, como o sorteio de algum brinde, para alavancar respostas. No entanto, por vezes, tal prática pode aumentar ainda mais o erro, pois estimula pessoas fora do perfil desejado a responderem o questionário com o único intuito de concorrer ao prêmio. É fácil entender que a qualidade dessas respostas não será boa.

Pesquisa por telefone

Só é possível se o universo a ser estudado for constituído apenas por aqueles que tenham telefone. Nesses casos, o questionário deve ser curto e é preciso ter certeza de estar falando com a pessoa correta. A principal vantagem da pesquisa por telefone é a rapidez na coleta de dados. Atualmente, as entrevistas telefônicas são assistidas por computador, por meio do sistema *computer assisted telephone interviewing* (Cati), o que agiliza ainda mais o processo de tabulação e análise dos dados. Contudo, o índice de perdas nas entrevistas por telefone também é grande, pois geralmente esse procedimento depende de listagens nem sempre atualizadas e qualificadas do universo a ser estudado. O telefone também é muito utilizado para a marcação de entrevistas pessoais ou como complemento para retomar o contato com entrevistados que não responderam a alguma pergunta do questionário, especialmente aqueles enviados via mala direta.

Fragilidades dos meios de coleta e escolha da técnica a ser empregada

A escolha da técnica a ser empregada, portanto, é fator determinante do sucesso do estudo, mas varia, caso a caso, de acordo com as características do processo que se deseja implementar. Na avaliação, deve-se considerar, ainda, a possibilidade de ocorrência de viés, isto é, erro em diferentes pontos do processo, para diferentes técnicas de pesquisa. É preciso, portanto, conhecer as fragilidades de cada um dos meios de coleta.

O quadro 8 mostra o grau de ocorrência de vieses em cada uma das metodologias. A análise evidencia que todas as metodologias apresentam fontes de viés. Portanto, não pode ser a existência de maior ou menor incidência de vieses o fator de escolha da metodologia a ser adotada. Tal escolha deve estar pautada nos fatores definidos no *briefing*, ou seja, tempo, custo, profundidade da pesquisa, entre outros.

Quadro 8
Grau de ocorrência de vieses

Fontes de viés	Grau de ocorrência de vieses			
	Entrevista		Questionário autopreenchido	
	Pessoal	Por telefone	Tradicional	Pela internet
Quebra do anonimato	Alto	Médio	Baixo	Baixo
Dificuldade de entendimento de questões	Baixo	Médio	Alto	Alto
Falta de uniformidade das mensurações	Alto	Médio	Baixo	Baixo
Pré-conhecimento das questões	Baixo	Baixo	Alto	Baixo
Fraude do entrevistador	Alto	Baixo	Baixo	Baixo
Dificuldade de supervisão e controle	Alto	Médio	Baixo	Baixo
Controle sobre quem responde	Baixo	Alto	Alto	Alto
Influência do entrevistador	Alto	Alto	Baixo	Baixo
Falta de sinceridade nas respostas	Baixo	Alto	Alto	Alto

O conhecimento dos aspectos capazes de gerar vieses no resultado da pesquisa é útil para que sejam tomadas medidas capazes de minimizar tais problemas, de modo a assegurar que o resultado obtido seja compatível com o estudo previamente desenhado.

Assim, de maneira geral, a entrevista pessoal é ainda a melhor opção quando se busca profundidade, porém é o método mais caro. A entrevista telefônica é o método mais rápido de coleta de dados, com a vantagem de ter abrangência nacional ou internacional e com uma relação entre custo e benefício compensadora. O autopreenchimento é a opção mais barata, mas apresenta um retorno geralmente baixo. Sendo assim, a escolha do meio de coleta de dados deverá considerar todas as variáveis envolvidas e vir acompanhada da implantação de mecanismos de controle nas esferas em que a metodologia escolhida se mostrar mais frágil.

Abordagem disfarçada na pesquisa quantitativa

Quando da construção do questionário, pode ser necessário o uso de "disfarces" para driblar a resistência do entrevistado em responder o que se quer saber. Um exemplo clássico é a pergunta da idade das senhoras. Há uma tendência a subenumerar a idade, muitas vezes encolhida para valores com dígitos finais 0 ou 5. Nesse caso, o uso de intervalos de idades costuma a minorar o problema, utilizando-se intervalos quinquenais, ou mesmo decenais, melhor para idades mais avançadas.

Outras vezes, é importante não deixar explícita a real variável avaliada. Nesse caso estão perguntas sobre preço de produtos dirigidas a um público de classe social A, quando da investigação dos principais fatores que o levam a escolher uma marca de um dado produto. Se a pergunta aparecer sob a forma da relação entre custo e benefício, é possível obter a resposta desejada.

O caso clássico e mais utilizado está vinculado à questão da renda mensal. As pessoas normalmente não respondem ou, quando o fazem, não são sinceras ao dizer o quanto ganham por mês. Pessoas que ganham pouco tendem a responder que ganham mais, ocorrendo o inverso com quem ganha mais. Poderíamos nos defrontar com um caso hipotético de um país com uma distribuição de renda muito melhor do que realmente tem. Esse é um problema cultural que se verifica na maioria dos países. Para enfrentar essa questão, foram criadas diversas formas indiretas de verificar o padrão de renda, visando entender o real poder de compra das pessoas. O critério de classificação econômica Brasil, ou critério Brasil, que foi criado para estimar o poder de compra por meio da posse de um conjunto de bens e do nível de escolaridade do chefe de família, vem sendo utilizado com sucesso pelos institutos de pesquisa brasileiros.

Elaboração de questionário: tipos de perguntas

Algumas precauções podem ajudar a construir um instrumento de coleta de dados que seja consistente e adequado. Em primeiro lugar, é preciso ter bem definidos os objetivos da pesquisa. Geralmente, classificam-se os objetivos da pesquisa em áreas de abordagem. Por exemplo: variáveis demográficas, estilo de vida, hábitos de consumo, preferências, avaliação de imagem de marca e interesse de experimentação. Além disso, é preciso verificar se as perguntas formuladas atendem aos objetivos do projeto, adequar o perfil dos entrevistadores ao do entrevistado para que tenham a mesma linguagem, checar se não há ambiguidade ou falta de alternativas em quaisquer perguntas, não fazer perguntas embaraçosas, não obrigar o entrevistado a fazer cálculos, não incluir perguntas que remetam a um passado distante, não incluir perguntas que já contenham respostas e usar perguntas introdutórias não comprometedoras, que não remetam à intimidade do respondente.

A forma, a ordem e a quantidade de questões dependem também do método de coleta de dados utilizado e do grau de acessibilidade do pesquisador aos respondentes. As perguntas introdutórias permitem ao entrevistado organizar suas ideias e o estimulam a continuar a entrevista.

As perguntas de um questionário devem ser claras e objetivas, para que possam ser plenamente entendidas. O questionário é composto por vários tipos de perguntas. Elas se classificam quanto à estrutura ou quanto à funcionalidade.

Quanto à estrutura, as perguntas podem ser abertas ou fechadas, e estas podem ser dicotômicas, de múltipla escolha, de escala de avaliação ou de concordância. Quanto à funcionalidade, temos, além das perguntas que objetivam recolher propriamente a opinião do entrevistado, dois outros tipos, de aplicação muito específica: as de caracterização e as de filtro.

- *Pergunta aberta* – É a que dá ao entrevistado a oportunidade de colocar seu ponto de vista, livremente. Este tipo de pergunta dificulta e encarece a tabulação dos dados, podendo dar margem a interpretações por parte do entrevistador e do codificador. Entretanto, permite que se esclareça algum aspecto que não tenha sido considerado nas demais perguntas.
- *Pergunta dicotômica* – É uma pergunta em que só cabem duas alternativas, cuja resposta só pode ser sim ou não, certo ou errado, verdadeiro ou falso, ou variações. Esse tipo de pergunta dificilmente nos leva a concluir algo sobre algum fato. Entretanto, se acrescentarmos à pergunta um "por quê?", para que o entrevistado explique o motivo de sua resposta ou se utilizarmos a opção de resposta para levar o entrevistado a responder questões específicas para o não ou para o sim, a pergunta será válida.
- *Pergunta de múltipla escolha* – É uma pergunta para a qual é possível a aceitação de mais de uma alternativa de resposta, por exemplo: "Que marcas você conhece do produto P?" É fundamental conseguir listar todas as possíveis opções de resposta, a fim de evitar a indução da resposta do entrevistado. Se, por exemplo, o entrevistador for ler (ou se for um questionário de autopreenchimento) todas as opções de resposta a uma pergunta, o entrevistado tenderá a refletir apenas sobre as opções apresentadas e talvez se esqueça de algum fator importante não mostrado. Uma boa forma de evitar que se esqueçam opções de resposta é testar as perguntas junto a algumas pessoas, estimulando-as a pensar em outras alternativas de resposta. A opção "Outras. Quais?" também é importante. Se for necessário, devemos considerar, ainda, o uso de uma pergunta com 10, 15 ou 20 opções de resposta. Pode-se reduzir o viés em uma pergunta desse tipo utilizando

um conjunto de cartões com todas as opções de resposta, cada um deles com a ordem de respostas em rodízio. Assim, evitamos que uma resposta leve vantagem por estar no topo da lista ou mais à esquerda, por exemplo.
- *Perguntas com escalas de avaliação e escalas de diferencial semântico* – São as usadas para que o entrevistado dê uma nota, utilizando uma escala. Esta escala pode variar desde 1 a 4 até de 0 a 10, mas não deve ultrapassar esta marca. Em muitos casos a escala se apresenta associada a uma característica qualitativa, por exemplo: Muito satisfeito = 5; Satisfeito = 4; Indiferente = 3; Insatisfeito = 2 e Muito insatisfeito = 1.
- *Perguntas com escalas de concordância (Likert)* – São as que avaliam, com graus de aprovação e desaprovação, de concordância e discordância, as informações expostas ao respondente. Por exemplo: A assistência técnica oferece uma solução rápida. Opções de resposta: Concordo totalmente; Concordo em termos; Nem concordo nem discordo; Discordo em termos; Discordo totalmente.

Além das que já vimos há dois tipos especiais de perguntas: a de caracterização e a pergunta filtro.

- *Pergunta de caracterização* – É usada para identificar as características do entrevistado, como gênero, idade, faixa de renda e nível cultural.
- *Pergunta filtro* – Serve para verificar se a pessoa correta está sendo entrevistada, ou se a pergunta seguinte deve ou não ser aplicada. Por exemplo: "Você costuma jantar fora todo final de semana?" Se "Sim", continuar para a próxima pergunta; se "Não", "pular" para a pergunta "n".

O quadro 9 apresenta um exemplo simplificado de questionário.

Quadro 9
Exemplo simplificado de questionário

Pesquisa de lembrança de propaganda de xampu

1) A senhora tem televisão em casa?
[ ] Sim   [ ] Não (**encerre**)

2) A senhora. estava assistindo à televisão ontem, entre 18 e 20 horas?
[ ] Sim   [ ] Não (**encerre**)

3) A que canal estava assistindo?
[ ] Canal 5   [ ] Canal 7   [ ] Outros canais (**encerre**)

4) Quais as propagandas que a senhora lembra ter visto ou ouvido na televisão, entre 18 e 20 horas?
[ ] Xampu   [ ] Outras (**faça 4A**)

4A) (Se não citou xampu): A senhora lembra ter visto/ouvido propaganda de xampu?
[ ] Sim – marca _____   [ ] Não (**vá para dados de classificação/perfil demográfico**)

5) Como era a propaganda?
[ ] Descrição correta   [ ] Descrição incompleta   [ ] Descrição errada

6) O que a senhora entendeu dessa propaganda?
[ ] Mensagem completa   [ ] Mensagem incompleta   [ ] Mensagem errada

Dados de classificação/perfil demográfico _____

Pré-teste do questionário

É fundamental que se faça um pré-teste do questionário antes de o trabalho de campo começar. Um pré-teste irá verificar a fluidez e a estrutura lógica do questionário, as possíveis reações dos entrevistados, o entendimento das questões e o tempo despendido na entrevista.

Só para que tenhamos ideia do que pode ocorrer com um questionário, vejamos o exemplo do que ocorreu há alguns anos, quando um fabricante de louças sanitárias lançou uma pesquisa de mercado para entender os motivos que levavam as pessoas a substituírem o bidê pela ducha sanitária. Após ter feito um pré-teste no Rio de Janeiro e em São Paulo, o questionário foi considerado aprovado e o trabalho de campo foi iniciado. Durante o campo, surgiram respostas do Rio Grande do Sul que pareciam estranhas. Residências com um banheiro e cinco bidês! Descobriu-se, então, que bidê, no Rio Grande do Sul, significa criado-mudo! Ou seja, as pessoas respondiam corretamente ao questionário, mas o entendimento da questão era equivocado.

Figura 28
Pergunta modificada após pré-teste

Original	Pergunta	Quanto você acha que tem de suco de laranja em uma lata de FANTA?
	Respostas possíveis	• uma laranja • não muito • 1/4 de xícara • a maior parte
Modificada após pré-teste	Pergunta	Que porcentagem de suco de laranja você acha que tem em uma lata de FANTA?
	Respostas possíveis	• 80% • 50% • 25% • 5%

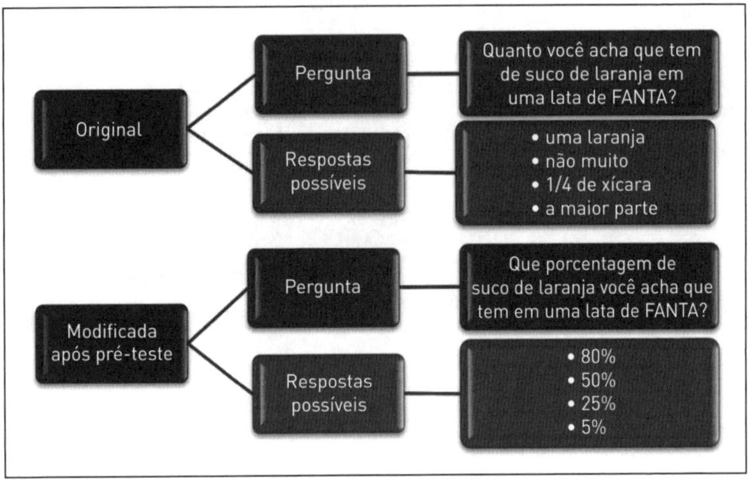

Outro exemplo ocorreu há alguns anos, numa pesquisa feita sobre o refrigerante Fanta. Após o pré-teste do questionário, uma pergunta teve de ser modificada, pois seu entendimento não era correto, como mostra a figura 28. O objetivo da pergunta era entender qual era a percepção dos entrevistados quanto à quantidade de suco de laranja que existia em cada lata de Fanta. Nesse caso, é fundamental que ofereçamos a mesma *métrica* (no caso, os percentuais) para os entrevistados responderem: isso facilita não só o raciocínio das pessoas, como o processamento das respostas.

O pré-teste deve ser realizado com pessoas que tenham o mesmo perfil e estejam nas mesmas regiões geográficas dos respondentes do questionário, para gerar a real sensação do que poderá ocorrer no momento em que estivermos fazendo o trabalho de campo. E lembre-se: se seu entrevistado não compreendeu bem a pergunta feita, o problema não é dele, é seu.

Além do entendimento das questões, o pré-teste também avalia a duração da aplicação do questionário, verificando se as pessoas ficam cansadas ao respondê-lo. É muito importante avaliar a duração do questionário antes do início do trabalho de campo. Se um questionário cansa o entrevistado, teremos uma alta probabilidade de as pessoas desistirem de respondê-lo no meio de uma entrevista. Cabe ao profissional responsável pela execução da pesquisa decidir, em conjunto com o contratante do estudo, como alterar o questionário ao final do pré-teste.

Este capítulo tratou das etapas de planejamento e coleta de dados na pesquisa quantitativa, com os diferentes métodos de coleta de dados disponíveis, a elaboração e o pré-teste de questionários, os procedimentos de amostragem probabilística e não probabilística, a abordagem disfarçada, os tipos de perguntas e o trabalho de campo. Ainda tratando da pesquisa quantitativa, o capítulo 10 concentrará a discussão das etapas de campo, processamento de dados, cruzamento de questões, análise, apresentação de resultados e a pesquisa *online*.

10
Pesquisa quantitativa: etapas finais e a pesquisa *online*

Já vimos que um planejamento cuidadoso é essencial para que se obtenham bons resultados em qualquer tipo de pesquisa. No caso da pesquisa quantitativa, em especial, a etapa de planejamento pode ser responsável pela minimização do erro amostral, considerando as limitações orçamentárias do projeto. Entretanto, o erro total de uma pesquisa tem um componente não amostral que também pode ser minimizado quando se conduz o trabalho de campo de forma criteriosa, e é disso que trataremos na primeira parte deste capítulo.

Na sequência, discutiremos o que fazer com os extratos de campo para chegar ao grande objetivo da pesquisa: dados processados e interpretados, transformados em informação que subsidie efetivamente a tomada de decisão empresarial.

Recursos humanos para o trabalho de campo

Segundo Mattar (2000), o sucesso da operação de coleta de dados está diretamente relacionado com a qualidade do pessoal contratado para sua realização. Pessoal altamente especializado e treinado em relação aos objetivos da pesquisa é necessário para que os dados sejam corretamente obtidos e dentro dos prazos e custos preestabelecidos. A qualificação desejada varia conforme o método de coleta que será utilizado. De todos os métodos de coleta de dados, a entrevista pessoal é a que exige maior atenção com referência aos recursos humanos. Por isso, apresentaremos em detalhes os cuidados necessários na contratação de pessoas para entrevistas pessoais e complementaremos com observações em relação aos demais métodos.

A utilização de entrevistas pessoais apresenta problemas específicos em relação ao recrutamento, seleção, treinamento e supervisão de entrevistadores. A escolha de profissionais inadequados pode introduzir uma infinidade de fontes de vieses que podem comprometer completamente os resultados da pesquisa.

O processo de entrevista pessoal está fundamentado na inter-relação entre duas pessoas. Para conseguir simpatia e um clima favorável ao sucesso da entrevista, é preciso que fatores relacionados às características demográficas, psicológicas e comportamentais de entrevistadores e entrevistados sejam o mais semelhantes possível. São características demográficas: idade, gênero, estado civil, raça, religião, ocupação, nível educacional, formação profissional, estrato socioeconômico e estilo de vida. Entre as características psicológicas estão motivações, atitudes, percepções, expectativas e valores. Por fim, entre as características comportamentais temos disciplina, honestidade, comunicação, apresentação e precisão.

Conhecendo o público a ser pesquisado, é preciso recrutar e selecionar entrevistadores com o máximo de aproximação possível de seu perfil. Compõem ainda o perfil do entrevistador outras qualificações relacionadas diretamente ao trabalho em si, como a proximidade com o mercado estudado, para tornar o diálogo mais fluente pela presença de referências comuns, facilitando a interação com os entrevistados.

Mattar (2000) lista pesquisas que têm mostrado que a utilização de pesquisadores com o perfil inadequado para o estudo e o público pesquisado traz resultados viesados. Veja alguns exemplos:

- respostas obtidas quando entrevistadores e respondentes são do mesmo gênero diferem das obtidas quando são de gêneros opostos;
- entrevistadores jovens tendem a obter respostas orientadas para seu grupo de idade;
- entrevistadores da classe média encontram atitudes mais conservadoras entre grupos de baixa renda do que entrevistadores de baixa renda;
- entrevistadores de baixa renda tendem, tipicamente, a obter respostas mais radicais sobre opiniões políticas e sociais do que entrevistadores da classe média;
- a distância social entre entrevistadores e entrevistados aumenta a quantidade de vieses;
- entrevistadores negros obtêm, significativamente, mais informação sobre ressentimentos a respeito de discriminação racial do que entrevistadores brancos;
- em estudo sobre atitudes políticas, diferenças significativas foram observadas nas respostas, dependendo das atitudes políticas dos entrevistadores;
- em um estudo específico, entrevistadores favoráveis a casas pré-fabricadas obtiveram respostas mais favoráveis a casas pré-fabricadas do que os que eram desfavoráveis.

Encontrar entrevistadores qualificados é uma tarefa difícil. Primeiro, o pesquisador precisa especificar os atributos necessários para a função. Em seguida, precisa proceder ao recrutamento, seleção e contratação, de preferência nas próprias regiões requeridas pelo plano de amostragem, de forma a reduzir os custos com diárias, hospedagens, transportes e alimentação dos profissionais. Por isso a coleta de dados é realizada, geralmente, por empresas especializadas, que conseguem manter, em razão do volume de trabalho, equipes permanentes de entrevistadores treinados e também cadastros de pessoas interessadas em realizar essa atividade.

Terminado o processo de contratação, os entrevistadores precisam ser treinados de forma que seja estabelecido, entre eles, alto grau de similaridade no processo de coleta de dados. Eles são instruídos sobre os objetivos da pesquisa, o uso dos instrumentos de coleta, o plano amostral, a abordagem aos respondentes, como conseguir aceitação do entrevistado, apresentação pessoal adequada, como fazer as perguntas, como registrar as respostas e sobre o tipo de público com que irão ter contato. O treinamento deve incluir ainda explicação minuciosa de cada pergunta e as instruções pertinentes, por exemplo, "pulos" de uma pergunta para outra; demonstração da maneira mais apropriada de preenchimento do questionário; indicação de aonde ir e como encontrar a unidade a ser entrevistada (entrevista pessoal) e delimitação do período da pesquisa. Dependendo da complexidade do estudo e de sua dispersão geográfica, pode surgir a necessidade de que essas instruções sejam escritas e distribuídas aos entrevistadores em forma de manual, que não substitui, no entanto, a sessão de treinamento. Essas sessões de treinamento devem ser conduzidas pelos próprios supervisores responsáveis pelas equipes de entrevistadores, quando todo material de coleta estiver pronto e a equipe de entrevistadores definida.

O treinamento deve ser coletivo, ou seja, todos devem receber uma mesma instrução geral, a fim de evitar a necessidade de instruções individuais, que, além de cansativas para o supervisor, prejudicam a padronização do estudo. Nesse treinamento, todas as dúvidas devem ser esclarecidas. Os entrevistadores deverão receber, ainda, uma resenha da instrução, para que possam acompanhar as explicações dadas pelo supervisor. Tal resenha deverá permanecer com os entrevistadores durante todo o tempo de trabalho de campo, para consulta sempre que houver necessidade. O quadro 10 mostra um exemplo de *resenha de instrução* para entrevistadores.

Os questionários deverão ser analisados, item por item, acompanhados das explicações sobre a instrução ao entrevistador. Após a análise dos questionários, devem ser efetuadas algumas entrevistas simuladas.

Todo entrevistador receberá uma folha de recusa, na qual o entrevistador anota o número – e, se for o caso, o perfil – de pessoas que se recusaram a dar entrevistas, para posterior controle e análise pelo supervisor. Durante a instrução geral o supervisor fará uma demonstração da maneira correta de anotar as respostas.

Quadro 10
Exemplo de resenha de instrução para a coleta de dados

Caro entrevistador.

Você é a peça *mais importante* desse estudo, pois a coleta de dados é a etapa que determina a boa ou má qualidade de um estudo. Se os dados forem coletados *erroneamente*, teremos *resultados falsos*; consequentemente, serão tomadas medidas erradas relativas a uma política de mercado referente aos produtos em estudo. Por este motivo, você encontrará, a seguir, as instruções para a execução correta do trabalho de campo, a fim de que este possa ser *padronizado para toda a equipe*.

Com o objetivo de manter a padronização, seu trabalho será verificado por nós, tomando-se como base as instruções dadas. Esta verificação é realizada no decorrer da pesquisa. Trata-se de uma revisita ao entrevistado, durante a qual o mesmo questionário que você aplicou será "checado", pergunta por pergunta.

Caso as respostas da entrevista não coincidam com as anotadas por você no questionário, o fato será considerado FRAUDE, e consequentemente todo o seu MATERIAL será ANULADO – mesmo que o restante esteja correto – não lhe cabendo pagamento algum.

Será ainda considerada *FRAUDE qualquer atitude que fuja às instruções dadas*, por exemplo, execução de entrevista em local não determinado ou com pessoas que não façam parte da unidade amostral.

O questionário deverá ser entregue *total e corretamente preenchido*, ou seja, não deverão aparecer respostas em branco ou incompletas em perguntas que deveriam ser respondidas. Caso o questionário esteja incompleto, você deverá voltar ao local para *completá-lo*. Desejamos que você tenha muito sucesso nesta pesquisa e que possamos aproveitá-lo nas próximas que serão realizadas regularmente nesta cidade. Agradecemos sua colaboração, e nós, supervisores, lhe desejamos BOA SORTE.

1. Quem entrevistar
Entende-se por dona de casa pessoa responsável pelas atitudes domésticas, ou seja, aquela que determina o que se compra, o que se come, além de coordenar as atividades do lar, que em geral é a esposa do chefe de família (aquele que sustenta o lar).

Caso mães e filhas casadas, sogras e noras habitem a mesma casa, entrevistar aquela que concentrar mais responsabilidade pelo lar. Empregadas não deverão ser entrevistadas.

▼

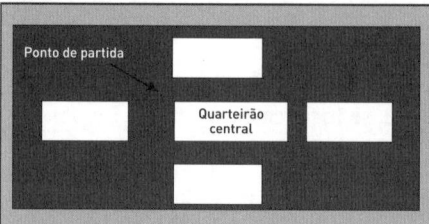

2. Onde entrevistar

2.1 Local da entrevista

Você receberá um mapa com um bloco de quarteirões marcados. Este é composto de um quarteirão central e de quatro a seis quarteirões adjacentes. Este aglomerado é denominado *cluster*.

2.2 Procedimento no cluster

Uma vez localizado, inicie a entrevista no ponto de partida indicado no desenho, ou seja, no canto esquerdo da face norte do quarteirão central.

Bata na primeira residência e aplique o questionário nº 1. Uma vez efetuada a entrevista, aplique o questionário nº 2 na casa seguinte. Encerrada a segunda entrevista, pule três casas e bata na sexta, aplicando o questionário 3, e na sétima o questionário 4, e assim sucessivamente. No caso de não conseguir efetuar a entrevista na casa determinada pela contagem, continue batendo nas casas seguintes até que a entrevista se concretize.

2.2.1 Prédio de apartamentos

Em um prédio de apartamentos, a primeira entrevista deverá ser realizada no último andar (questionário 1) e a segunda no penúltimo (questionário 2). Caso ambas se concretizem, pule três andares e reinicie o processo.

2.2.2 Vila

Considere como uma rua. Entre na vila e proceda normalmente.

2.2.3 Casa de fundos

Considere a(s) casa(s) de fundos como uma casa normalmente.

2.2.4 Passagens ou travessas

Deve-se considerar como uma rua normal. Nesse caso, o quarteirão que possuir passagens ou travessas, passará a ser considerado como dois quarteirões e o prosseguimento deverá ser normal.

2.3. Número de entrevistas por cluster

Deverão ser realizadas 20 entrevistas em cada casa *cluster*. Caso não complete a cota (20 entrevistas) no quarteirão central, passe para os adjacentes até completá-la. A ordem a ser cumprida nos adjacentes é a apresentada no desenho anterior. Após completar a cota de 20 entrevistas em um *cluster*, mude para outro *cluster* determinado pelo supervisor e reinicie o processo já adotado. Caso não seja completada a cota de 20 entrevistas no *cluster*, não deverá efetuá-las em outros quarteirões e sim levar o problema ao supervisor.

Recusa: Caso o entrevistado se recuse a dar a entrevista, o entrevistador deverá anotar, na folha de recusa, o endereço e o motivo da recusa.

Os principais erros cometidos por entrevistadores durante as entrevistas, tanto pessoais quanto por telefone, são provenientes da ausência de empatia entre o entrevistador e o entrevistado, ou seja, quando o primeiro não consegue se colocar no lugar do segundo; da forma de perguntar; da forma de registrar a resposta e de desonestidade. Durante o processo de treinamento, ênfase específica sobre esses itens deverá ser dada como forma de reduzir sua incidência.

Trabalho de campo

Os procedimentos de campo comentados nesta seção servem como parâmetro geral para a maioria dos processos de coleta de dados que envolvam a montagem de equipes de campo, que em geral têm forte hierarquia. Por exemplo, a execução de entrevistas pessoais ou por telefone exigem, geralmente, a participação de entrevistadores cujo trabalho é coordenado por supervisores.

O trabalho de campo é a parte mais cara e sujeita a erros em uma pesquisa. Os problemas mais comuns nessa fase são: dificuldade de acesso aos entrevistados, recusa em cooperar, respondentes tendenciosos ou desonestos, entrevistadores tendenciosos ou desonestos, e abordagem de público-alvo inadequado. Em linhas gerais, o trabalho de campo demanda, além de uma seleção rigorosa e de treinamento prévio da equipe de coleta de dados, um questionário bem testado e livre de falhas, para facilitar sua aplicação pelo entrevistador; uma supervisão eficiente, além de auditoria e verificação constante da coleta de dados. Os riscos inerentes à coleta exigem a realização de checagem.

O procedimento de checagem deve ser realizado com 20% das entrevistas diárias, selecionadas ao acaso, principalmente em entrevistas pessoais ou por telefone. Além dessa amostra, devem ser checadas aquelas entrevistas que possam apresentar suspeitas de fraude. A checagem deve ser imediata às entrevistas, porque o entrevistado, além de se lembrar da entrevista, ainda não teve tempo de mudar seus hábitos ou opiniões. Ademais, uma checagem imediata permite que se corrijam falhas de contratação de entrevistadores, substituindo tempestivamente as fontes de fraudes.

O processo de trabalho de campo está exemplificado no caso da Empresa X Ltda., um distribuidor de produtos alimentícios de São Paulo, que encarregou o Instituto Y de Pesquisa de Mercado de fazer um estudo entre mercearias dentro dos limites da capital. Uma parte das informações desejadas deveria ser obtida junto ao gerente de cada loja; a outra viria da observação das marcas de carne enlatada existentes nas prateleiras. O contrato entre a Empresa X e o Instituto Y especificava que uma verificação de 20% seria realizada por telefone, *e-mails* ou visitas, para assegurar a efetiva realização das entrevistas.

As mil mercearias que deveriam constar do estudo estavam distribuídas pela cidade, tendo sido recrutadas para visitá-las 10 experientes pesquisadoras. Todas compareceram ao instituto, para receber instruções detalhadas sobre a maneira exata de realizar o trabalho. Os questionários foram cuidadosamente revisados, a fim de identificar erros nos processos empregados pelas entrevistadoras. Por exemplo, várias pesquisadoras estavam confusas com referência aos produtos incluídos na classificação de carne enlatada. Os erros foram facilmente descobertos e corrigidos.

Cada pesquisadora recebeu uma lista de aproximadamente 100 mercearias, em região previamente definida. Não foi prevista supervisão de campo, em razão tanto do tamanho da área de estudo quanto da dispersão das mercearias pela cidade. Também não foi feito um roteiro de visita para cada entrevistadora, pois não havia delimitação da quantidade de entrevistas que poderiam ser realizadas em um dia. Para economizar tempo e custos de transporte, as profissionais foram instruídas a começar o trabalho de cada dia diretamente de suas casas.

O problema residia, ainda, na verificação das visitas. Em estudos anteriores, o Instituto Y já havia experimentado dificuldades nessa etapa. Haviam utilizado, até então, três métodos para a verificação das visitas: os cartões para serem devolvidos pelo correio, o contato telefônico e a visita do supervisor de campo. Entretanto, todos eles apresentavam desvantagens: os lojistas se esqueciam de devolver os cartões pelo correio, ou a entrevistadora se esquecia de entregá-lo ao entrevistado; nem todas as lojas possuíam telefone disponível no momento e a visita de um supervisor oneraria muito o processo. Para superar todos esses problemas, o Instituto Y elaborou um plano de checagem que consistia em agregar à *resenha de instrução*, dada às pesquisadoras, as informações contidas no quadro 11.

Quadro 11
Sugestão de determinações às entrevistadoras

- Todas as pesquisadoras devem comparecer ao escritório diariamente, entre as 12 e 13 h e entre as 16 e 17 h, para informar quantidade de visitas e de entrevistas realizadas, assim como os nomes e endereços das pessoas entrevistadas. Destas, será retirado certo número que será verificado por este escritório.
- Todas as entrevistas do dia devem ser enviadas ao escritório por *e-mail* até as 18 h.

Com esse procedimento, todos os dias as visitas matinais eram verificadas à tarde, enquanto as da tarde eram verificadas na manhã seguinte. Nessa ocasião, o funcionário do escritório central perguntava se a pessoa foi visitada pela entrevistadora e se tinha havido algum problema no contato. Assim, quando as informações coletadas em campo chegavam por *e-mail*, era possível verificar a presença de discrepâncias, esclarecendo as dúvidas com a pesquisadora responsável na visita seguinte.

Processamento de dados

De posse dos dados coletados, o momento da tabulação e processamento dos dados é crítico, basicamente por dois motivos.

Inicialmente, porque é um ponto em que a incidência de erro humano pode ser muito grande, na transposição das respostas anotadas no questionário em papel para a base de dados. Além disso, esse é o primeiro momento em que vamos saber se a coleta foi efetivamente consistente. Ou seja, só então teremos ideia da quantidade de questionários mal preenchidos ou incompletos e, dependendo desse percentual, será necessário adotar outras ações que certamente trarão impacto sobre o cumprimento dos prazos e – não menos importante – sobre os custos.

O quadro 12 nos dá uma síntese dos principais tipos de erro que podemos encontrar nessa etapa de processamento. A identificação desses erros pode ser feito pelo entrevistador, pelo supervisor ou mesmo pelo analista, e eles precisam ser sanados antes que os dados sejam processados. Não podemos deixar entrar "lixo" no sistema de informações de marketing (SIM), sob pena de recolhermos "lixo" na hora de extrair informações dele.

Quadro 12
Erros no processamento de dados

Tipo de erro	Causa
Erro do entrevistador	Os entrevistadores podem não estar fornecendo aos respondentes as instruções corretas.
Omissões	Frequentemente os entrevistados deixam de responder a uma pergunta ou a uma seção do questionário, seja inadvertida, seja deliberadamente.
Ambiguidade	Uma resposta pode não ser legível ou pode ser obscura. Por exemplo: qual dos quadrados recebeu o "x" em um sistema de múltipla escolha?
Inconsistências	Algumas vezes, duas respostas podem ser inconsistentes logicamente. Por exemplo, um respondente que é advogado pode ter preenchido o espaço indicando não ter o segundo grau completo.
Falta de cooperação	Em um questionário muito longo, com centenas de perguntas sobre atitudes ou imagens, um respondente pode se rebelar e dar sempre a mesma resposta em uma lista de questões. Por exemplo, em uma escala com concordo/discordo.
Respondente inelegível	Um respondente inadequado pode ter sido incluído na amostra. Por exemplo, se a amostra é de mulheres com mais de 18 anos, as demais devem ser excluídas.

Fonte: extraído de Aaker et al. (2001:442).

Para sanar os erros de processamento de dados, há pelo menos quatro alternativas:

- voltar ao entrevistado, quando isso for possível e quando o esforço se justificar por se tratar de uma pergunta importante. À falta de pelo menos uma dessas condições, deve-se optar por uma das outras alternativas a seguir;
- descartar, para aquele respondente, apenas a questão com problema, considerando as demais. Isso se justifica em questões do tipo "idade", em geral de importância apenas relativa, quando as demais respostas estariam em condições de serem aproveitadas;
- considerar as respostas inconsistentes em um item suplementar, como "não sabe" ou "não respondeu";
- descartar todo o questionário, como inaproveitável. Nesse caso, há de se verificar se o descarte não traz problemas sobre o equilíbrio da amostra, sendo necessário, por vezes, repor o questionário com outro respondente.

Tal processo permite, derivativamente, avaliar a equipe de entrevistadores e supervisores para evitar o recrutamento, em outros trabalhos, de pessoas de baixo desempenho, que necessariamente elevam o chamado erro não amostral.

Em seguida, parte-se para a codificação dos dados, que é o processo de agrupar e designar códigos numéricos às várias respostas a uma determinada pergunta. A maioria das perguntas em uma pesquisa quantitativa é fechada e pré-codificada. A codificação de perguntas abertas é mais complexa. Envolve um julgamento por parte do pesquisador, que precisa interpretar as respostas para que possam ser codificadas por semelhança. O nível de subjetividade desse processo é relativamente alto e, quando malfeito, pode ser uma importante fonte de viés. É por isso que a qualificação de quem realiza esse trabalho deve necessariamente ser elevada, contando-se frequentemente com profissionais experientes, até mesmo com formação em nível de pós-graduação, para executá-la. O quadro 13 exemplifica a codificação de uma pergunta aberta.

Como parte do processo de codificação, é necessário, por vezes, realizar ajustes estatísticos para valorar adequadamente as respostas e chegar a uma análise mais apurada. Entre os procedimentos adotados com tal objetivo, sobressaem a atribuição de pesos, a reespecificação de variáveis e a transformação de escalas.

A atribuição de pesos se justifica quando desejamos conferir maior peso, por exemplo, a uma faixa etária do público ouvido ou às pessoas de uma determinada faixa de renda à qual se destine o produto em análise. Por exemplo, se numa pesquisa de lançamento de um novo sabor de uma bebida isotônica se pretende atribuir um maior peso às opiniões dos jovens, o pesquisador poderá dar peso dois às respostas dos jovens e peso um às demais.

Quadro 13
Exemplo de codificação de pergunta aberta
Pergunta: Por que você bebe essa marca de cerveja?
(a marca foi citada na pergunta anterior)

Respostas típicas:
1. Porque é mais gostosa;
2. Tem um sabor melhor;
3. Gosto do sabor que ela tem;
4. Não gosto do sabor pesado das outras cervejas;
5. É a mais barata;
6. Compro a cerveja que estiver em oferta;
7. Não faz mal para o estômago como as outras;
8. As outras marcas me dão dor de cabeça. Esta não;
9. Essa sempre foi minha marca;
10. Eu bebo essa marca há mais de 10 anos;
11. É a marca que a maioria do pessoal lá no trabalho bebe;
12. Todos os meus amigos bebem essa marca;
13. Não tenho ideia/não sei;
14. Nenhum motivo em particular.

Categoria de resposta	Itens de resposta	Código numérico
Mais gostoso/gosta do sabor/mais gostosa que as outras	1, 2, 3, 4	1
Preço mais baixo	5, 6	2
Não dá dor de cabeça/problemas de estômago	7, 8	3
Já usa há muito tempo/hábito	9, 10	4
Amigos bebem/influência de amigos	11, 12	5
Não sabe	13, 14	6

A reespecificação de variáveis deve ser adotada quando é possível agrupar variáveis em grandes grupos, por conta de sua similaridade. Assim, por exemplo, é possível reespecificar para uma variável "oportunidade de negócio" itens como preço, relação custo/benefício, baixa taxa de juros para financiamento, aproveitamento de pontos em cartões de fidelidade entre outros. Isso não impede que cada variável seja tratada isoladamente, mas por meio desse mecanismo temos a possibilidade de visualizar grandes focos do produto.

Usamos a transformação de escalas quando há necessidade de comparação entre escalas diferentes. Esse tipo de adequação ocorre habitualmente entre moedas ou entre escalas de valor inteiro e de centavos de uma mesma moeda. Por exemplo, se as vendas são medidas em reais e os preços em centavos de real, ambas as variáveis precisam ser trazidas para uma unidade de medida comum para que possam ser comparadas. O mesmo vale para quilogramas e toneladas ou mesmo quilogramas e libras, quando a variável em questão refere-se à massa de produto.

Concluídos os ajustes, chegamos ao momento da tabulação. A tabulação visa determinar a distribuição de frequência das variáveis que foram investigadas, isto é, o número de entrevistados que deram respostas positivas a cada pergunta, gerando as estatísticas descritivas conhecidas como moda, média, desvio-padrão, variância e muitas outras. Nesse ponto, vale o destaque da importância de integrarmos o trabalho do profissional de estatística com o do profissional de marketing. Dependendo da complexidade das correlações buscadas na pesquisa quantitativa, a contribuição de um especialista em estatística pode ser imprescindível. No entanto, guardados o foco e as características essenciais de cada função, cabe ao profissional de marketing ter algum conhecimento de estatística para poder solicitar os cálculos e interpretar seus resultados.

Imagine que se faça uma pesquisa para verificar se donos de pequenos cães estariam dispostos a utilizar, em seus animais, fraldas para que saiam à rua. A distribuição de frequência, a porcentagem relativa para cada categoria e o histograma, representação gráfica por meio de barras horizontais, estão apresentadas na tabela 5.

Tabela 5
Distribuição de frequência

	Número	Porcentagem	Histograma
Fraldas descartáveis para cães			
Certamente vou utilizar	127	10,32	
Provavelmente vou utilizar	248	20,15	
Não tenho certeza ainda	394	32,01	
Provavelmente não vou utilizar	277	22,50	
Certamente não vou utilizar	185	15,03	
	1.231	100,00	
Certamente vou utilizar	27	10,32	
Provavelmente vou utilizar	248	20,15	
Indefinido ou desinteressado	856	69,54	
	1.231	100,00	

Na parte de baixo da tabela, apresentamos a mesma distribuição de frequência, em números absolutos, percentuais, ou representada graficamente – depois de procedermos ao agrupamento de categorias que provável ou certamente não usariam fraldas em seus cães.

Cruzamento de questões

A tabulação dos dados pode envolver perguntas simples, múltipla escolha, perguntas abertas e com escalas de juízo de valor (do tipo ótimo, bom, regular, ruim e péssimo). Embora seja muito importante analisar as respostas relativas a cada pergunta, é normal haver algumas dúvidas sobre como se relacionam umas às outras, bem como se o comportamento de uma ajuda a explicar o de outra.

Vale destacar aqui a tabulação cruzada, que é a técnica estatística mais utilizada pelas pesquisas de marketing. A tabulação cruzada é a verificação das respostas a uma pergunta em relação às respostas a alguma outra ou a mais perguntas de um questionário. A maioria dos estudos não vai além da tabulação cruzada em termos de análise, pois a verificação de uma associação existente entre duas variáveis nominais geralmente é suficiente para atender aos objetivos de pesquisas desse tipo.

Consideremos, por exemplo, o caso de uma pesquisa em que procuramos compreender os hábitos de compra e uso de uma determinada marca de sabonete hidratante. O questionário, por ordem, pergunta: gênero, idade, local de moradia, local mais frequente onde compra sabonetes, frequência de compra de sabonetes em geral e de sabonetes hidratantes em particular, marcas de sabonetes compradas, entre outras variáveis.

Se analisarmos a tabulação de cada questão apenas isoladamente, teremos um retrato pobre, que pouco nos ajudará a entender o problema. Entretanto, cruzando as questões, poderemos entender qual é a frequência de compra de um sabonete hidratante da marca X, por mulheres entre 30 e 40 anos, que moram no bairro Y e que também compram o sabonete Z (não hidratante). Essa informação ajudará o tomador de decisão a planejar ações específicas, para públicos específicos, em regiões determinadas. Assim, quando temos dúvidas se uma variável ajudaria a entender o comportamento de outra, é preferível fazer o cruzamento das questões que abordam as referidas variáveis. Dessa forma poderemos esclarecer as dúvidas.

Muitas vezes, descobrimos interessantes informações como consequência desses cruzamentos. Outras vezes, na fase de aprovação do instrumento de coleta de dados já imaginamos que determinadas questões deveriam ser cruzadas com outras. Nesse caso, é interessante já deixar claro para o executor da pesquisa que esses cruzamentos deverão ser realizados.

Análise dos resultados

A análise dos dados advindos de uma pesquisa que se destina a ajudar a compreender melhor um problema tem de permitir a identificação dos pontos positivos e dos pontos críticos do objeto em estudo. Portanto, é fundamental que tais pontos sejam vistos isoladamente para que possam, a seguir, ser submetidos a um olhar conjunto, que será a expressão daquilo a que se conseguiu chegar acerca da questão estudada. O processo inicial de análise evolui para o necessário trabalho de síntese.

Portanto, os elementos que formos capazes de recolher devem necessariamente ajudar a explicar o fenômeno pesquisado. Por isso, é fundamental que o profissional que está analisando a pesquisa seja experiente para saber detectar a necessidade de fazer novos cruzamentos e conseguir transformar os dados em informação relevante.

Cada conclusão acerca do problema deve estar embasada nos dados recolhidos, e devidamente referenciada nas informações coletadas. Ou seja, é importante explicitar, na análise, os motivos que permitem chegar a cada conclusão. Essa prática pode evitar situações delicadas no momento da apresentação dos resultados.

Feito isso, é preciso gerar um relatório detalhado da pesquisa, capaz de oferecer ao cliente indícios concretos das ações que podem ser implementadas em relação ao problema.

Apresentação dos resultados

O relatório final é o documento em que estão expressas e formalmente organizadas as informações obtidas pela pesquisa. Deve ser um documento o mais abrangente possível, embora deva apresentar uma característica executiva, sucinta e objetiva. Os resultados encontrados devem estar agrupados de forma a apresentar as soluções para o problema-chave e para os objetivos da pesquisa.

Os resultados mais importantes devem ser necessariamente apresentados por meio de gráficos, que facilitam o entendimento das análises realizadas e são poderosas ferramentas visuais de persuasão, mas não há necessidade de que apareçam todas as tabelas, com todos os dados. O relatório completo, normalmente apresentado numa versão em formato *de apresentação*, deve se constituir em um documento para consulta imediata, contendo, portanto, os gráficos e respectivos comentários. As tabelas, com a totalidade dos dados, devem ser apresentadas em anexos, apenas para o pessoal técnico do cliente que possa ter interesse nos detalhes.

O relatório *não pode* deixar de conter alguns itens:

- *introdução* – nessa seção é preciso resgatar o contexto do estudo, de preferência trazendo os dados do *briefing*, para que seja possível comparar o nível de conhecimento do problema antes e depois da realização da pesquisa;
- *objetivos* – explicitar os objetivos do estudo, de preferência sendo fiel ao *briefing*;
- *metodologia* – descrição total da metodologia da pesquisa, incluindo tipo de pesquisa, dados relativos à coleta de dados, período de realização, procedimentos de amostragem, o instrumento de coleta de dados. Devem ser relatadas, inclusive, possíveis correções de rumo que tenham sido realizadas ao longo do processo;
- *resultados* – constituem o núcleo do relatório, no qual os resultados devem aparecer, questão a questão, cruzamento a cruzamento, sem qualquer seleção; ou seja, todas as informações devem estar explicitadas, de preferência em gráficos acompanhados de comentários sucintos e relevantes;
- *limitações* – parte em que são explicitadas as dificuldades encontradas ao longo do processo, evidenciando seu impacto sobre a abrangência das conclusões;
- *conclusões e recomendações* – devem ser apresentadas de modo claro, direto e objetivo, agregando sugestões e recomendações no que tange à tomada de decisão da empresa.

Pesquisas realizadas por organizações externas à empresa devem ser apresentadas pela unidade executora, especialmente quando o estudo envolver juízo de valor ou abordar certos dogmas da organização acerca de sua imagem ou da de seus produtos. Ao apresentar os resultados aos contratantes, é importante respeitar o conhecimento preexistente, os processos e a história da empresa, o que demanda sensibilidade do pesquisador, lado a lado com seu conhecimento técnico.

Os resultados devem ser divulgados com transparência para todas as áreas da empresa envolvidas no estudo, permitindo que o maior número possível de segmentos se beneficie dele. Dependendo do contexto, pode ser importante gerar versões do relatório com linguagem compatível com o segmento da empresa que terá acesso a ele. Por isso, o conjunto de reuniões de apresentação dos resultados deve ser cuidadosamente planejado, a fim de que todos os envolvidos vejam os resultados e possam participar da discussão ao mesmo tempo, evitando focos de tensão.

Para que o efeito dos resultados de pesquisa possa ser maximizado, produzindo planos de ação, é importante gerar uma discussão após a apresentação dos resultados. Nesses casos, é aconselhável identificar as áreas que demandam e, durante o debate sobre os resultados, identificar qual profissional da empresa deverá ser o responsável por um plano de ação para trabalhar sobre o ponto identificado. Em muitos casos, quando não se aproveita o "momento mágico da apresentação da pesquisa" os resultados se perdem, sem gerar ações de melhoria. Muitas vezes, as grandes decisões decorrentes de uma pesquisa de mercado são tomadas durante aquelas duas ou três horas da apresentação do relatório final. Com frequência, os grandes tomadores de decisão do contratante jamais lerão o relatório em detalhes. Por isso é tão importante planejar a apresentação.

Pesquisa quantitativa *online*

Em pesquisa de marketing, uma das maiores preocupações, talvez a maior delas, reside na forma de atingir o respondente, especialmente porque, em geral, uma quantidade significativa de pessoas não responde a pesquisas, não importa a metodologia utilizada. Tal recusa está relacionada sobretudo ao valor que o respondente dá ao próprio tempo, ao assunto e à pesquisa em si.

A popularização do uso de ambientes tecnológicos, e em especial da internet, tem trazido um influxo significativo para as propostas de uso da rede como meio para realizar pesquisas de mercado, pois apresenta um número considerável de vantagens, como aponta a figura 29.

Figura 29
Vantagens das pesquisas *online*

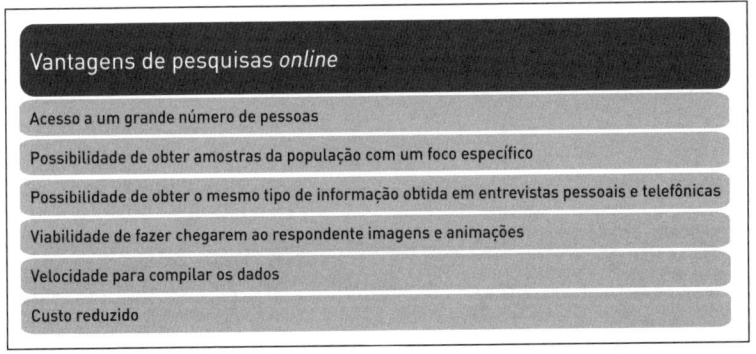

Vantagens de pesquisas *online*
Acesso a um grande número de pessoas
Possibilidade de obter amostras da população com um foco específico
Possibilidade de obter o mesmo tipo de informação obtida em entrevistas pessoais e telefônicas
Viabilidade de fazer chegarem ao respondente imagens e animações
Velocidade para compilar os dados
Custo reduzido

No entanto, nem todas as pesquisas pela internet têm levado a resultados confiáveis. A falta de um entrevistador para dar assessoria ao entrevistado, assim como o tamanho dos questionários limitam a realização de pesquisas pela internet. E, mesmo via rede, o canal utilizado acarreta diferença nas taxas de respostas: os *chats* de entrevistas, por exemplo, têm resultado em taxas de resposta mais altas do que as pesquisas respondidas via *e-mail*.

Paralelamente, surge a necessidade de buscar formas de adaptar, a esse veículo, os procedimentos de pesquisa que envolvem tanto o modo de abordagem do entrevistado quanto a escolha do canal a ser utilizado para a pesquisa.

Nos Estados Unidos, onde hoje a entrevista pessoal não tem a força que tem na Europa, há muitos anos estão sendo utilizados painéis nos quais a comunicação entre seus membros é feita tipicamente por *e-mail* ou telefone. O oferecimento de um incentivo para o retorno da pesquisa é importante quando se usa a internet, gerando assim potencial para criação de um grande banco de dados, mesmo que as taxas de respostas para pesquisas *online* sejam pequenas, a exemplo do que ocorre com as de pesquisas realizadas por telefone.

O emprego de questionários em janelas *pop-up* tem sido muito frequente entre as empresas que procuram o serviço *online*, geralmente indústrias, por apresentarem taxas de respostas elevadas em relação às pesquisas *online* tradicionais. A amostragem nas pesquisas *online* tradicionais tem as características apresentadas na figura 30.

Figura 30
Amostragem nas pesquisas *online* tradicionais

Características da amostragem em pesquisas *online*
Pesquisador tem controle sobre quem é incluído ou não na amostra, sem que se perca seu caráter aleatório.
Todos os que visitam o *site* têm a mesma probabilidade de serem selecionados.
Respondentes repetidos são eliminados por *cookies* ou outros meios de identificação.
Do mesmo modo que na entrevista pessoal, uma vez abordado o respondente tem informações sobre como será a pesquisa, podendo decidir completá-la ou não.
A taxa de não resposta pode facilmente ser calculada.

A questão da abordagem tem-se constituído em uma das preocupações primordiais de pesquisas pela internet, já que a ela se associa a considerável parcela da taxa de retorno da pesquisa. Hoje já se sabe que é preciso convidar as pessoas a participar por meio de um *e-mail* convite, no qual se explique a natureza do trabalho, sensibilizando e incentivando o convidado a concluir o questionário.

Os questionários devem ser disponibilizados em *sites* e não enviados por *e-mail*, como arquivos textos, para aumentar a taxa de retorno. Por outro lado, recomenda-se oferecer algum tipo de incentivo para o retorno dos mesmos, usando-se outros mecanismos que não o financeiro.

Alguns cuidados adicionais precisam ser tomados em pesquisas pela internet, conforme apontado na figura 31.

Figura 31
Cuidados a serem tomados nas pesquisas pela internet

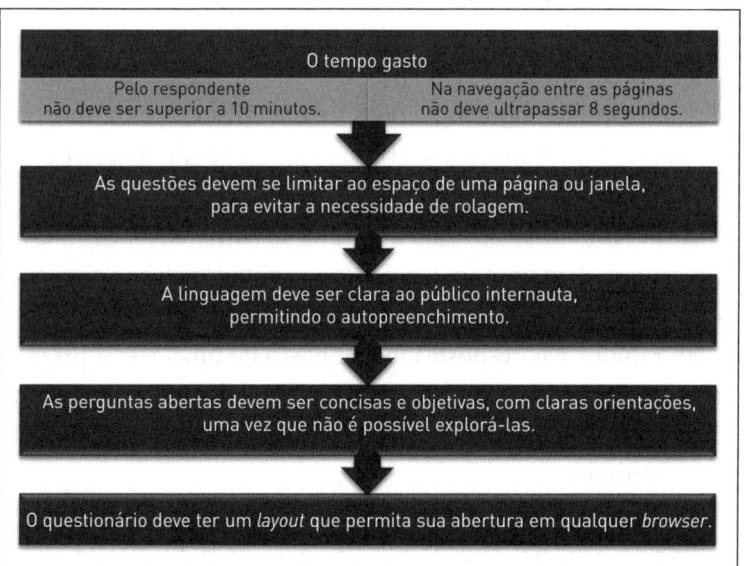

O tempo gasto	
Pelo respondente não deve ser superior a 10 minutos.	Na navegação entre as páginas não deve ultrapassar 8 segundos.

↓

As questões devem se limitar ao espaço de uma página ou janela, para evitar a necessidade de rolagem.

↓

A linguagem deve ser clara ao público internauta, permitindo o autopreenchimento.

↓

As perguntas abertas devem ser concisas e objetivas, com claras orientações, uma vez que não é possível explorá-las.

↓

O questionário deve ter um *layout* que permita sua abertura em qualquer *browser*.

Um dos maiores entraves à realização de pesquisas utilizando a internet reside na homogeneidade da população estudada, que pode ser um problema quando se pretende atingir um universo mais amplo de pessoas. Em qualquer pesquisa, para o universo ser considerado de forma correta, todos, em tese, devem ter a mesma chance de serem pesquisados. Como, dependendo do público-alvo da pesquisa, pode ser que uma parte não tenha as mesmas chances de acesso à internet, a premissa não se concretiza. Assim, se fizéssemos uma pesquisa de satisfação dos moradores de uma cidade com seu atual prefeito, deveríamos ter certeza de que uma parcela significativa de cada segmento da população tem acesso à web, o que nem sempre acontece. Portanto, o universo já inviabilizaria o método, pois a pesquisa não teria embasamento estatístico.

Com o intuito de enfrentar essa restrição, algumas empresas marcam previamente a entrevista por telefone e disponibilizam *notebooks* com acesso à rede. Alguns países têm tentado implementar um método em que as pessoas são sorteadas e, por meio de um contato telefônico, são convidadas a participar da pesquisa *online* com equipamento fornecido pelo instituto de pesquisa. Apesar de muito cara, tal metodologia permite que se abranja um universo bastante mais heterogêneo, originando um resultado estatisticamente confiável.

As pesquisas que utilizam a integração entre telefone e internet apresentam vantagens mesmo quando comparadas às pesquisas *online* tradicionais: cobertura mais ampla; abordagem em qualquer local; rapidez nas respostas; baixo custo de um acesso; prêmios eficientes, sendo habitualmente créditos telefônicos; e, por fim, a identificação do respondente, determinando o uso de amostragens mais fidedignas.

No entanto, limitações tecnológicas podem ser entraves ao uso do veículo: a mortalidade de respostas por perda de sinal do celular e a exigência de resoluções gráficas simples obrigam os pesquisadores a desenharem questionários igualmente simples, com poucas perguntas, e estas sempre bem objetivas.

Em função disso, e considerando o cenário tecnológico com que lidaremos em um horizonte próximo, pesquisas por celular podem ser utilizadas, por exemplo, para *tracking* de propaganda, ou seja, após a veiculação de um comercial na TV, ou após o respondente passar por um *outdoor*, bem como para avaliar a satisfação do consumidor após compra em alguma loja específica e para pequenas pesquisas *ad-hoc* (sob demanda).

Um exemplo recente de uma pesquisa por celular no Japão foi um estudo de hábitos e atitudes de consumidores de café. O questionário era composto de 10 questões, sendo uma aberta no final, e o tempo estimado de resposta era de cinco minutos. A amostra desenhada foi de 1.109 homens, de 18 a 39 anos, consumidores de café. A pesquisa foi vespertina e atingiu mais de 60% de taxa de resposta em apenas três horas.

Este capítulo concentrou a discussão sobre as etapas de campo, incluindo a importante questão dos recursos humanos, além de abordar o processamento de dados, o cruzamento de questões, a análise, a apresentação de resultados e a pesquisa *online*.

O capítulo 11, a seguir, apresentará em detalhes a pesquisa qualitativa, suas características e técnicas de abordagem. Será analisado o desenvolvimento da pesquisa qualitativa, abordando o recrutamento e a seleção de entrevistados a coleta de dados por meio de grupos de discussão, entrevistas individuais em profundidade e observação. Tratará, também, da análise e da apresentação de resultados.

11
Pesquisa qualitativa

A pesquisa qualitativa é um método de investigação científica que aponta e examina dados não mensuráveis – sentimentos, emoções, entendimentos, reflexões, metas, comportamentos passados, entendimento de razões, significados e estímulos – de um determinado círculo de pessoas em relação a uma questão característica. Yasuda e Oliveira (2013: 81) enfatizam que a pesquisa qualitativa

> é um conjunto de técnicas e abordagens que visam [a] um entendimento aprofundado dos seres humanos em termos psicológicos e motivacionais, além de seu relacionamento com a sociedade e seu ambiente econômico e social.

Desse modo, a pesquisa qualitativa traz como ideia-chave a busca por profundidade no entendimento do comportamento dos consumidores e tem alcance suficiente para descobrir variáveis não mensuráveis que moldam e ajudam a determinar suas escolhas.

O uso da metodologia qualitativa

Segundo Pinheiro (2009), a abordagem qualitativa é extremamente aconselhada quando não se possui mapeamento anterior vinculado a uma determinada questão; em situações em que é fundamental criar hipóteses sobre opiniões, usos, costumes, imagens, aceitação de produtos, compreensões, crenças, experiências, vivências, comportamentos passados e presentes e propósitos que poderão ser posteriormente testados de forma quantitativa; quando se pretende pesquisar mudanças de valores, hábitos e atitudes do consumidor; quando se planeja analisar reações a novos produtos ou a modificações de produtos; quando se procura considerar razões de preferência/rejeição de marcas (*likes & dislikes*); quando o propósito é caracterizar o posicionamento de determinada marca num segmento de mercado; e quando a finalidade é auxiliar a esclarecer informação previamente atingida em pesquisa quantitativa.

Referentemente ao último tópico, é interessante destacar que a pesquisa qualitativa consegue oferecer auxílio para a montagem de uma pesquisa quantitativa, ou seja, pode ser usada antes de se executar uma pesquisa quantitativa. McDaniel e Gates (2003:122) afirmam que "a pesquisa qualitativa, ao se fundir com medidas quantitativas, oferece uma maior compreensão da demanda dos consumidores".

O quadro 14 apresenta um exemplo dos resultados de uma pesquisa qualitativa realizada pelo instituto de pesquisa GfK:

Quadro 14
Exemplo de resultado de uma pesquisa qualitativa

Enquanto a vida dos jovens segue em ritmo acelerado nas redes sociais, as empresas destinam grande parte de seus orçamentos a estes meios de comunicação, ainda que muita coisa tenha de ser aprendida sobre como atuar neste meio. Quais ações geram resultados? O que constroem? Qual é a percepção dos usuários?

Para ajudar a responder a essas perguntas, a GfK, uma das maiores empresas de pesquisa de mercado do mundo, realizou uma pesquisa na América Latina (Argentina, Brasil, Chile, Colômbia, Peru e México) com o objetivo de compreender a relação dos adolescentes (de 15 a 21 anos) com as marcas por intermédio das redes sociais.

O estudo mostrou que as redes sociais satisfazem uma necessidade real que os jovens têm de expressão e reconhecimento, que são os objetivos das mídias sociais. Um dos aspectos mais valorizados das redes sociais é que, por meio delas, os jovens podem se expressar livremente, sem a necessidade de agradar o outro. Elas constituem um espaço de comunicação horizontal e bidirecional, que é preenchido com contribuição da imaginação e criatividade de cada um. Os consumidores esperam que as marcas interajam com eles por meio das redes sociais, e a expectativa é de que isso seja feito respeitando-se as próprias regras desse ambiente, com propostas interativas, participativas e significativas.

Fonte: extraído e adaptado do *site*: <www.gfk.com/br/news-and-events/press-room/press-releases/Paginas/ESTUDO-QUALITATIVO-DA-GFK-ABORDA-A-RELACAO-DOS-ADOLESCENTES-LATINO-AMERICANOS-COM-AS-MARCAS-POR-MEIO-DAS-REDES-SOCIAIS-.aspx>. Acesso em: 26 jul. 2017.

Características e limitações da pesquisa qualitativa

Grande parte da pesquisa qualitativa tem característica exploratória. Portanto, a estrutura de coleta de dados é proativa e bastante maleável, sendo direcionada quase sempre por um roteiro mais aberto, que entra no lugar do questionário estruturado das pesquisas quantitativas.

A pesquisa qualitativa implica análise apurada, com a finalidade de destacar, entre as informações obtidas, quais são importantes para seu resultado. A tabulação das informações segue uma abordagem interpretativa, utilizando-se muito do preparo e da experiência do pesquisador. Isso também requer cuidado extremo no recrutamento dos entrevistados, pois não há espaço para erros na seleção da amostra. Afinal, isso pode interferir nos resultados finais da pesquisa.

As amostras na pesquisa qualitativa são pequenas e selecionadas a partir de medidas específicas e atribuídas pelo pesquisador, não sendo preciso nenhum cálculo estatístico para se definir o tamanho da amostra. Aqui está a grande limitação do estudo qualitativo: os resultados encontrados não podem ser estendidos para o universo, não se pode falar em margem de erro nem em intervalo de confiança. Como o processo de seleção de entrevistados é orientado por um julgamento do pesquisador e não por uma técnica aleatória, elimina-se qualquer parâmetro estatístico a ser alcançado na composição final da amostra de pesquisa e os resultados não permitem projeção quantitativa do universo. Seria inocente imaginar que um grupo de oito a 12 mulheres que adquirem cosméticos é representativo de todas as mulheres que adquirem cosméticos em *shopping centers*, ou com consultores de vendas, ou por meio de catálogos. Porém isso não significa que a pesquisa qualitativa tenha uma "deficiência irreparável". Seu objetivo simplesmente não é quantificar os resultados, mas sim apontar direções principais da percepção do consumidor. Como foi visto, quantificar é tarefa da abordagem quantitativa.

De maneira geral, podem ser destacadas como características da pesquisa qualitativa:

- oferece uma visão conceitual do problema de pesquisa;
- estabelece uma interação informal do entrevistador com o entrevistado, a partir de uma conversa aberta e dinâmica;
- levanta diferentes pontos de vista;
- entende as pessoas de forma holística, captando o que pensam e sentem, indo além de respostas imediatas;
- compreende os processos que envolvem o comportamento e as motivações das pessoas;
- gera hipóteses, aponta tendências, subsidia *insights*;
- identifica novas oportunidades;
- explora o contexto e as mudanças, pois as pessoas estão em constante transformação;
- atua no processo de gerar, refinar e orientar decisões estratégicas.

Planejamento da pesquisa qualitativa

A utilização de pesquisas qualitativas requer muita atenção e cuidado em seu planejamento e execução. A adequação do perfil dos pesquisados, a preparação do roteiro de entrevista, a condução do processo de coleta e análise de dados são pontos sempre críticos na condução competente de estudos qualitativos.

É inquestionável a importância de um bom roteiro no processo de construção de uma pesquisa qualitativa, o que vale tanto para as entrevistas individuais em profundidade quanto para os grupos de foco. Sem dispensar uma preparação cuidadosa, que envolve estudo prévio do tema da pesquisa e do perfil dos entrevistados, o roteiro auxilia sobremaneira a condução do entrevistador ou do moderador.

O roteiro de entrevista é o instrumento de coleta utilizado em pesquisas qualitativas. Ele deve refletir o problema e os objetivos de pesquisa, e as questões e técnicas de entrevista planejadas servirão para dar conta daquilo que precisa ser respondido. Um roteiro tem por característica principal trabalhar com perguntas abertas, permitindo, assim, explorar as respostas dos entrevistados em profundidade. Esse tipo de instrumento de entrevista foge do esquema tradicional de inquérito (perguntas e respostas). O moderador/pesquisador conduz as entrevistas a partir das respostas dos entrevistados, lançando mão das perguntas e das técnicas previstas na medida em que se mostrem necessárias para a evolução da discussão.

Os testes de projeção são bastante empregados nos roteiros de entrevistas, os quais não se baseiam em uma estrutura direta na formulação das perguntas, mas sim na condução de estímulos que fazem emergir as motivações, crenças, atitudes ou sensações do entrevistado sobre o problema em estudo. Segundo Malhotra (2001:133), essa técnica se ajusta a um cenário da pesquisa de marketing, em que os entrevistados levantam barreiras internas por medo de serem julgados e acabam não sendo capazes de dar uma resposta direta às perguntas. Dessa maneira, é pedido que os interrogados analisem o comportamento de terceiros, o que muitas vezes indica seus próprios valores, revelando suas atitudes e minimizando seus mecanismos de defesa.

Há também outras técnicas projetivas, que visam incentivar o indivíduo que está sendo entrevistado a refletir sobre o tema investigado pela pesquisa.

- técnica da terceira pessoa: faz-se que os sentimentos dos entrevistados sejam revelados, solicitando-lhes que respondam

por terceiros, como "a maioria das pessoas", "seu amigo", ou "um colega de trabalho";
- desenhos de um tema: pede-se aos entrevistados que expressem o que sentem por meio de um desenho. Uma variação da técnica é perguntar-lhes como percebem um determinado desenho já pronto que retrata o tema em questão;
- associação de fotografias: em vez de desenhos, trabalha-se com uma série de fotos de diferentes situações, lugares ou pessoas, que são selecionadas para dar concretude a alguns tópicos previstos no roteiro de pesquisa, permitindo que sejam explorados;
- associação de palavras: diante de uma ou mais palavras ditas pelo entrevistador, o entrevistado responde com o que primeiro lhe vem à cabeça, de acordo com o contexto que está sendo abordado na entrevista;
- técnica de complementação de frases ou histórias: parecida com a associação de palavras, o pesquisador apresenta uma frase ou história incompleta e o entrevistado responde com o que primeiro lhe vem à cabeça, de acordo com o contexto;
- técnica de dramatização: pede-se ao entrevistado que assuma um papel ou represente o comportamento de uma outra pessoa. Presume-se que os pesquisados projetem seus próprios valores, crenças e sentimentos no papel que estão representando.

Para cada técnica projetiva há uma maneira específica de avaliação dos resultados, que deve necessariamente contar com um profissional qualificado em lidar com interpretações subjetivas. Malhotra (2001:137) destaca diretrizes que, se observadas, garantem uma utilidade realmente proveitosa dessas técnicas:

- usar as técnicas quando a sensibilidade do assunto em questão impede respostas diretas honestas;

- usar as técnicas para explicitar motivações, crenças e valores subconscientes;
- usar as técnicas com a certeza de que há entrevistadores e analistas treinados para aplicá-las e interpretar as respostas.

O desenho de um roteiro de entrevista apresenta uma sequência lógica de etapas que pode ser visualizada na figura 32.

Figura 32
Etapas para elaboração de um roteiro de entrevista

[Fluxograma em forma de seta com as etapas: Apresentação (Moderador, entrevistados, forma de coleta de dados) → Aquecimento/contexto (Um pouco da história do entrevistado, hábitos, valores) → Relação com o segmento (O que e por que compra, em função de desejos e necessidades) → Relação com produtos/marcas (Conhecimento, opiniões, preferências) → Foco (Tema do estudo)]

Fonte: Pinheiro et al. (2011:141).

Tanto nos grupos focais quanto nas entrevistas em profundidade, o moderador apresenta-se, bem como expõe os objetivos da pesquisa, solicitando a cooperação dos participantes.

Em seguida, é abordado o contexto geral do tema que será discutido, apontando sua possível relação com o cotidiano dos entrevistados. Tome como exemplo, nessa segunda fase, a seguinte pergunta de uma pesquisa qualitativa com empreendedores de *startups* de alta tecnologia, que se enquadra como um aquecimento: "Quais dificuldades vocês estão encontrando em sua busca de realização profissional? De que forma fazer parte de uma *startup* de alta tecnologia contribui para dar conta dessa busca?". Assim, as perguntas amplas facilitam o aprofundamento da pesquisa que posteriormente, levantam as questões de maior interesse para serem debatidas, além de resultarem em uma coleta de dados mais rica e proveitosa.

A terceira etapa, por sua vez, tem a função de aprofundar a entrevista, conduzindo à parte mais relevante do estudo, buscando mapear os produtos ou serviços comprados e as necessidades e desejos vinculados a essa(s) compra(s). Seguindo o raciocínio da pesquisa feita com os empreendedores de *startups*, a seguinte pergunta que pode ilustrar esta etapa de imersão é: "Em situações que envolvam o investimento em empresas de base tecnológica, instituições públicas e privadas, tais como BNDES, agências estaduais de desenvolvimento, empresas de *venture capital* e investidores-anjos são conhecidas. Vocês já buscaram linhas de financiamento ou investimento com elas alguma vez?". E, dessa maneira, sabendo que o conhecimento e as opiniões quanto às empresas citadas determinam as relações dos produtos com suas respectivas marcas, essa pesquisa com os empreendedores seguiu com seguinte questionamento: "Quais opiniões vocês têm a respeito dessas instituições públicas e privadas? O que mudaria para vocês se essas instituições deixassem de existir?".

Finalmente, os pontos de interesse do roteiro da pesquisa são abordados e desenvolvidos acerca do seguinte questionamento: "Essas instituições estão fazendo uma série de propostas em novas linhas de incentivo para empresários de *startups*. Vocês acreditam que essas inovações em serviços podem facilitar o relacionamento dos empreendedores com essas instituições? Muitas dessas instituições visam fomentar o desenvolvimento tecnológico. Vocês acreditam nisso?".

Em suma, como defendem Aaker e colaboradores (2001:214), o mais indicado é de fato iniciar a abordagem de uma pesquisa com entrevistados em um âmbito genérico, conduzindo o estudo para indagações mais particulares, pois assim o processo torna-se mais natural. Inverter a sequência e começar com perguntas específicas poderia influenciar uma visão mais geral e trazer resultados menos interessantes.

Recrutamento e seleção de entrevistados

Há questões importantes no recrutamento de entrevistados para uma pesquisa qualitativa, seja entrevista individual ou grupo de foco, que tornam possível a obtenção de uma amostra mais adequada de participantes. São elas a utilização de um perfil desejado para público-alvo como parâmetro para seleção dos entrevistados, a homogeneidade demográfica e socioeconômica entre eles, que tende a garantir igualdade nas percepções e motivações de consumo e, por fim, a capacidade do participante de responder aquilo que lhe será perguntado.

É preciso que o perfil do público-alvo seja estabelecido de forma clara e concreta para quem encomenda uma pesquisa e para quem é contratado para entregá-la. Seja pessoa física ou jurídica, questões técnicas e pessoais, como idade, sexo, quantidade de filhos e suas idades, escolaridade, trajetória acadêmica e profissional, faturamento anual e quantidade de empregados devem ser definidas para um resultado eficaz. Caso a empresa solicitante não possua um banco de dados dos clientes de onde se possam extrair todas essas informações, será necessário que se recorra a um estudo secundário e/ou *mailings* qualificados que viabilizem a obtenção dessas informações para a formação da amostra da pesquisa. Em muitos casos, essas amostras também podem ser geradas a partir da captação de potenciais entrevistados em locais públicos, como *shoppings centers*, estabelecimentos comerciais e regiões.

Em 1997, a Associação Nacional das Empresas de Pesquisa (Anep) criou o Controle de Qualidade de Recrutamento em Pesquisas Qualitativas (CRQ) que é um sistema de banco de dados onde são registradas todas as pessoas que alguma vez participaram de pesquisas qualitativas no Brasil e está disponível para ser consultado por qualquer pessoa que possua um computador com acesso à internet.

No CRQ há dados pessoais dos participantes das principais metodologias aplicadas à pesquisa qualitativa, como discussões em grupo e entrevistas individuais em profundidade. Além disso, o sistema faz um controle desses dados que evita que pessoas que tenham participado de grupos há menos de um ano ou que tenham participado de grupos sobre o mesmo assunto sejam convidadas novamente. Isso tudo ajuda na manutenção da qualidade das amostras. Recentemente, a Anep incorporou novas melhorias nos padrões de segurança do CRQ como forma de manter a acuracidade técnica e ética dos processos de seleção e recrutamento.

Aaker e colaboradores (2001:214) ressaltaram a importância de se trabalhar com grupos homogêneos em entrevistas, uma vez que não seria adequado reunir em uma mesma amostra pessoas com características sociais muito distintas ou que estejam em diferentes estágios na vida. É necessário classificá-las de acordo com o universo-alvo, de forma a não deixar a amostra com muitos pontos heterogêneos. Geralmente, selecionam-se três ou quatro variáveis para compor o perfil dos participantes, pois mais do que isso poderia ser prejudicial à formação da amostra desejada.

Algumas vezes acontece de os prestadores de serviços de pesquisa menos idôneos forjarem as respostas dos recrutados para o processo de seleção, solicitando que esses participantes finjam ser usuários (ou não usuários) de uma marca ou produto. Como consequência dessa ação, temos a distorção na qualidade dos resultados e uma enorme perda de informações para o tomador de decisão, o que pode afetar diretamente as ações adotadas por ele.

Técnicas de coleta de dados em pesquisa qualitativa

As discussões em grupo (no original em inglês *focus groups*), as entrevistas individuais em profundidade e a observação (etnografia e netnografia) são os métodos fundamentais para coleta de dados nas abordagens qualitativas.

Discussões em grupo

De forma não estruturada e flexível, pequenos grupos de entrevistados, orientados por um pesquisador preparado e experiente, formam as discussões em grupo.

Obter um olhar aprofundado sobre as questões de interesse do pesquisador é propósito básico ao trabalhar com discussões em grupo. As discussões em grupo possibilitam confrontar ideias dos participantes, fazendo emergir observações inusitadas e *insights* intrigantes a respeito do assunto tratado. É possível, com esse método, gerar ideias a partir de opiniões, estilos de vida, costumes, experiências, crenças, valores e atitudes; ajudar na interpretação de informações originárias de uma pesquisa quantitativa; classificar conceitos e atributos de novos produtos; conceber ideias inovadoras para o planejamento de condução de campanhas de propaganda; e selecionar informações úteis para formar um questionário de pesquisa.

Um grupo de discussão deve ser formado por participantes que tenham características semelhantes em termos demográficos e socioeconômicos. Garantindo-se essa característica, é possível conseguir um bom resultado na coleta de dados, geralmente realizada com pelo menos três ou quatro grupos de discussão. De acordo com Aaker e colaboradores (2001:214),

> o analista [...] consegue muito aprendizado na primeira discussão. A segunda [...] produz [...] pouca coisa nova. Geralmente, por volta

da terceira ou quarta sessões, quase tudo que é essencial já foi ouvido e existe pouco a ser ganho com outros grupos [...].

O momento ideal para encerrar com os grupos de discussão acontece quando os dados começam a se repetir, algo que é extremamente favorável para o controle e a otimização dos altos investimentos realizados nesse tipo de metodologia de coleta.

As particularidades essenciais que integram um grupo de discussão são as seguintes:

- grupos de oito a 12 pessoas;
- similaridade nas características demográficas, psicográficas e comportamentais dos participantes;
- notificação aos participantes de que são observados e de que a discussão é filmada/gravada;
- duração prevista em torno de duas horas;
- mínimo de dois grupos, para que um deles sirva de suporte de comparação dos resultados;
- algum tipo de encorajamento (brinde, mais ajuda de custo) para os entrevistados.

As salas de grupos de discussão são ambientes dotados com gravação de áudio e vídeo (algumas delas com meios de transmissão a distância via *videostreaming*). Sempre há uma parede com uma placa de vidro, que funciona como espelho para os participantes que estão na sala, mas deixa passar a imagem dos participantes para uma sala contígua, a "sala do cliente", onde ficam outros profissionais do instituto de pesquisa e representantes da empresa contratante, que têm a chance de conduzir e ajustar o rumo da discussão, comunicando-se com o moderador por meio de bilhetes ou mesmo ponto eletrônico. A figura 33 apresenta um esquema geral de uma sala de espelho.

Figura 33
Planta baixa de uma sala de espelho

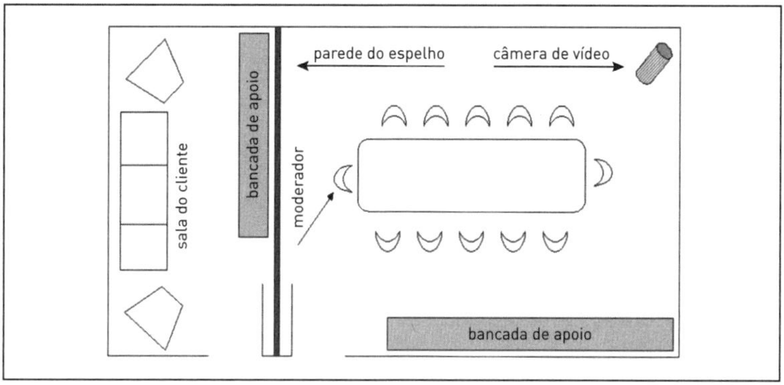

Fonte: Castro (2006:100).

É possível, durante o andamento dos trabalhos, realizar pequenas intervenções indiretas, enviando bilhetes ao moderador com novas questões que possam ter surgido a partir dos temas que estão sendo explorados. Assim, o moderador pode solicitar aos participantes que detalhem mais um determinado assunto ou resgatar algum ponto já explorado, mas que não tenha sido claramente respondido.

A competência do moderador é essencial para o sucesso dos grupos de discussão, o que implica selecionar cuidadosamente pessoas experientes e preparadas para desempenhar o papel. Uma de suas funções principais é preservar o distanciamento, garantindo a qualidade das informações que serão destrinchadas e estudadas posteriormente. Ele deve estimular a exposição dos diferentes pensamentos e pontos de vista, além de criar empatia com os entrevistados para prevenir ou extinguir a monotonicidade da discussão.

Entre as diversas vantagens das discussões em grupo, Malhotra (2001:161-162) destacou a *velocidade*, visto que um maior volume de dados emerge no mesmo tempo em que se faria uma única entrevista individual em profundidade devido ao número de entrevistados e à dinâmica da discussão; a *sinergia*, uma vez que a troca de informações entre os entrevistados proporciona um grande aprofundamento quando comparada às entrevistas individuais; *insights*, dado que as respostas *espontâneas* dos entrevistados podem ser não convencionais; *reação em cadeia* e *estímulo*, em virtude do incentivo do moderador ou da geração de respostas positivas e negativas de um participante em decorrência da exposição de opiniões de outro.

Entretanto, as discussões em grupo também apresentam desvantagens como: *julgamento incorreto*, visto que as informações podem ser interpretadas apenas com base no entendimento do cliente e do observador; *confusão*, pois a comunicação entre diferentes personalidades e a consequente coleta de informações de forma não estruturada pode resultar muito complexa e até mesmo incoerente para o pesquisador. Os *equívocos metodológicos* também podem ocorrer caso os resultados não sejam considerados exploratórios, mas sim representativos do universo. Deve-se destacar também a *personalidade dos entrevistados*, uma vez que algumas pessoas mais extrovertidas podem monopolizar a atenção do grupo, inibindo ainda mais as introvertidas e comprometendo o desenvolvimento de outras opiniões. Por fim, como já apontado, o *moderador* tem papel fundamental porque a qualidade dos resultados depende de sua experiência e performance.

Discussões em grupo *online*

Discussões em grupo *online* nada mais são que discussões em grupo realizadas via internet. Todo o processo para a realização de um grupo tradicional acontece também no processo *online*. O recrutamento dos entrevistados apresenta a mesma lógica dos grupos tradicionais; os indivíduos são selecionados para participar dos grupos de discussão a partir da aplicação de um questionário-

-filtro por telefone, que enquadra o indivíduo no público-alvo desejado, validando aspectos como acesso a internet, disponibilidade de computador na residência e familiaridade com o uso de *chats*, *softwares* de comunicação *online* (por imagem, voz e escrita) ou participação em fóruns de discussão *online*. Com o indivíduo aprovado pelo filtro, o mesmo recebe um convite por *e-mail* com *login* e senha para acessar via *link*, no dia e horário combinados, a interface *online* que será utilizada na pesquisa. Realizada em um ambiente virtual, os entrevistados se conectam por meio de seus computadores pessoais, o moderador conduz a discussão com prioridade na proposição dos temas, e os participantes digitam ou falam a respeito dos itens propostos. Em paralelo, a empresa contratante assiste aos grupos, podendo fazer intervenções e observações para o moderador. O administrador do sistema se encarrega de manter todos conectados ao mesmo tempo, contornando problemas de conexão. A figura 34 apresenta um esquema de uma discussão em grupo *online*.

Figura 34
Esquema de funcionamento da discussão em grupo *online*

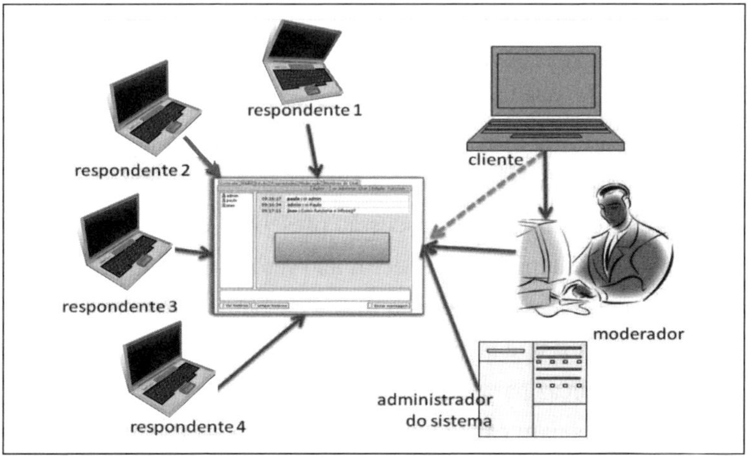

Fonte: adaptada de Pinheiro et al. (2011).

Os principais usos e possibilidades de aplicação prática das abordagens qualitativas *online* são (Yasuda e Oliveira, 2013:99):

- para públicos de difícil acesso pelos métodos presenciais (diretores de empresas, líderes de opinião);
- em grupos com grande dispersão geográfica;
- para segmentos de mercado familiarizados com o ambiente *online*;
- em pesquisas conduzidas dentro de organizações ou *business- -to-business*;
- para a abordagem de assuntos sensíveis ou ligados a *status* social ou ideologia.

As principais vantagens da realização de grupos *online* são: a rapidez; a facilidade no recrutamento de executivos; a facilidade na produção de relatórios, porque todas as falas já estão em meio digital; a possibilidade de testar conceitos; o fato de juntar, em um mesmo grupo, pessoas de locais diferentes, desde que preservados aspectos culturais e o idioma; o fato de todos os participantes serem ouvidos; e o maior controle por parte de quem contrata a pesquisa. Além disso, é ideal para mercados jovens e para questões delicadas, como o uso de métodos contraceptivos.

Entretanto, há desvantagens: a moderação *online* exige novas habilidades, já que controlar uma discussão em um *chat* é muito diferente de controlar uma discussão presencial em grupo. Quando o computador é a mídia, os aspectos não verbais do grupo se perdem e pode haver distorções, pois o único mecanismo de recuperação do que as pessoas pensam é o que elas escreveram. Além disso, o *chat* é pouco eficaz para expressar emoções. É uma falácia acreditar que *emoticons* sejam capazes de expressar, efetivamente, o que os participantes estejam sentindo.

Apesar da difusão dos *chats* de voz, a dificuldade de gravá-los acaba reduzindo as possibilidades de uso aos *chats* tradicionais, nos quais o ato de escrever reduz muito não só a velocidade, mas, principalmente, a espontaneidade das respostas, o que não ocorre nas discussões tradicionais. Some-se a essas a dificuldade já identificada para todas as demais pesquisas realizadas pela rede, que é o perfil do grupo. Nesse caso, a situação se agrava uma vez que, além de ter acesso à rede, o respondente precisa estar familiarizado com *chats*.

Entrevistas individuais em profundidade

As entrevistas individuais em profundidade são conversas semiestruturadas que também seguem um roteiro programado, mas flexível e aberto a intervenções do pesquisador durante as entrevistas.

Quando o objetivo é ouvir um público seleto que, em geral, não tem disponibilidade ou agenda livre para participar de uma discussão em grupo, as entrevistas individuais em profundidade são a alternativa mais indicada, especialmente para bens industriais e serviços. Uma pesquisa qualitativa idealizada por uma empresa de automação residencial, por exemplo, poderia realizar uma série de entrevistas em profundidade com profissionais relevantes da área de arquitetura e decoração, visando reunir as opiniões e visões sobre as novas tendências globais de integração digital em residências, robôs domésticos etc. que irão estar presentes em futuros projetos no mercado. Outra situação poderia ser a de um grupo de advogados que, depois de participar de uma discussão em grupo, fossem contatados para desenvolver mais sobre suas opiniões durante a discussão.

Ainda que a entrevista seja orientada por um roteiro que estabelece a direção essencial da conversa, o caminho é guiado principalmente de acordo com as respostas do entrevistado. É o que Malhotra (2001) caracteriza como sondagem, que se desenvolve a partir de perguntas como: "O que o leva a acreditar nisso?", "Você pode detalhar mais esse ponto?" ou "Há alguma coisa que queira comentar?". A sondagem é uma técnica muito utilizada nas entrevistas individuais em profundidade.

Segundo McDaniel e Gates (2003), entrevistas em profundidade possibilitam benefícios como: (a) revelam as mais sinceras opiniões dos entrevistados, já que não há pressão de um grupo sobre elas; (b) o centro das atenções é o entrevistado, o que abre espaço para que ideias e pensamentos sejam explorados; (c) uma revelação maior de informações é possível, em virtude de haver mais tempo para aquele entrevistado específico; e (d) os comentários e reações do entrevistado facilitam a formulação de novas e pertinentes perguntas não previstas inicialmente.

Entrevistas em profundidade também apresentam algumas desvantagens como: (a) esse tipo de entrevista requer um maior investimento de tempo e dinheiro em pesquisa, pois os entrevistadores são profissionais mais qualificados, mais raros e mais caros; (b) o entrevistado pode não ter suficiente familiaridade com a temática da pesquisa, prejudicando o aprofundamento das questões previstas no roteiro; (c) as entrevistas em profundidade são mais demoradas e cansativas, demandando maior disponibilidade de tempo do entrevistado e do entrevistador; e (d) o sucesso da entrevista está muito pautado pela qualidade e experiência individuais do entrevistador.

As discussões em grupo, como as entrevistas individuais em profundidade, apresentam vantagens e desvantagens em sua utilização. O quadro 15 estabelece uma comparação de vantagens e desvantagens de forma relativa.

Quadro 15
Comparação relativa de vantagens e
desvantagens das discussões em grupo e das
entrevistas individuais em profundidade

Características	Discussões em grupo	Entrevistas em profundidade
Interação do grupo	+	-
Pressão social	+	-
Detalhamento de todas as questões	-	+
Influência nas respostas	-	+
Natureza do tema	-	+
Cansaço do entrevistador	+	-
Quantidade de informações	+	-
Disponibilidade de agenda	+	-
Custo por participante	+	-

Fonte: adaptado de Pinheiro et al. (2011:135).
Obs.: o sinal (+) indica uma vantagem relativa sobre a outra técnica. O sinal (-) indica uma desvantagem relativa sobre a outra técnica.

Há situações nas quais as discussões em grupo e entrevistas em profundidade sofrem variações em sua forma de aplicação tradicional. Necessidades, exigências e características específicas podem interferir na forma de execução dessas técnicas. Yasuda e Oliveira (2013) apontam algumas dessas variações de aplicação:

- minigrupos: com três a cinco participantes, são indicados quando há dificuldades de recrutar indivíduos de um determinado perfil exigido pela pesquisa ou quando os temas a serem tratados requerem uma interação maior entre poucos participantes;
- entrevistas pareadas: duplas de respondentes que abordam os pontos do roteiro de entrevista de forma dinâmica e participativa;
- tríades: três respondentes discutem, segundo diferentes pontos de vista, o tema proposto. Em temas polêmicos, a possibilidade de existir um impasse entre duas posições opostas é menor.

Observação (etnografia e netnografia)

A técnica de coleta de dados por observação consiste em registrar dados comportamentais do consumidor, com "a possibilidade de entender exatamente como se comporta o sujeito em uma situação específica" (Virgillito, 2010:25). Nesse tipo de técnica, busca-se um levantamento de dados do comportamento real do público-alvo do estudo, a fim de captar

> particularidades, padrões de comportamento e características que impactam na decisão de compra, mas que não são facilmente percebidos com os métodos tradicionais de levantamento de dados [Pinheiro et al., 2011:91].

Um roteiro de observação dirige a coleta dos itens observáveis. Esses itens serão registrados em *planilhas de observação* (no caso, por exemplo, de observações no ponto de venda), ou em *cadernos de campo* (no caso, por exemplo, de observações no domicílio do consumidor, em que o pesquisador escreverá, na forma de um diário/relato, o que acontece). Seja uma planilha de observação ou um caderno de campo, o roteiro de observação conterá itens mais abertos, permitindo maior flexibilidade no registro, e outros mais fechados, em que os itens mencionados no roteiro terão os seus pontos preenchidos. O quadro 16 apresenta um exemplo desse tipo de planilha.

A técnica por observação permite uma compreensão mais efetiva dos comportamentos dos indivíduos, pois captura suas manifestações no momento em que ocorrem, oferecendo uma riqueza de detalhes de aspectos aspiracionais e atitudinais, sem interferências e com certa isenção.

Quadro 16
Exemplo de planilha de observação no ponto de venda

Planilha de observação no ponto de venda – categoria de tintas para pintura doméstica											
Data:		Horário:		Pesquisador:							
Cliente observado número _____.			Gênero: ( ) masculino ( ) feminino								
Tipo de loja		Perguntas espontâneas dirigidas ao vendedor		Interesse em materiais de PDV		Tipos de tinta comprados		Cores	
Home center	1	Cor da tinta	1	Cartazes	1	Látex PVA	1	Cores prontas	1
Loja especializadas em tintas	2	Marca da tinta	2	Folders	2	Acrílico fosco	2	Cores no centro de cores	2
Casa de material de construção	3	Preço da tinta	3	Móbiles	3	Esmalte	3	Branco	3
Nome da loja (anotar)		Características técnicas da tinta	4	Adesivos de Chão	4	Verniz	4	Comparou marcas e preços?	
		Mistura de cores	5	Wobblers	5	Ferramentas de pintura compradas		Marcas	1
		Recebimento de Informações da equipe de vendas da loja		Stoppers	6	Rolos	1	Preços	2
		Cor/tipo/marca da tinta	1	Faixa de gôndola	7	Pincéis	2	Anotar marcas compradas:	
		Preço da tinta	2	Marca de tintas colocada no carrinho de compras		Lixas	3	Complementos comprados	
Localização (anotar)		Mistura de cores	3	AAA	1	Estopas	4	Massa corrida	1
		Características técnicas da tinta	4	BBB	2	Bandeja	5	Massa acrílica	2
		Diferenças entre as marcas de tintas	5	CCC	3	Fita crepe	6	Selador acrílico	3
		Formas de pagamento	6	DDD	4	Extensor para rolo	7	Fundo preparador	4
		Entrega	7	EEE	5	Kit pronto de pintura	8	Solvente/ águarraz/*thinner*	5

Fonte: elaborado pelos autores.

Conforme já explorado no capítulo 5, a abordagem etnográfica, adaptada dos métodos de campo da antropologia, vem sendo adotada em diversos estudos de marketing. Na etnografia, deve-se observar, participar e entrevistar o indivíduo em suas condições reais de existência, em seu ambiente natural, procurando entender e mapear a completude de sua vida, as dimensões socioculturais e simbólicas que influenciam seu comportamento. Por meio de filmagens, fotos e com a presença participativa do pesquisador (na casa e no bairro onde vive o pesquisado), a pesquisa etnográfica visa entender a realidade na perspectiva do pesquisado, buscando estabelecer significados do que as pessoas dizem que fazem, do que pensam que fazem e do que realmente fazem. A etnografia se caracteriza pela procura de uma "teia de significados" (Geertz, 1978), pela busca do "ponto de vista nativo", o que implica a imersão do pesquisador no dia a dia do grupo pesquisado, no contexto onde o fenômeno social ocorre. Na pesquisa etnográfica o pesquisador faz uma descrição em profundidade das influências culturais que impactam os comportamentos individuais. Dessa forma, a abordagem etnográfica define uma postura de investigação e não somente mais uma técnica de pesquisa.

Assim, Yasuda e Oliveira (2013) destacam que as técnicas etnográficas aplicadas à pesquisa de marketing buscam:

- acompanhar as pessoas em suas atividades diárias – casa, trabalho, nas situações de compra e de consumo – para apreender, em tempo real, o que as pessoas fazem e como se sentem em relação aos produtos, serviços ou temas pesquisados;
- registrar comportamentos e rotinas por intermédio de vídeos, fotos e observações do cotidiano;
- solicitar aos próprios pesquisados que registrem por fotos e vídeos seu cotidiano, seu comportamento de compra e consumo;
- solicitar o preenchimento de diários que relatem o cotidiano, as experiências, pensamentos, sentimentos e opiniões a respeito do tema que está sendo pesquisado.

Desai (2003:95) especifica quatro tipos de observação na etnografia, destacando que os níveis intermediários estão mais presentes nas pesquisas de mercado:

- pura ou passiva – o observador não tem contato com os observados;
- ativa ou participante – o pesquisador observa inicialmente e depois conduz uma entrevista em profundidade para esclarecer os principais pontos observados;
- imersão – o observador busca certo nível de interação com os observados, com uma convivência limitada;
- imersão completa – a interação do pesquisador com os observados é total, havendo uma convivência por longos períodos.

A aplicação da pesquisa etnográfica se faz presente na internet, com a netnografia. O termo foi concebido por Kozinets (1998) e indica a observação do comportamento dos indivíduos no ambiente digital. Na prática, a netnografia aplicada em pesquisas de marketing volta-se para a avaliação das interações simbólicas de grupos de consumidores em diferentes ciberculturas e comunidades *online*, que são geradas e mantidas pelos próprios usuários.

Kozinets (1998) destaca três usos da etnografia no ambiente digital: (a) como ferramenta para estudar ciberculturas e comunidades *online puras*; (b) como ferramenta para estudar ciberculturas e comunidades *online derivadas*; e (c) como ferramenta exploratória para diversos assuntos. Entende-se como ciberculturas e comunidades virtuais *puras* aquelas que se estabelecem somente pela mediação do computador, ou seja, não há interação no mundo real entre os membros pertencentes a essas comunidades. Já as ciberculturas e comunidades virtuais *derivadas* também se manifestam na "RL" (*real life*), cabendo à netnografia servir como ferramenta metodológica de apoio a outras técnicas de investigação qualitativa, como entrevistas individuais em profundidade ou grupos de discussão.

Por fim, Kozinets destaca que, no campo netnográfico, o pesquisador deve estar ciente de que está analisando o conteúdo completo de uma comunidade *online*, o que difere sobremaneira da abordagem etnográfica tradicional, que investiga atos particulares de consumidores que pertencem a uma determinada comunidade (e, do ponto de vista de marketing, pertencente a determinado perfil de público-alvo ou segmento-alvo).

Assim, com a disseminação das redes sociais, faz-se necessária a utilização de técnicas de coleta de dados que permitam capturar a manifestação de opiniões, sugestões e críticas, *sites* visitados que reflitam gostos e preferências, lugares frequentados que indicam hábitos e costumes, *posts* publicados que denotam e expressam a personalidade e as motivações dos indivíduos. A cada micromomento, o consumidor deixa rastros de seu comportamento digital, e a netnografia pode ser uma ferramenta útil para acompanhar as movimentações e interações entre as pessoas no mundo das comunidades *online* puras ou derivadas.

Como toda técnica, a observação também apresenta suas vantagens e desvantagens. Segundo McDaniel e Gates (2003:165),

> observar o que as pessoas fazem, em vez de depender de seus relatos, tem uma vantagem óbvia e significativa: os observadores veem o que as pessoas de fato fazem, em vez de depender do que elas dizem ter feito.

Logo, a observação permite a avaliação do comportamento efetivo, com uma tendenciosidade reduzida dos achados e o acesso a dados que só são possíveis de serem captados pela observação.

Por meio do entendimento do porquê de as pessoas comprarem e da forma como consomem, são revelados padrões de comportamento que podem ser trabalhados em novas estratégias de segmentação de mercado e de definição do marketing mix. Já as desvantagens são as seguintes, segundo apontam Pinheiro e colaboradores (2011): (a) as razões comportamentais nem sempre são determinadas; (b) um pesquisador desqualificado pode viesar os dados observados; (c) a observação exige tempo e investimento elevado; e (d) pode ser antiético adotar a técnica de observação sem o conhecimento ou o consentimento dos observados.

Análise e apresentação de resultados

O estudo dos resultados de uma pesquisa qualitativa é uma tarefa árdua que exige muita concentração do pesquisador. De acordo com Aaker e colaboradores (2001:215),

> a análise e a interpretação dos resultados é complicada pela extrema disparidade dos comentários geralmente obtidos, o que significa dizer que qualquer analista pode encontrar algo que seja convergente com seus próprios pontos de vista sobre o problema.

Para impedir esses desvios, o primeiro passo para uma análise precisa é obter o roteiro utilizado. A partir disso, é necessário transcrever tudo o que foi falado pelos participantes dos grupos de discussão e das entrevistas em profundidade. Esse documento deve apresentar tudo o que foi comentado de forma exata, sendo a utilização de uma gravação em áudio a maneira mais eficaz de fazê-lo, sem nenhuma modificação ou comentário do pesquisador.

A análise do conteúdo é feita pela comparação e categorização das ideias vistas como semelhantes. Essas categorias são ilustradas por trechos literais das falas dos entrevistados (esses trechos são chamados tecnicamente de *verbatins*), dando sustentação às conclusões apresentadas. De acordo com o sugerido por Bardin (2011), o processo de análise de uma pesquisa qualitativa deve envolver uma pré-análise, a análise das transcrições e o tratamento final dos resultados. A pré-análise serve como um preparativo do analista na organização da ideias iniciais. A análise das transcrições diz respeito ao processo de categorização das respostas. E o tratamento final dos resultados confronta a análise, os *verbatins* selecionados dos entrevistados, com os objetivos de pesquisa.

Com o término do capítulo 11, há condições agora de identificar as contribuições de cada capítulo do livro na construção de uma visão holística e integrada das atividades envolvidas no estudo do comportamento do consumidor a partir da aplicação de pesquisas de marketing, o que é abordado a seguir, na conclusão.

Conclusão

Aceitando o desafio de organizar uma ampla gama de conceitos em uma obra concisa, os autores deste livro procuraram lançar luzes sobre o entendimento do comportamento do consumidor final e organizacional, a partir de aportes conceituais das ciências do comportamento – psicologia, sociologia e antropologia – reconhecendo a importância da personalidade, do sistema sociocultural e dos fatores situacionais como condicionantes do consumo e destacando a atividade de pesquisa de marketing como ferramenta necessária para desvendar as motivações e anseios do consumidor. A abordagem teórica foi ilustrada com exemplos da vida prática e complementada por alguns modelos que visam simplificar a compreensão das etapas do processo decisório de compra, bem como sua relação com o envolvimento emocional e cognitivo das partes envolvidas e procurando proporcionar uma visão gerencial da ferramenta de pesquisa.

Com o objetivo de orientar o leitor em futuras pesquisas, a seguir procuramos destacar alguns tópicos que irão despertar cada vez mais o interesse dos profissionais de marketing no que diz respeito ao estudo do comportamento do consumidor e das pesquisas de marketing.

O primeiro deles refere-se ao crescimento do interesse das pesquisas de mercado utilizando metodologias de coleta de dados de natureza qualitativa, mais especificamente lançando mão das pesquisas de observação. Nesse sentido, tanto as pesquisas na área da *consumerologia* quanto as provenientes do *método etnográfico* tendem a tornar-se cada vez mais frequentes para subsidiar ações de marketing. O crescimento do interesse por dados oriundos dessas metodologias justifica-se pela necessidade premente de uma investigação naturalística do comportamento do consumidor, isto é, da coleta de dados a partir de situações que envolvam o cotidiano dos consumidores em suas atividades de trabalho, lazer e consumo. Além disso, ocorre também uma problematização cada vez maior dos resultados obtidos a partir de pesquisas quantitativas, em especial a coleta de dados realizada a partir do uso de questionários fechados. Tudo isso visa a uma compreensão mais detalhada do comportamento das pessoas em situações reais de compra, além de buscar informações mais aprofundadas a respeito de variáveis dos consumidores, como sua estrutura de personalidade, seu estilo de vida e a natureza de sua relação com as marcas, produtos e serviços.

O segundo tópico, que é uma extensão do anterior, está intimamente ligado à realidade do mercado consumidor brasileiro. Um breve olhar sobre a produção recente em periódicos, revistas especializadas e *papers* mostra o aumento das pesquisas de mercado visando a uma compreensão mais detalhada dos consumidores de baixa renda. Tal fenômeno não é exclusivamente brasileiro, haja vista o crescimento de mercados consumidores em países emergentes, tais como a Índia e a China. Assim, corporações transnacionais de bens de consumo e de serviços vêm aumentando o investimento em pesquisas de mercado que procurem, a partir do uso de metodologias qualitativas por observação e etnográficas, descrever com maior riqueza de detalhes as práticas sociais dos consumidores integrantes da chamada "base da pirâmide" (BDP), um importante e rentável *cluster* global de consumidores que vêm

CONCLUSÃO

mostrando ao mundo seu imenso potencial de consumo de bens e serviços (Prahalad e Vieira, 2009).

Por fim, outro tópico de interesse diz respeito à ascensão do campo de estudos de *neuromarketing*, entendido aqui como uma área promissora e potencialmente polêmica no que diz respeito ao estudo do processo decisório de compra. A pesquisa sobre as áreas corticais e subcorticais envolvidas nas decisões de compra levanta sérios dilemas éticos quanto ao seu uso por parte das empresas que visam à otimização do resultado decorrente do comportamento de compra. Entre tais dilemas, o mais importante diz respeito ao uso de estratégias que porventura possam minimizar o papel do controle consciente, a partir do uso de estimulações de marketing subliminares que diminuam o controle voluntário das decisões de compra. Tal discussão, apesar de não ser recente, volta ao âmbito da discussão com maior ênfase dado o incremento das pesquisas em neuromarketing. É função do profissional de marketing discutir o uso crítico e socialmente responsável de tais achados empíricos.

Pudemos perceber a importância da pesquisa como uma ferramenta de apoio na tomada de decisões, por coletar dados e por produzir informações importantes para resolução de problemas de marketing. Vimos as diferentes situações de aplicação de uma pesquisa: avaliar oportunidades de mercado, desenvolver opções de segmentação de mercado, compreender as atitudes e o comportamento do consumidor. Entendemos que as decisões de marketing se baseiam na leitura de alguns componentes importantes, como análise do mercado, análise do composto de marketing e informações sobre medidas de desempenho.

Pôde-se compreender também como um dado vira informação por meio do SIM, reconhecendo a importância de uma equipe preparada para pesquisar e analisar as tendências de mercado e do consumidor.

Abordou-se o desenho de um plano de pesquisa, entendendo que a elaboração do mesmo interfere diretamente nos resultados a serem buscados. É preciso saber definir o problema de pesquisa, os objetivos (principais e secundários) e elaborar um *briefing*. Tratamos de um conjunto de critérios que pode ser usado para contratar os serviços de um instituto de pesquisa, partindo do princípio de que o esforço de pesquisa de mercado será realizado com ajuda de profissionais especializados. Vimos, ainda, que é preciso saber escolher as fontes de dados, optando pela metodologia adequada para alcançar os resultados mais próximos à realidade, podendo, então, chegar a informações que ajudem na resolução do problema inicial.

Esperamos ter sido possível aprimorar o entendimento sobre pesquisa quantitativa, sua utilização, planejamento e elaboração. Vimos que a informação é um dos principais ingredientes do sucesso de uma estratégia de marketing; por isso a importância de obter dados fidedignos e extrapoláveis para o universo pesquisado. Valemo-nos, então, de amostras estatisticamente válidas. É fundamental planejar bem uma pesquisa quantitativa para aumentar suas chances de sucesso. Para isso, necessitamos definir previamente: o questionário; o método e o desenho da amostra; o método de coleta de dados e os procedimentos de campo; a checagem, a forma de tabulação e análise dos dados; e, por fim, a elaboração do relatório final da pesquisa, com as recomendações para sua apresentação.

Na sequência, notamos que a pesquisa qualitativa é um estudo não estatístico que especifica profundamente dados não mensuráveis de um determinado grupo de indivíduos em relação a um problema específico, busca compreensão em profundidade do perfil do consumidor, com uma dinâmica de coleta de dados flexível, orientada, na maior parte das vezes, por um roteiro de perguntas técnicas predeterminadas. Sua tabulação exige experiência e análise profunda dos dados coletados, e a composição de sua amostra exige rigor e cautela para não comprometer os resultados finais. Contribuem diretamente para um resultado verossímil e confiável a elaboração de um bom roteiro de perguntas abertas e orientações para que o entrevistador obtenha o maior número de informações pertinentes.

Muitas situações típicas de marketing envolvem a integração de pesquisa qualitativa e quantitativa e, por isso, procuramos analisar cada uma delas para facilitar sua integração. Mais uma vez, a intenção dos autores nesse ponto do livro foi muito mais a de contribuir para criar bons clientes de pesquisa, conscientes e capazes de avaliar propostas técnicas, do que criar pesquisadores. Estes últimos, segundo entendimento corrente, só se formam na prática do trabalho de campo. Entretanto, oferecer condições para que haja um repertório equilibrado entre contratante de pesquisa e pesquisador pautou o detalhamento das metodologias.

Por fim, cabe ressaltar que não houve a pretensão de esgotar o assunto sobre novas aplicações da pesquisa de mercado, mas sim destacar a pesquisa como fonte e ferramenta inesgotável de inovações metodológicas que visam aproximar cada vez mais as empresas de seus consumidores-alvo, a fim de desvendar as relações e as lógicas de consumo, nem sempre racionais e um tanto quanto emocionais.

Referências

AAKER, David A. et al. *Pesquisa de marketing*. São Paulo: Atlas, 2001.

ANDERSON, C. *A cauda longa*: a nova dinâmica de marketing e vendas: como lucrar com a fragmentação dos mercados. Rio de Janeiro: Campus, 2006.

ARNDT, J. Role of product-related conversations in the diffusion of a new product. *Journal of Marketing Research*, v. 4, n. 3, p. 291-295, 1967.

BALANDIER, G. Etnografia, etnologia, antropologia. In: Gurvith G. (Org.). *Tratado de sociologia*. São Paulo: Martins Fontes, 1977. v. I.

BARDIN, L. *Análise de conteúdo*. São Paulo: Edições 70 Brasil, 2011.

BAYTON, James A. Motivation, cognition, learning: basic factors in consumer behavior. In: ENIS, B. M.; COX, K. K. *Marketing classics*: a selection of influention articles. 2. ed. Boston: Allyn and Bacon, 1993.

BERKOWITZ et al. *Marketing*. 6. ed. Rio de Janeiro: LTC, 2003.

BOURDIEU, P. *La Distinction*. Paris: Seuil, 1984.

BRANDENBURGER, A. M.; NALEBUFF, B. J. *Co-opetition*. Nova York: Doubleday, 1996.

CAMARANO, A. A. C. (Org.). *Novo regime demográfico*: uma nova relação entre população e desenvolvimento. Rio de Janeiro: Ipea, 2014.

CAMPBELL, C. *A ética romântica e o espírito do consumismo moderno.* Rio de Janeiro: Rocco, 2001.

CASTELLS, M. *Redes de indignação e esperança*: movimentos sociais na era da internet. Rio de Janeiro: Zahar, 2016.

CASTRO, G. C. *Pesquisa de mercado.* Rio de Janeiro: FGV Ed., 2006.

_____. *Pesquisa de mercado.* Rio de Janeiro: FGV Ed., 2016.

CLARKE, R. The digital persona and its applications to data surveillance. *The Information Society:* an International Journal, v. 10, n. 2, p. 77-92, 1994.

ENGEL, J. F.; BLACKWELL, R. D.; MINIARD, P. W. *Comportamento do consumidor.* 8. ed. Rio de Janeiro: LTC, 2000.

FEATHERSTONE, M. *Cultura de consumo e pós-modernidade.* São Paulo: Nobel, 1995.

GADE, C. *Psicologia do consumidor.* São Paulo: Epu, 1980.

GEERTZ, C. *A interpretação das culturas.* Rio de Janeiro: Zahar, 1978.

HAWKINS, D. I.; MOTHERSBAUGH, D. L.; BEST, R. J. *Comportamento do consumidor*: construindo a estratégia de marketing. 10. ed. Rio de Janeiro: Campus, 2007.

HENNIG-THURAU, T. et al. Electronic word-of-mouth via consumer-opinion platforms: what motivates consumers to articulate themselves on the Internet? *Journal of Interactive marketing*, v. 18, n. 1, p. 38-52, 2004.

HOFESTEDE, G. *Culture's consequences*: comparing values, behaviours, institutions and organizations across nations. Londres: Sage Publications, 2001.

JENKINS, H. *Convergence culture*: where old and new media colide. Nova York: New York Univesity Press, 2006.

KARSAKLIAN, E. *Comportamento do consumidor.* São Paulo: Atlas, 2000.

KERCKHOVE, D.; ALMEIDA, C. M. What is a digital persona? *Technoetic Arts*: a Journal of Speculative Research, v. 11, n. 3, p. 277-287, 2013.

KOTLER, P. *Administração de marketing*: a edição do novo milênio. São Paulo: Prentice Hall, 2000.

_____; ARMSTRONG, G. *Princípios de marketing*. 7. ed. Rio de Janeiro: LTC, 1999.

_____; KARTAJAYA, H.; SETIAWAN, I. *Marketing 4.0*: moving from traditional to digital. Nova York: Wiley, 2017.

_____; KELLER, K. L. *Administração de marketing*. 14. ed., 2. reimp. São Paulo: Pearson, 2015.

KOZINETS, R. V. On netnography: initial reflections on consumer research investigations of cyberculture. *Advances in Consumer Research*, v. 25, p. 366-371, 1998.

LECINSKY, J. *ZMOT*: conquistando o momento zero da verdade, 2011. Disponível em: <https://think.storage.googleapis.com/intl/ALL_br/docs/zmot-momento-zero-verdade_research-studies.pdf>. Acesso em: 10 ago. 2017.

LEVITT, T. A miopia em marketing. In: _____. *A imaginação de marketing*. São Paulo: Atlas, 1985.

LIMEIRA, T. M. V. *Comportamento do consumidor brasileiro*. São Paulo: Saraiva, 2008.

LINDSTRON, M. *A lógica do consumo*: verdades e mentiras sobre por que compramos. Rio de Janeiro: Nova Fronteira, 2008.

MALHOTRA, Naresh K. *Pesquisa de marketing*: uma orientação aplicada. Porto Alegre: Bookman, 2001.

MARTIN, N. *Hábitos de consumo*: o comportamento do consumidor que a maioria dos profissionais de marketing ignora. Rio de Janeiro: Campus, 2009.

MATTAR, Fauze Nagib. *Pesquisa de marketing*. São Paulo: Atlas, 2000.

MCDANIEL, Carl; GATES, Roger. *Pesquisa de marketing*. São Paulo: Pioneira Thomson Learning, 2003.

MORENO, J. L. *Fundamentos de la sociometria*. Buenos Aires: Paidos, 1972.

_____. *O psicodrama*. São Paulo: Cultrix, 1975.

MYERS, D. *Introdução à psicologia geral*. 5. ed. Rio de Janeiro: LTC, 2002.

NERI, M. *A nova classe média*: o lado brilhante da pirâmide. São Paulo: Saraiva, 2012.

NUNES, J. M. G. *Tecnologias informáticas e modos de subjetivação*. Tese (doutorado) – Departamento de Psicologia, Pontifícia Universidade Católica do Rio de Janeiro, Rio de Janeiro, 2000.

PARENTE, Juracy. *Varejo no Brasil*. São Paulo: Atlas, 2000.

PEPPERS, D.; ROGERS, M. *One to one B2B*: estratégias de desenvolvimento de clientes para o mundo business-to-business. Rio de Janeiro: Campus, 2001.

PINHEIRO, R. M. *Inteligência competitiva e pesquisa de mercado*. Curitiba: Iesde Brasil, 2009.

_____ et al. *Pesquisa de mercado*. Rio de Janeiro: FGV Ed., 2011.

PRAHALAD, C. K.; VIEIRA, A. G. *A riqueza na base da pirâmide*. Porto Alegre: Bookman, 2009.

REIS, A. H. M. Novos arranjos familiares: um desafio para o marketing. *PMKT – Revista Brasileira de Pesquisas de Marketing, Opinião e Mídia* (PMKT *online*), São Paulo, v. 10, n. 1, p. 28-46, jan./abr. 2017.

REZ, R. *Marketing de conteúdo*: a moeda do século XXI. São Paulo: DVS, 2016.

ROCHA, A.; CHRISTENSEN, C. *Marketing*: teoria e prática no Brasil. 2. ed. São Paulo: Atlas, 1999.

ROGERS, E. *Diffusion of innovations*. 3. ed. Nova York: The Free Press, 1993.

ROMEO, R. *Vendas B2B*: como negociar e vender em mercados complexos e competitivos. São Paulo: Pearson Prentice Hall, 2008.

SAMARA, B. S. *Pesquisa de marketing*: conceitos e metodologia. São Paulo: Prentice Hall, 2001.

_____; MORSCH, M. A. *Comportamento do consumidor*: conceitos e casos. São Paulo: Pearson Prentice Hall, 2005.

SCHIFFMAN, L. G.; KAUNK, L. L. *Comportamento do consumidor*. 6. ed. Rio de Janeiro: LTC, 2000.

SIQUEIRA, A. C. B. *Marketing empresarial, industrial e de serviços*. São Paulo: Saraiva, 2005.

SOLOMON, M. *Comportamento do consumidor*. 5. ed. Porto Alegre: Bookman, 2002.

SOUZA, A.; LAMOUNIER, B. *A classe média brasileira*: ambições, valores e projeto de sociedade. São Paulo: Campus, 2009.

SOUZA, J. *Batalhadores brasileiros*: nova classe média ou nova classe batalhadora? Belo Horizonte: Ed. UFMG, 2012.

STAMM, C. et al. A população urbana e a difusão das cidades de porte médio no Brasil. *Interações*, Campo Grande, v. 14, n. 2, p. 251-265, jul./dez. 2013.

STERNBERG, R. *Psicologia cognitiva*. Porto Alegre: Artes Médicas, 2000.

_____; GRIGORENKO, E. *Teaching for successful intelligence*. Thousand Oaks, CA: Corwin Press, 2007.

STRUTZEL, T. *Presença digital*: estratégias eficazes para posicionar sua marca pessoal ou corporativa na web. Rio de Janeiro: Altabooks, 2015.

TROIANO, J. *As marcas no divã*: uma análise de consumidores e criação de valor. Rio de Janeiro: Globo, 2009.

UNDERHILL, P. *A magia dos shopping centers*. Rio de Janeiro: Campus, 2004.

_____. *Vamos às Compras*: a ciência do consumo nos mercados globais. Rio de Janeiro: Campus, 2009.

VIANNA, M. et al. *Design thinking*: inovação em negócios. Rio de Janeiro: MJV, 2011.

VIRGILLITO, S. B. *Pesquisa de marketing*: uma abordagem quantitativa e qualitativa. São Paulo: Saraiva, 2010.

WEINSTEIN, A. *Segmentação de mercado*. São Paulo: Atlas, 1995.

WEITEN, W. *Psicologia*: temas e variações. 7. ed. São Paulo: Cengage Learning, 2011.

WINICK, Charles. Anthropology's contributions to marketing. In: HOLLOWAY, R. J.; HANCOCK, R. S. *The Environment of marketing behavior*. 2. ed. Nova York: John Willey & Sons, 1999.

YASUDA, A.; OLIVEIRA, D. M. T. *Pesquisa de marketing*: guia para a prática de pesquisa de mercado. São Paulo: Cengage, 2013.

Os autores

Guilherme Caldas de Castro
Doutor em políticas públicas e formação humana pela Universidade do Estado do Rio de Janeiro (Uerj), mestre em engenharia de transportes pelo Instituto Alberto Luiz Coimbra de Pós-Graduação e Pesquisa em Engenharia (Coppe) da Universidade Federal do Rio de Janeiro (UFRJ); estatístico pela Uerj. Consultor de inteligência de marketing; professor adjunto e coordenador do Programa de Estatística Aplicada da Uerj; gerente de pesquisa de mercado na Varig (1986-1999); presidente do Comitê de Inteligência e Pesquisa de Mercado e diretor da Associação Brasileira de Anunciantes (1994-2015); gerente de inteligência de marketing para a América do Sul na Michelin (2000-2014). É professor convidado da Fundação Getulio Vargas (FGV). Autor de diversos artigos, livros, capítulos de livros e cursos em EaD, é coautor dos livros *Comportamento do consumidor*, *Pesquisa de mercado*, *Comportamento do consumidor e pesquisa de mercado*.

Helder Haddad
Doutor em administração de empresas em gestão internacional pela Escola Superior de Propaganda e Marketing (ESPM), de São Paulo, mestre em administração de empresas pela Pontifícia Universidade Católica de São Paulo (PUC-SP), especialista em marketing e publicitário pela Escola Superior de Propaganda e Marketing (ESPM) de

São Paulo. Há 15 anos é professor de graduação e pós-graduação em cursos de administração e marketing. É consultor empresarial e atua há mais de 22 anos em projetos de marketing, treinamento e pesquisa e inteligência de mercado para empresas nacionais e multinacionais B2C e B2B. É coautor dos livros *Comportamento do consumidor*, *Pesquisa de mercado*, *Comportamento do consumidor e pesquisa de mercado*.

José Mauro Gonçalves Nunes
Doutor em psicologia pela Pontifícia Universidade Católica do Rio de Janeiro (PUC-Rio) e psicólogo pela Universidade Federal do Rio de Janeiro (UFRJ). Autor do livro *Linguagem e cognição*, coautor dos livros *Design e desenvolvimento: 40 anos depois*, *Comportamento do consumidor*, *Pesquisa de mercado*, *Comportamento do consumidor e pesquisa de mercado*. É professor da Escola Brasileira de Administração Pública e de Empresas (Ebape) da Fundação Getulio Vargas (FGV), professor convidado do Instituto de Desenvolvimento Educacional (IDE/FGV) e da Universidade do Estado do Rio de Janeiro (Uerj). É consultor da Symballéin Consulting Company nas áreas de marketing, consumo e gestão da mudança.

Roberto Meireles Pinheiro
Mestre em educação pela Pontifícia Universidade Católica do Rio de Janeiro (PUC-Rio), pós-graduado em administração pelo Instituto de Pós-Graduação e Pesquisa em Administração da Universidade Federal do Rio de Janeiro (Coppead/UFRJ) e engenheiro naval pela Universidade Federal do Rio de Janeiro (UFRJ). É professor convidado da Fundação Getulio Vargas (FGV), coordenador de projetos da FGV Projetos, autor de diversos artigos, capítulos de livros e cursos em EaD e coautor dos livros *Comportamento do consumidor*, *Pesquisa de mercado*, *Comportamento do consumidor e pesquisa de mercado* e autor do livro *Inteligência competitiva e pesquisa de mercado*. Desde 2009, é coordenador de projetos na FGV Projetos.